아두이노 게임특집 마스터 3

Ohm사

아두이노 게임특집 마스터 3

초판인쇄 2021년 3월 1일
초판발행 2021년 3월 1일

저　　자 신 동 욱
발 행 인 곽 종 학

발 행 처 도서출판 Ohm사
주　　소 서울시 용산구 한강대로 306-5. 세기B/D
전　　화 02-776-4868~9
팩　　스 02-779-6757
등록번호 1975년 9월 12일 제3-3호
http://www.ohm.co.kr E-mail : ohm@ohm.co.kr

ISBN 978-89-7101-835-4 정가 28,000원

아두이노 마스터 ③

게임특집

아두이노 게임특집 마스터 3

목차

머리글

아두이노는 원래 프로그램이나 전자회로에 대한 전문 기술이 없는 사람들도 쉽게 사용할 수 있도록 만들어졌으나, 최근 4차 산업혁명 시대를 맞이하여 IoT(사물인터넷), 드론, 3D 프린터, 로봇 제작 등에 활용되면서 더 많은 관심을 받고 있다. 특히 IoT를 실현하는 기본 보드로 가장 많이 활용되고 있고, 또한 남녀노소를 불문하고 세계적으로 붐이 일고 있는 Maker(메이커)들의 기본 보드로도 많이 사용되고 있다. 우리나라에서도 최근에 학생들의 창의력을 길러주기 위한 체험 학습 즉 메이커 교육에서 많이 사용하고 있고, 기업에서도 아두이노 보드의 간단한 배선과 오픈 소스의 장점 때문에 제품 개발 시 테스트 보드로 적극 활용하고 있다.

이 책은 2019년에 출간된 <아두이노 마스터1>과 2020년에 출간된 <아두이노 마스터2>에 이은 3번째 시리즈 책이다. <아두이노 마스터1>은 <스타터 키트>에 포함된 부품들의 특성과 사용법 위주의 프로그램을 다루고 있으며, <아두이노 마스터2>는 <스타터 키트>를 활용한 16개의 응용 과제를 다루고 있다.

이 책에서는 아두이노 우노보드와 단색 그리고 3색 도트 매트릭스를 기본적으로 사용하며, 도트 매트릭스를 활용한 단순한 응용 과제와 함께 조금 더 흥미롭고도 수준이 있는 5개의 게임 프로그램을 다루고 있다. 5개의 게임 프로그램은 <레이싱 게임>, <테트리스>, <지렁이 게임>, <LED를 밝혀라>, <푸쉬푸쉬 게임>

이며, 이들 게임 프로그램을 통해 알고리즘의 구현과 함께 좀 더 수준 높은 프로그램의 작성법을 익힐 수 있다.

최근 4차 산업혁명과 인공지능 시대를 맞이하여 초등학교부터 대학교에 이르기까지 학생들에게 컴퓨팅 사고능력을 키워주기 위한 많은 교육들이 시도되고 있으며, 또한 이를 위해 많은 서적들이 출판되고 있다.

이 책은 컴퓨팅 사고력을 키우기 위한 기본 지침서는 아니지만, 컴퓨팅 사고의 기본 교육과정을 마친 학생들이 본인의 능력을 테스트해보고 또한 컴퓨팅 사고력을 더욱 더 키울 수 있는 응용서로서 충분히 활용할 수 있으리라 생각한다.

마지막으로 이 책이 나올 수 있도록 항상 많은 노력을 해주신 Ohm사 사장님과 직원 여러분들에게 감사의 말씀을 드리고, 또한 멋진 책이 나오기까지 노력해주신 편집자님에게 감사드립니다.

2021년 1월 신 동 욱 씀

Chapter

01

사용 부품 및 회로

01 Chapter 사용 부품 및 회로

1.1 기본 부품

교재에서 사용하는 기본 부품은 다음과 같다.

- 아두이노 우노 보드
- Adafruit Bicolor 8x8 LED Matrix with I2C Backpack (3색)
- Adafruit Mini 8x8 LED Matrix with I2C Backpack (단색)
- 스위치 5개
- 스피커

[그림 1-1]과 [그림 1-2]는 아두이노 우노 보드, 3색 8x8 LED 도트 매트릭스 그리고 도트 매트릭스를 구동하기 위한 backpack 기판을 보여준다. 그리고 보통 8x8 LED 도트 매트릭스를 구동하려면 16개의 I/O 포트가 필요하지만, backpack 기판에 탑재된 드라이버 IC HT16K33으로 2개의 I2C 핀(SDA, SCL)을 이용하여 도트 매트릭스의 LED 128개(적색 64개, 녹색 64개)를 제어한다.

그리고 [그림 1-3]은 단색 8x8 LED 도트 매트릭스와 도트 매트릭스를 구동하기 위한 backpack 기판을 보여주며, 단색 도트 매트릭스도 3색 도트 매트릭스와 마찬가지로 backpack 기판을 이용하여 64개의 LED를 제어한다. I2C 인터페이스에서는 기기마다 디바이스 어드레스(device address)가 필요하며, 3색 도트 매트릭스의 어드레스(0x70)와 중복되지 않도록 하기 위해 A0 핀을 납땜 연결하여 어드레스를 0x71로 해준다. 단색 도트 매트릭스는 제품에 따라 백색, 적색, 청색, 녹색을 선택하여 사용할 수 있다.

[그림 1-1] 아두이노 우노 보드

<3색 LED Matrix 윗면과 아랫면>

<Backpack 기판 윗면과 아랫면>

<Backpack 기판에 납땜된 윗면과 아랫면>

[그림 1-2] Adafruit Bicolor 8x8 LED Matrix with I2C Backpack

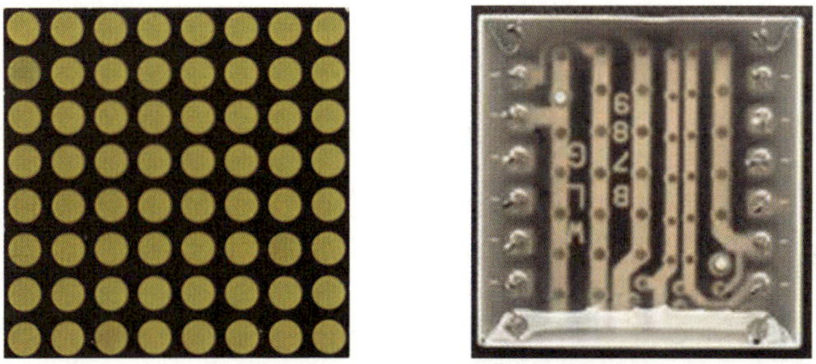

<단색 LED Matrix 윗면과 아랫면>

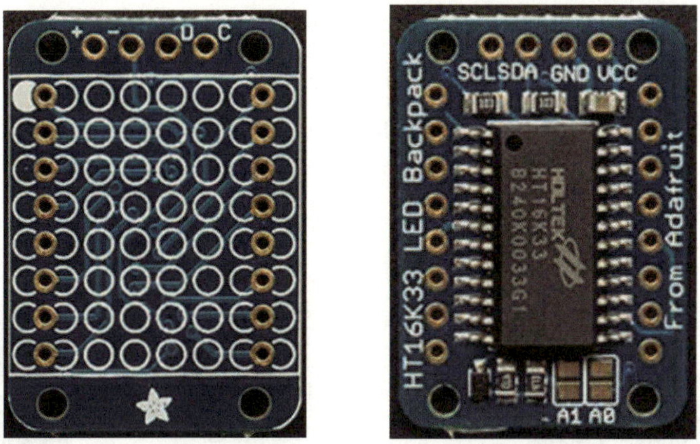

<Backpack 기판 윗면과 부품면>

<Backpack 기판에 납땜된 윗면과 아랫면>

[그림 1-3] Adafruit Mini 8x8 LED Matrix with I2C Backpack

1.2 회로 구성

교재에서 사용하는 실험 회로는 2가지 방법으로 구성할 수 있으며, 첫 번째 방법은 ohm사에서 발매하는 Challenge Board를 이용하여 [그림 1-4]와 같이 구성한다. 3색 LED Matrix와 단색 LED Matrix는 아두이노 우노 보드의 SCL, SDA 단자에 Challenge Interface 보드(브레드 보드 사용 가능)를 사용하여 연결하며, 스위치 Challenge Switch 보드를 사용하여 아두이노 우노 보드의 디지털 2~6번 핀에 5개 스위치를 연결하여 구성한다. 이때 단색 LED Matrix는 3색 LED Matrix와 디바이스 어드레스(Device Address)가 중복되지 않도록 A0 핀을 납땜 연결하여 사용하는 것에 주의하도록 하고, 그 밖에 전원 핀을 연결해주도록 한다. 그리고 스피커는 디지털 7번 핀에 연결한다.

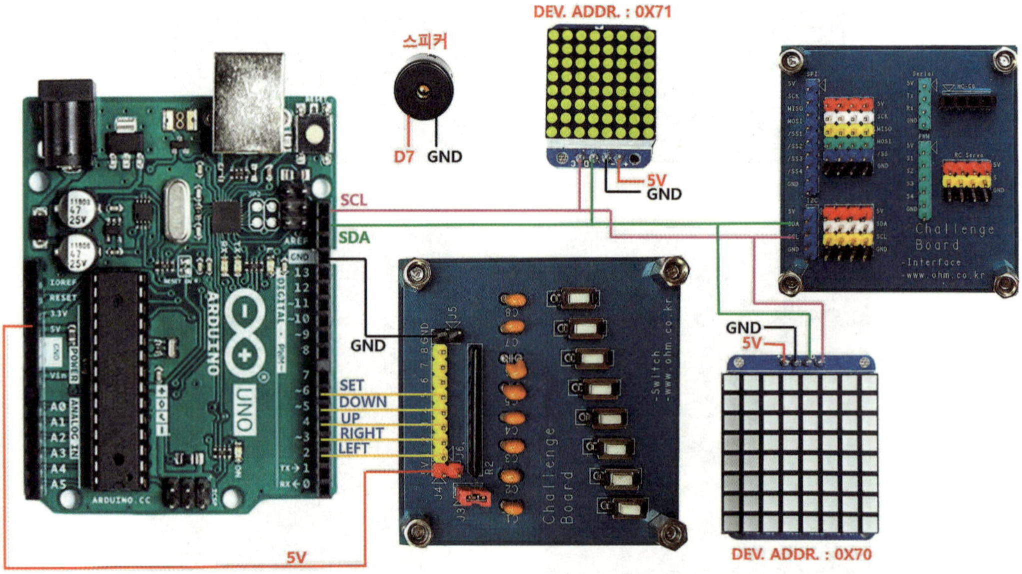

[그림 1-4] 교재 사용 회로 구성1

회로를 구성하는 두 번째 방법은 스위치 회로와 LED Matrix 회로가 하나의 기판에 만들어진 쉴드 기판을 이용하는 방법이며, [그림 1-5]와 같이 아크릴 위에 쉴드 기판과 미니 브레드 보드를 탑재하여 구성한다. 쉴드 보드에서 스피커는 단색 도트 매트릭스 밑에 탑재되며, 쉴드 기판 회로도는 [그림 1-6]과 같다.

<우노 보드에 탑재된 쉴드 보드>

<부품이 장착된 쉴드 보드>

[그림 1-5] 쉴드 기판을 이용한 회로 구성2

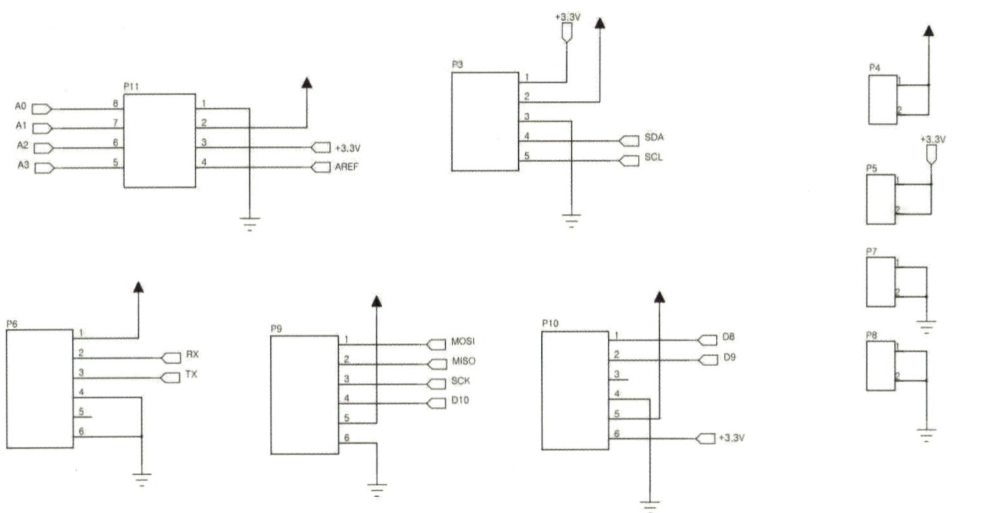

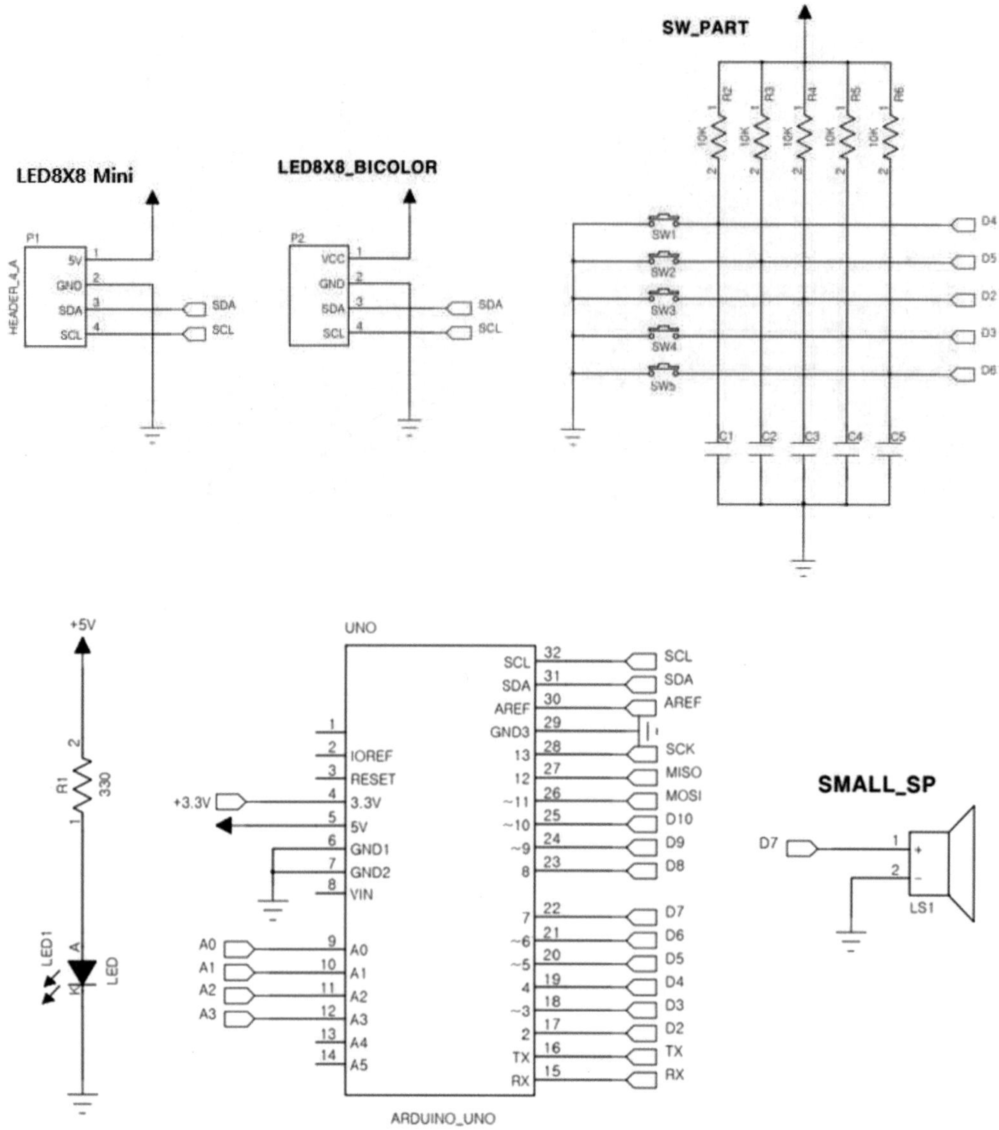

[그림 1-6] 쉴드 기판 회로도

그리고 도트 매트릭스를 사용하기 위해 다음과 같은 2개의 라이브러리를 이용한다.

- Adafruit_LEDBackpack
  https://github.com/adafruit/Adafruit_LED_Backpack

- Adafruit-GFX-Library-master
  https://github.com/riki1313/Adafruit-GFX-Library-master

Chapter

02

도형 및 문자 표시하기

Chapter 02 도형 및 문자 표시하기

2.1 도형 그리기

이 절에서는 도트 매트릭스에 도형을 그리기 위한 함수들을 소개하며, 도형을 그리기 위해서는 기본적으로 클래스를 생성 후 멤버 함수를 이용한다. 도형 그리기 함수들은 모두 클래스 멤버 함수들로 구성되며, 멤버 함수에는 점, 선, 사각형, 사각형 채우기, 원을 그리는 함수들이 있다. 그리고 색은 단색 도트 매트릭스의 경우에는 단순히 on/off를 나타내며, 3색 도트 매트릭스의 경우에는 적색, 녹색, 황색을 지정할 수 있다.

- **도트 매트릭스 클래스명**
  - **단색 도트 매트릭스**
    - 클래스 명 : Adafruit_8x8matrix
    - 클래스 생성 함수 : Adafruit_8x8matrix()

    예) Adafruit_8x8matrix matrix = Adafruit_8x8matrix(); // 단색

  - **3색 도트 매트릭스**
    - 클래스 명 : Adafruit_BicolorMatrix
    - 클래스 생성 함수 : Adafruit_BicolorMatrix()

    예) Adafruit_BicolorMatrix bicolor = Adafruit_BicolorMatrix(); // 3색

● 도형 그리기 함수

◆ **단색 도트 매트릭스**(on_off : LED_ON, LED_OFF)

함수명	설명
clear();	도트 매트릭스 클리어
drawPixel(x, y, on_off);	(x, y) 에 on_off 상태 표시
drawLine(x1, y1, x2, y2, on_off)	(x1, y1) – (x2, y2) 선 그리기
drawRect(x1, y1, w, h, on_off)	좌상귀 (x1, y1), 우하귀 (x1+w–1, y1+h–1) 사각형 그리기
fillRect(x1, y1, w, h, on_off)	좌상귀 (x1, y1), 우하귀 (x1+w–1, y1+h–1) 사각형 채워 그리기
drawCircle(xc, yc, r, on_off)	(xc, yc) 중심으로 반경 r 원 그리기
writeDisplay()	**표시(마지막에 반드시 필요)**

◆ **3색 도트 매트릭스**(color : LED_OFF, LED_RED, LED_GREEN, LED_YELLOW)

함수명	설명
clear();	도트 매트릭스 클리어
drawPixel(x, y, color);	(x, y) 에 color 표시
drawLine(x1, y1, x2, y2, color)	(x1, y1) – (x2, y2) 선 그리기
drawRect(x1, y1, w, h, color)	좌상귀 (x1, y1), 우하귀 (x1+w–1, y1+h–1) 사각형 그리기
fillRect(x1, y1, w, h, color)	좌상귀 (x1, y1), 우하귀 (x1+w–1, y1+h–1) 사각형 채워 그리기
drawCircle(xc, yc, r, color)	(xc, yc) 중심으로 반경 r 원 그리기
writeDisplay()	**표시(마지막에 반드시 필요)**

도트 매트릭스 xy 좌표계는 [그림 2-1]과 같이 설정된다. 따라서 좌상귀의 픽셀 좌표가 (0, 0)이고, 우하귀의 픽셀 좌표가 (7, 7)이 된다.

그러면 [그림 2-2]과 같이 점, 선, 사각형, 원을 단색 도트 매트릭스와 3색 도트 매트릭스에 그리는 프로그램을 작성해 보도록 하자.

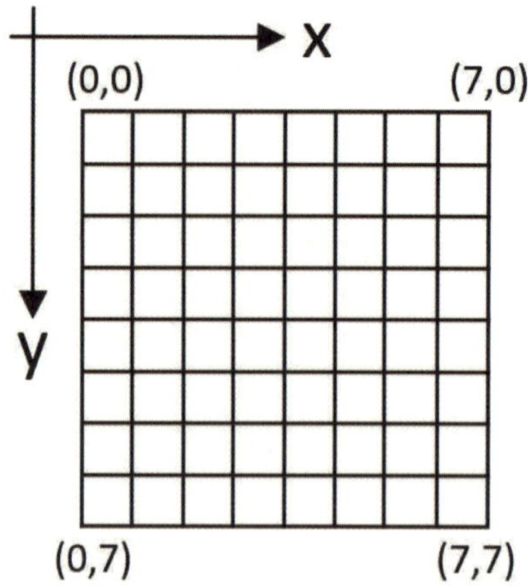

[그림 2-1] 좌표계

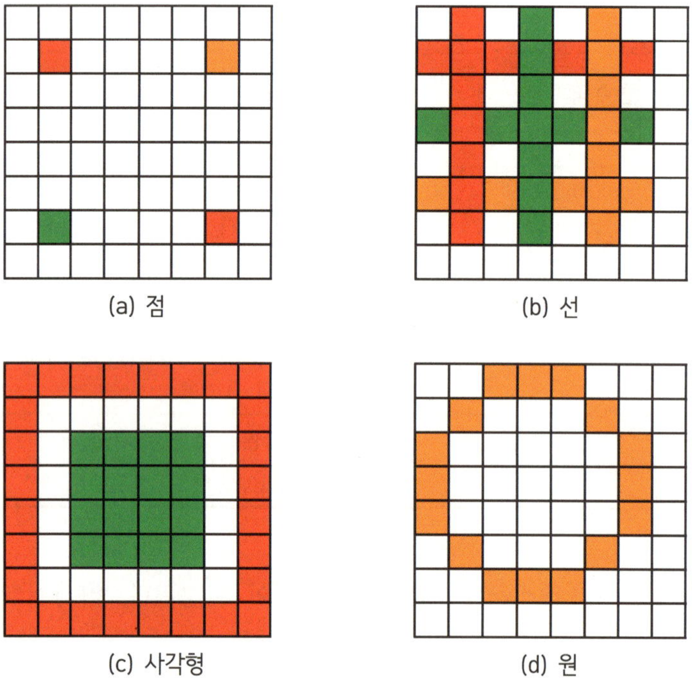

[그림 2-2] 도형 그리기 연습

❶

```
#include "Adafruit_LEDBackpack.h"

// 도트 매트릭스 객체 생성
Adafruit_8x8matrix matrix = Adafruit_8x8matrix();                  // 단색
Adafruit_BicolorMatrix bicolor = Adafruit_BicolorMatrix();         // 3색
```

❷

```
// 초기 설정 함수
void setup()
{
        bicolor.begin(0x70);                                        // 3색 도트 매트릭스 시작
        matrix.begin(0x71);                                         // 단색 도트 매트릭스 시작
}
```

❸

```
// 반복 처리 함수
void loop()
{
        // 단색 도트 매트릭스 점 표시
        matrix.clear();                                             // 표시 클리어
        matrix.drawPixel(1, 1, LED_ON);                             // (1, 1) LED ON
        matrix.drawPixel(1, 6, LED_ON);                             // (1, 6) LED ON
        matrix.drawPixel(6, 1, LED_ON);                             // (6, 1) LED ON
        matrix.drawPixel(6, 6, LED_ON);                             // (6, 6) LED ON
        matrix.writeDisplay();                                      // 표시
```

❹

```
        // 3색 도트 매트릭스 점 표시
        bicolor.clear();                                            // 표시 클리어
        bicolor.drawPixel(1, 1, LED_RED);                           // (1, 1) 적색 LED ON
        bicolor.drawPixel(1, 6, LED_GREEN);                         // (1, 6) 녹색 LED ON
        bicolor.drawPixel(6, 1, LED_YELLOW);                        // (6, 1) 노랑 LED ON
        bicolor.drawPixel(6, 6, LED_RED);                           // (6, 6) 적색 LED ON
        bicolor.writeDisplay();                                     // 표시
        delay(2000);                                                // 2초 대기
```

❺

```
        // 단색 도트 매트릭스 선 그리기
        matrix.clear();                                             // 표시 클리어
        matrix.drawLine(0, 1, 6, 1, LED_ON);                        // (0,1)-(6,1) LED ON
        matrix.drawLine(0, 3, 6, 3, LED_ON);                        // (0,3)-(6,3) LED ON
        matrix.drawLine(0, 5, 6, 5, LED_ON);                        // (0,5)-(6,5) LED ON

        matrix.drawLine(1, 0, 1, 6, LED_ON);                        // (1,0)-(1,6) LED ON
        matrix.drawLine(3, 0, 3, 6, LED_ON);                        // (3,0)-(3,6) LED ON
        matrix.drawLine(5, 0, 5, 6, LED_ON);                        // (5,0)-(5,6) LED ON
        matrix.writeDisplay();                                      // 표시
```

❶	- I2C Adafruit Dot Matrix 사용을 위한 헤더 파일 - 헤더 파일에 Wire.h와 Adafruit_GFX.h 포함되어 있음 - 단색 8x8 도트 매트릭스 객체 생성 : matrix - 3색 8x8 도트 매트릭스 객체 생성 : bicolor
❷	**<setup() : 초기 설정 함수>** - 3색 도트 매트릭스 초기화 - 단색 도트 매트릭스 초기화
❸	**<loop() : 반복 처리 함수>** - 단색 도트 매트릭스 4개의 점 표시
❹	- 3색 도트 매트릭스 4개의 점 컬러 표시
❺	- 단색 도트 매트릭스 6개의 선 표시

❶	`// 3색 도트 매트릭스 선 그리기`
	`bicolor.clear();                              // 표시 클리어`
	`bicolor.drawLine(0, 1, 6, 1, LED_RED);        // (0,1)-(6,1) 적색 LED ON`
	`bicolor.drawLine(0, 3, 6, 3, LED_GREEN);      // (0,3)-(6,3) 녹색 LED ON`
	`bicolor.drawLine(0, 5, 6, 5, LED_YELLOW);     // (0,5)-(6,5) 노랑(적색+녹색)LED ON`
	
	`bicolor.drawLine(1, 0, 1, 6, LED_RED);        // (1,0)-(1,6) 적색 LED ON`
	`bicolor.drawLine(3, 0, 3, 6, LED_GREEN);      // (3,0)-(3,6) 녹색 LED ON`
	`bicolor.drawLine(5, 0, 5, 6, LED_YELLOW);     // (5,0)-(5,6) 노랑(적색+녹색)LED ON`
	`bicolor.writeDisplay();                       // 표시`
	`delay(2000);                                  // 2초 대기`

❷	`// 단색 도트 매트릭스 사각형 그리기`
	`matrix.clear();                               // 표시 클리어`
	`matrix.drawRect(0, 0, 8, 8, LED_ON);          // (0,0)-(8,8) 사각형 LED ON`
	`matrix.fillRect(2, 2, 4, 4, LED_ON);          // (2,2)-(5,5) 사각형 LED ON`
	`matrix.writeDisplay();                        // 표시`

❸	`// 3색 도트 매트릭스 사각형 그리기`
	`bicolor.clear();                              // 표시 클리어`
	`bicolor.drawRect(0, 0, 8, 8, LED_RED);        // (0,0)-(8,8) 사각형 적색 LED ON`
	`bicolor.fillRect(2, 2, 4, 4, LED_GREEN);      // (2,2)-(5,5) 사각형 녹색 LED ON`
	`bicolor.writeDisplay();                       // 표시`
	`delay(2000);                                  // 2초 대기`

❹	`// 단색 도트 매트릭스 원 그리기`
	`matrix.clear();                               // 표시 클리어`
	`matrix.drawCircle(3, 3, 3, LED_ON);           // 중심 (3,3), 반경 3 원 LED ON`
	`matrix.writeDisplay();                        // 표시`

❺	`// 3색 도트 매트릭스 원 그리기`
	`bicolor.clear();                              // 표시 클리어`
	`bicolor.drawCircle(3, 3, 3, LED_YELLOW);      // 중심 (3,3), 반경 3 노랑 LED ON`
	`bicolor.writeDisplay();                       // 표시`
	`delay(2000);                                  // 2초 대기`
	`}`

❶	- 단색 도트 매트릭스 6개의 선 표시 - (1,0)-(6,1) 적색 LED ON, (0,3)-(6,3) 녹색 LED ON, (0,5)-(6,5) 노랑(적색+녹색) LED ON - (1,0)-(1,6) 적색 LED ON, (3,0)-(3,6) 녹색 LED ON, (5,0)-(5,6) 노랑(적색+녹색) LED ON
❷	- 단색 도트 매트릭스 (0,0)-(7,7) 사각형 LED ON - 단색 도트 매트릭스 (2,2)-(5,5) 사각형 LED ON
❸	- 3색 도트 매트릭스 (0,0)-(7,7) 사각형 적색 LED ON - 3색 도트 매트릭스 (2,2)-(5,5) 사각형 녹색 LED ON
❹	- 단색 도트 매트릭스 중심좌표 (3,3), 반경 3으로 LED ON
❺	- 3색 도트 매트릭스 중심좌표 (3,3), 반경 3으로 노랑(적색 + 녹색) LED ON

```
/************************************************
  graph_bcw
  단색/3색 8x8 도트 매트릭스에 도형 그리기
 ************************************************/

#include "Adafruit_LEDBackpack.h"

// 도트 매트릭스 객체 생성
Adafruit_8x8matrix matrix = Adafruit_8x8matrix();                  // 단색
Adafruit_BicolorMatrix bicolor = Adafruit_BicolorMatrix();         // 3색

void setup()
{
      bicolor.begin(0x70);                             // 3색 도트 매트릭스 시작
      matrix.begin(0x71);                              // 단색 도트 매트릭스 시작
}

void loop()
{
      // 단색 도트 매트릭스 점 표시
      matrix.clear();                                  // 표시 클리어
      matrix.drawPixel(1, 1, LED_ON);                  // (1, 1) LED ON
      matrix.drawPixel(1, 6, LED_ON);                  // (1, 6) LED ON
      matrix.drawPixel(6, 1, LED_ON);                  // (6, 1) LED ON
      matrix.drawPixel(6, 6, LED_ON);                  // (6, 6) LED ON
      matrix.writeDisplay();                           // 표시

      // 3색 도트 매트릭스 점 표시
      bicolor.clear();                                 // 표시 클리어
      bicolor.drawPixel(1, 1, LED_RED);                // (1, 1) 적색 LED ON
      bicolor.drawPixel(1, 6, LED_GREEN);              // (1, 6) 녹색 LED ON
      bicolor.drawPixel(6, 1, LED_YELLOW);             // (6, 1) 노랑(적색 + 녹색) LED ON
      bicolor.drawPixel(6, 6, LED_RED);                // (6, 6) 적색 LED ON
      bicolor.writeDisplay();                          // 표시
      delay(2000);

      // 단색 도트 매트릭스 선 그리기
      matrix.clear();                                  // 표시 클리어
      matrix.drawLine(0, 1, 6, 1, LED_ON);             // (0,1)-(6,1) LED ON
      matrix.drawLine(0, 3, 6, 3, LED_ON);             // (0,3)-(6,3) LED ON
      matrix.drawLine(0, 5, 6, 5, LED_ON);             // (0,5)-(6,5) LED ON

      matrix.drawLine(1, 0, 1, 6, LED_ON);             // (1,0)-(1,6) LED ON
      matrix.drawLine(3, 0, 3, 6, LED_ON);             // (3,0)-(3,6) LED ON
      matrix.drawLine(5, 0, 5, 6, LED_ON);             // (5,0)-(5,6) LED ON
      matrix.writeDisplay();                           // 표시

      // 3색 도트 매트릭스 선 그리기
      bicolor.clear();                                 // 표시 클리어
```

```
    bicolor.drawLine(0, 1, 6, 1, LED_RED);          // (0,1)-(6,1) 적색 LED ON
    bicolor.drawLine(0, 3, 6, 3, LED_GREEN);        // (0,3)-(6,3) 녹색 LED ON
    bicolor.drawLine(0, 5, 6, 5, LED_YELLOW);       // (0,5)-(6,5) 노랑(적색+녹색)LED ON

    bicolor.drawLine(1, 0, 1, 6, LED_RED);          // (1,0)-(1,6) 적색 LED ON
    bicolor.drawLine(3, 0, 3, 6, LED_GREEN);        // (3,0)-(3,6) 녹색 LED ON
    bicolor.drawLine(5, 0, 5, 6, LED_YELLOW);       // (5,0)-(5,6) 노랑(적색+녹색)LED
    bicolor.writeDisplay();                         // 표시
    delay(2000);

    // 단색 도트 매트릭스 사각형 그리기
    matrix.clear();                                 // 표시 클리어
    matrix.drawRect(0, 0, 8, 8, LED_ON);            // (0,0)-(8,8) 사각형 LED ON
    matrix.fillRect(2, 2, 4, 4, LED_ON);            // (2,2)-(5,5) 사각형 LED ON
    matrix.writeDisplay();                          // 표시

    // 3색 도트 매트릭스 사각형 그리기
    bicolor.clear();                                // 표시 클리어
    bicolor.drawRect(0, 0, 8, 8, LED_RED);          // (0,0)-(8,8) 사각형 적색 LED ON
    bicolor.fillRect(2, 2, 4, 4, LED_GREEN);        // (2,2)-(5,5) 사각형 녹색 LED ON
    bicolor.writeDisplay();                         // 표시
    delay(2000);

    // 단색 도트 매트릭스 원 그리기
    matrix.clear();                                 // 표시 클리어
    matrix.drawCircle(3, 3, 3, LED_ON);             // 중심 (3,3), 반경 3 원 LED ON
    matrix.writeDisplay();                          // 표시

    // 3색 도트 매트릭스 원 그리기
    bicolor.clear();                                // 표시 클리어
    bicolor.drawCircle(3, 3, 3, LED_YELLOW);        // 중심 (3,3), 반경 3 노랑 LED ON
    bicolor.writeDisplay();                         // 표시
    delay(2000);
}
```

(a) 점

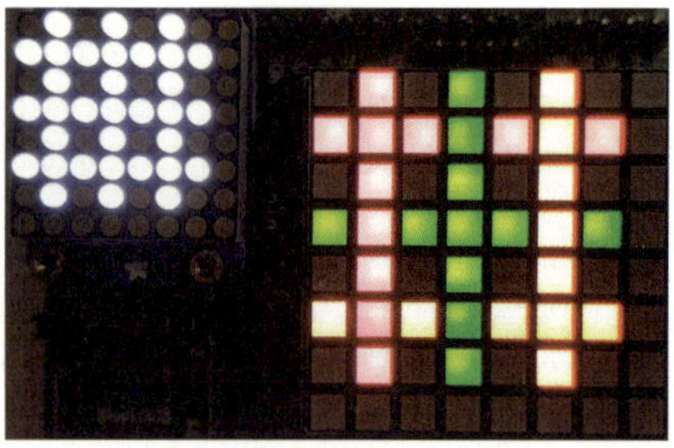

(b) 선

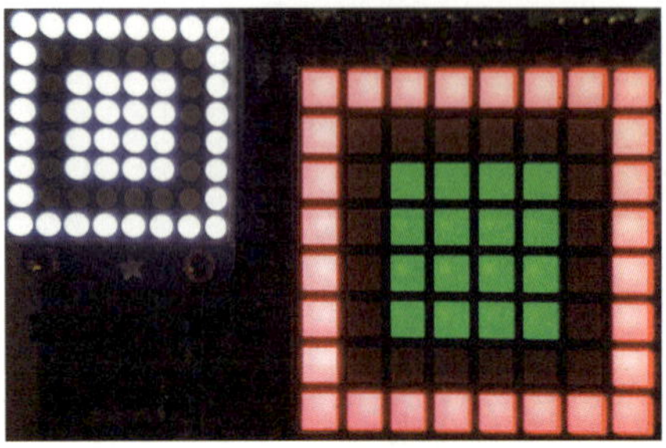

(c) 사각형

(d) 원

[그림 2-3] 실행 결과

2.2 문자 표시하기

문자열을 도트 매트릭스에 표시하는 함수에는 기본적으로

- 표시 클리어, 표시 방향
- 문자 크기, 문자 색, 문자 출력 위치
- 문자열 출력 및 표시

의 함수들로 구성된다. 글자색은 단색 도트 매트릭스의 경우에는 단순히 on/off를 나타내며, 3색 도트 매트릭스의 경우에는 적색, 녹색, 황색을 나타낼 수 있다.

● 문자 표시하기 함수

◆ **단색 도트 매트릭스**(on_off : LED_ON, LED_OFF)

함수명	설명
clear();	도트 매트릭스 클리어
setTextSize(size)	0, 1 : 문자 크기 W6xH8, 2 : W12xH16
setTextWrap(false)	스크롤 되듯이 연속적으로 표시
setRotation(rot)	표시각도(0 : 0도, 1 : 시계방향 90도, 2 : 시계방향 180도, 3 : 시계방향 270도)
setTextColor(on_off)	LED_OFF, LED_ON
setCursor(x, y)	표시 위치를 (x, y)에 위치시키고, 도트 매트릭스에는 그 위치부터 8x8 크기만 표시(y+ : 위쪽, x+ : 왼쪽)
print("문자열")	문자열 메모리 저장
writeDisplay()	표시(마지막에 반드시 필요)

◆ **3색 도트 매트릭스**(color : LED_OFF, LED_RED, LED_GREEN, LED_YELLOW)

함수명	설명
clear();	도트 매트릭스 클리어
setTextSize(size)	0, 1 : 문자 크기 W6xH8, 2 : W12xH16
setTextWrap(false)	스크롤 되듯이 연속적으로 표시
setRotation(rot)	표시각도(0 : 0도, 1 : 시계방향 90도, 2 : 시계방향 180도, 3 : 시계방향 270도)
setTextColor(color)	컬러(OFF, RED, GREEN, YELLOW)
setCursor(x, y)	표시 위치를 (x, y)에 위치시키고, 도트 매트릭스에는 그 위치부터 8x8 크기만 표시(y+ : 위쪽, x+ : 왼쪽)
print("문자열")	문자열 메모리 저장
writeDisplay()	표시(마지막에 반드시 필요)

● **문자 표시 위치 함수 : setCursor(x, y)**

문자 표시 위치 함수에서 지정하는 (x, y) 좌표는 [그림 2-4]와 같이 도트 매트릭스 도형 그리기 좌표계와 조금 다르게 지정되므로 주의가 필요하다.

[그림 2-4]는 print("Matrix")를 실행했을 때의 setCursor(x, y) 좌표를 나타내며, setCursro(x, y) 함수에서 지정한 (x, y) 위치부터 8x8의 픽셀(점)이 표시된다.

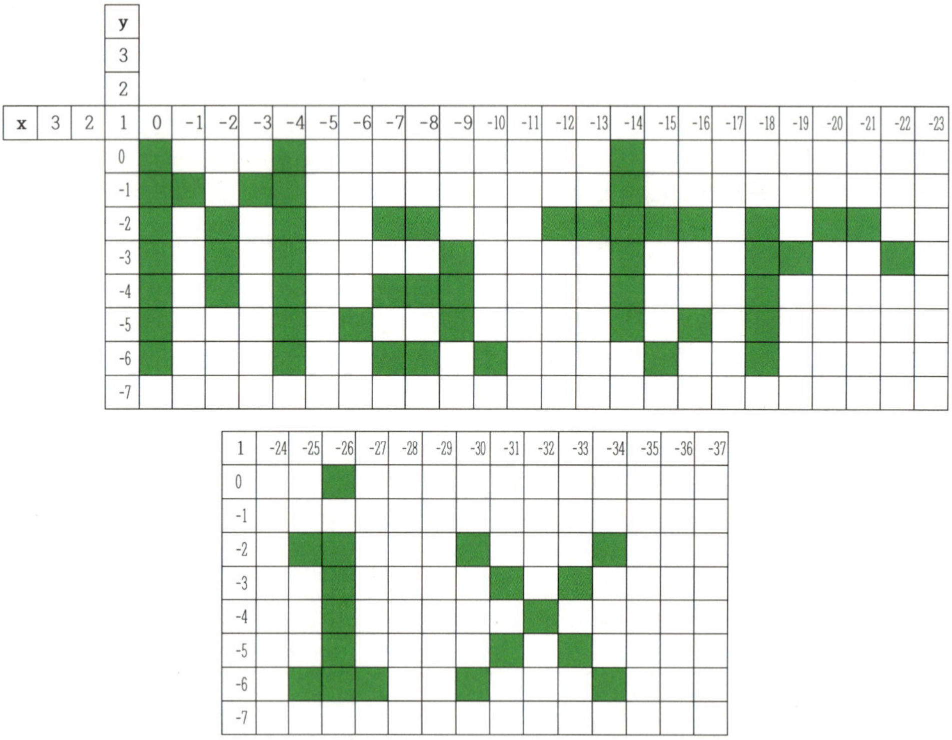

[그림 2-4] setCursor(x, y) 함수에서의 (x, y) 좌표

● **표시 각도 함수 : setRotation(rot)**

문자를 표시하는 각도는 90도 단위로 나타내며, 인수 rot에 0~3의 값으로 지정한다. 따라서 0이면 0도, 1이면 90도, 2이면 180도, 3이면 270도로 표시하게 된다. [그림 2-5]는 표시 각도에 따른 표시 상태를 보여준다.

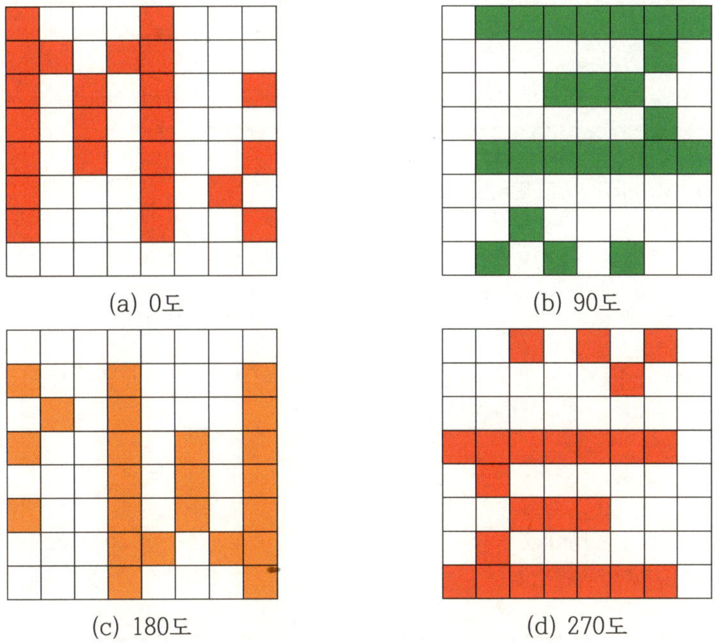

[그림 2-5] 표시 각도에 따른 표시 상태

그러면 문자열 "Matrix"를 6x8 크기로 왼쪽 방향으로 쉬프트 시켜가며 표시하고, 방향은 4가지 방향에 대해 적색, 녹색, 황색, 적색으로 각각 표시하는 프로그램을 작성해보자.

❶	```
	/***
	  letter_bcw
	   단색/3색 8x8 도트 매트릭스에 문자열 표시방향 바꿔가며 쉬프트 표시
	 ***/
	
	#include "Adafruit_LEDBackpack.h"
	
	// 도트 매트릭스 객체 생성
	Adafruit_8x8matrix matrix = Adafruit_8x8matrix(); // 단색
	Adafruit_BicolorMatrix bicolor = Adafruit_BicolorMatrix(); // 3색
	
	const byte color[4] = {LED_RED, LED_GREEN, LED_YELLOW, LED_RED};
	byte rot = 0;
	``

❷	```
	void setup()
	{
	      bicolor.begin(0x70); // 3색 도트 매트릭스 시작
	      matrix.begin(0x71); // 단색 도트 매트릭스 시작
	}
	``

❶	- I2C Adafruit Dot Matrix 사용을 위한 헤더 파일 - 헤더 파일에 Wire.h와 Adafruit_GFX.h 포함되어 있음 - 단색 8x8 도트 매트릭스 객체 생성 : matrix - 3색 8x8 도트 매트릭스 객체 생성 : bicolor - 4색 배열 - 표시 각도 변수
❷	**<setup() : 초기 설정 함수>** - 3색 도트 매트릭스 초기화 - 단색 도트 매트릭스 초기화

❶

```
void loop()
{
      // 단색 도트 매트릭스 설정
      matrix.setTextSize(1);                    // 6x8 size
      matrix.setTextWrap(false);                // 스크롤 되듯이 연속적으로 표시
      matrix.setRotation(rot);                  // 실행할 때마다 회전 방향 바꿈
      matrix.setTextColor(LED_ON);              // LED ON 설정

      // 3색 도트 매트릭스 설정
      bicolor.setTextSize(1);                   // 6x8 size
      bicolor.setTextWrap(false);               // 스크롤 되듯이 연속적으로 표시
      bicolor.setRotation(rot);                 // 실행할 때마다 회전 방향 바꿈
      bicolor.setTextColor(color[rot]);         // 컬러 설정
```

❷

```
       for (int8_t x=0; x>=-29; x--) {
            // 단색 도트매트릭스
            matrix.clear();                     // 단색 도트 매트릭스 클리어
            matrix.setCursor(x,0);              // (x, 0) 위치부터 8x8 표시
            matrix.print("Matrix");             // 문자열 "Matrix" 표시
            matrix.writeDisplay();              // 단색 도트 매트릭스 표시

            // 3색 도트 매트릭스
            bicolor.clear();                    // 3색 도트 매트릭스 클리어
            bicolor.setCursor(x,0);             // (x, 0) 위치부터 8x8 표시
            bicolor.print("Matrix");            // 문자열 "Matrix" 표시
            bicolor.writeDisplay();             // 3색 도트 매트릭스 표시
            delay(200);
       }
       delay(1000);

       rot = (rot + 1) % 4;                     // 표시 각도 갱신(0, 1, 2, 3, 0, 1, 2, 3,,,)
}
```

❶	**<반복 처리 함수>** **<단색 도트 매트릭스에 표시되는 문자에 대한 설정>** - 문자 표시 사이즈 6(W)x8(H) - 표시는 스크롤 되듯이 연속적으로 표시 - 표시 방향 설정(loop() 함수가 실행될 때마다 새로 설정) - 표시 상태는 LED_ON **<3색 도트 매트릭스에 표시되는 문자에 대한 설정>** - 문자 표시 사이즈 6x8 - 표시는 스크롤 되듯이 연속적으로 표시 - 표시 방향 설정(loop() 함수가 실행될 때마다 새로 설정) - 표시 색 설정
❷	**<문자 연속 표시>** - 문자열 "Matrix"를 왼쪽으로 스크롤하면서 출력 - 표시각도 갱신(0도->90도->180도->270도->0도->…)

```
/************************************************
  letter_bcw
  단색/3색 8x8 도트 매트릭스에 문자열 표시방향 바꿔가며 쉬프트 표시
 ************************************************/

#include "Adafruit_LEDBackpack.h"

// 도트 매트릭스 객체 생성
Adafruit_8x8matrix matrix = Adafruit_8x8matrix();                    // 단색
Adafruit_BicolorMatrix bicolor = Adafruit_BicolorMatrix();           // 3색

const byte color[4] = {LED_RED, LED_GREEN, LED_YELLOW, LED_RED};
byte  rot = 0;

void setup()
{
      bicolor.begin(0x70);                           // 3컬러 도트매트릭스 시작
      matrix.begin(0x71);                            // 단일 컬러 도트 매트릭스 시작
}

void loop()
{
      // 단일 컬러 도트 매트릭스 설정
      matrix.setTextSize(1);                         // 6x8 size
      matrix.setTextWrap(false);                     // 스크롤 되듯이 연속적으로 표시
      matrix.setRotation(rot);                       // 실행할 때마다 회전 방향 바꿈
      matrix.setTextColor(LED_ON);                   // LED ON 설정

      // 3컬러 도트 매트릭스 설정
      bicolor.setTextSize(1);                        // 6x8 size
      bicolor.setTextWrap(false);                    // 스크롤 되듯이 연속적으로 표시
      bicolor.setRotation(rot);                      // 실행할 때마다 회전 방향 바꿈
      bicolor.setTextColor(color[rot]);              // 컬러 설정

      for (int8_t x=0; x>=-29; x--) {
            // 단일 컬러
            matrix.clear();                          // 단일 컬러 도트 매트릭스 클리어
            matrix.setCursor(x,0);                   // (x, 0) 위치부터 8x8 표시
            matrix.print("Matrix");                  // 문자열 "Matrix" 표시
            matrix.writeDisplay();                   // 단일 컬러 도트 매트릭스 표시

            // 3컬러
            bicolor.clear();                         // 3컬러 도트 매트릭스 클리어
            bicolor.setCursor(x,0);                  // (x, 0) 위치부터 8x8 표시
            bicolor.print("Matrix");                 // 문자열 "Matrix" 표시
            bicolor.writeDisplay();                  // 3컬러 도트 매트릭스 표시
            delay(200);
      }
      delay(1000);
```

```
    rot = (rot + 1) % 4;                      // 회전각도 갱신(0, 1, 2, 3, 0, 1, 2, 3,,,)
}
```

(a) 회전 각도 0도

(b) 회전 각도 90도

(c) 회전 각도 180도

(d) 회전 각도 270도

[그림 2-6] 실행 결과

Chapter

03

패턴 표시하기

Chapter 03

패턴 표시하기

라이브러리 함수에는 배열에 저장된 패턴을 지정된 상태(ON/OFF, 컬러)로 표시하는 함수와 LED의 밝기를 설정하는 함수가 있다.

● 패턴 표시하기 함수

- **단색 도트 매트릭스**(on_off : LED_ON, LED_OFF)

함수명	설명
clear();	도트 매트릭스 클리어
setBrightness(8)	LED 밝기 설정(0~15)
drawBitmap(x, y, 표시 배열 포인터, x_size, y_size, on_off)	- 표시 패턴 저장 - x, y : 표시 위치(좌상귀) 표시 배열 포인터 : 표시 패턴 저장 배열 선두 어드레스 - x_size, y_size : 표시 크기(폭, 높이)
writeDisplay()	표시(마지막에 반드시 필요)

- **3색 도트 매트릭스 설정**(color : LED_OFF, LED_RED, LED_GREEN, LED_YELLOW)

함수명	설명
clear();	도트 매트릭스 클리어
setBrightness(8)	LED 밝기 설정(0~15)
drawBitmap(x, y, 표시 배열 포인터, x_size, y_size, color)	- 표시 패턴 저장 - x, y : 표시 위치(좌상귀) 표시 배열 포인터 : 표시 패턴 저장 배열 선두 어드레스 - x_size, y_size : 표시 크기(폭, 높이)
writeDisplay()	표시(마지막에 반드시 필요)

3.1 그림 패턴 표시하기

[그림 3-1]의 비트맨 패턴을 연속으로 0.5초 간격으로 출력하여 움직이는 것처럼 보이게 하는 프로그램을 작성해보자.

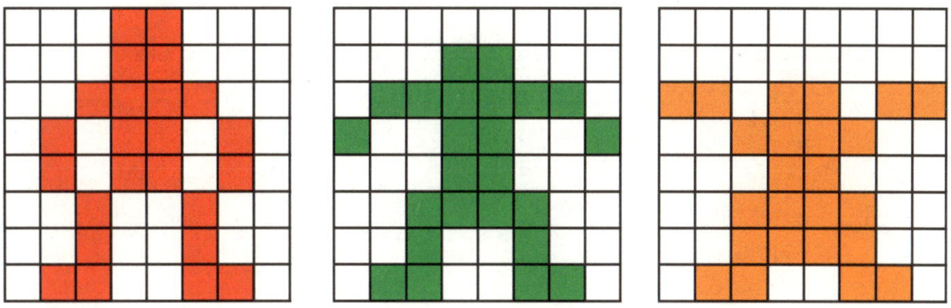

(a) 패턴1 (b) 패턴2 (c) 패턴3

[그림 3-1] 비트맨 패턴

☞ **PROGEM 변수**

아두이노 우노 보드의 경우 SRAM은 2kB, Flash Memory는 32kB의 크기를 가지고 있다. 대부분의 변수들은 SRAM에 값이 저장되어 사용되는데 용량이 크지 않기 때문에 프로그램이 실행되는 동안 값이 바뀌지 않는 배열 값 같은 경우에는 Flash Memory에 const 형으로 정의하여 사용하는 것이 메모리를 효과적으로 사용하는 방법이라 할 수 있다. 이때 값이 변하지 않는 고정 변수들의 값을 Flash Memory에 저장할 때 사용하는 키워드가 PROGEM이다. PROGEM을 사용할 때는

const <데이터 형> PROGEM 변수명 = 값;

의 형식으로 선언을 한다.

[예]
```
const uint8_t PROGMEM
    bitman1_bmp[] =          // 0x18,0x18,0x3C,0x5A,0x5A,0x24,0x24,0x66
        {B00011000,
         B00011000,
         B00111100,
         B01011010,
         B01011010,
         B00100100,
         B00100100,
         B01100110};
```

☞ **pgm_read_byte(&변수명)**

Flash Memory에 정의된 고정 변수의 1바이트 값을 읽기 위한 함수이며, Flash Memory에 저장된 값을 읽어 SRAM에 정의된 변수에 값을 저장할 때 사용한다.

❶	<pre>/**
	  pattern_bcw
	  단색/3색 8x8 도트 매트릭스에 그림 패턴 표시
	**/
	
	#include "Adafruit_LEDBackpack.h"</pre>

❷	<pre>static const uint8_t PROGMEM
	      bitman1_bmp[] = // 0x18,0x18,0x3C,0x5A,0x5A,0x24,0x24,0x66
	          {B00011000,
	           B00011000,
	           B00111100,
	           B01011010,
	           B01011010,
	           B00100100,
	           B00100100,
	           B01100110},
	
	      bitman2_bmp[] = // 0x00,0x18,0x7E,0x99,0x18,0x3C,0x24,0x66
	          {B00000000,
	           B00011000,
	           B01111110,
	           B10011001,
	           B00011000,
	           B00111100,
	           B00100100,
	           B01100110},
	
	      bitman3_bmp[] = // 0x00,0x00,0xDB,0x3C,0x18,0x3C,0x3C,0x66
	          {B00000000,
	           B00000000,
	           B11011011,
	           B00111100,
	           B00011000,
	           B00111100,
	           B00111100,
	           B01100110};</pre>

❸	<pre>// 도트 매트릭스 객체 생성
	Adafruit_8x8matrix matrix = Adafruit_8x8matrix(); // 단색
	Adafruit_BicolorMatrix bicolor = Adafruit_BicolorMatrix(); // 3색</pre>

❹	<pre>// 초기 설정 함수
	void setup()
	{
	      bicolor.begin(0x70); // 3색 도트 매트릭스 시작
	      matrix.begin(0x71); // 단색 도트 매트릭스 시작
	}</pre>

❶	- I2C Adafruit Dot Matrix 사용을 위한 헤더 파일 - 헤더 파일에 Wire.h와 Adafruit_GFX.h 포함되어 있음
❷	- 표시할 3개의 비트맵 패턴(8x8)
❸	- 단색 8x8 도트 매트릭스 객체 생성 : matrix - 3색 8x8 도트 매트릭스 객체 생성 : bicolor
❹	**<setup() : 초기 설정 함수>** - 3색 도트 매트릭스 초기화 - 단색 도트 매트릭스 초기화

❶	<pre>// 반복 처리 함수
	void loop()
	{
	    // 패턴1 표시
	    matrix.setBrightness(8); // 중간 밝기(0~15)
	    matrix.clear(); // 단색 도트 매트릭스 클리어
	    matrix.drawBitmap(0, 0, bitman1_bmp, 8, 8, LED_ON); // 표시 패턴1 저장
	    matrix.writeDisplay(); // 단색 도트 매트릭스 표시
	
	    bicolor.setBrightness(8); // 중간 밝기(0~15)
	    bicolor.clear(); // 3색 도트 매트릭스 클리어
	    bicolor.drawBitmap(0, 0, bitman1_bmp, 8, 8, LED_RED); // 표시 패턴1 저장
	    bicolor.writeDisplay(); // 3색 도트 매트릭스 표시
	    delay(500); // 0.5초 대기</pre>

❷	<pre> // 패턴2 표시
	    matrix.clear(); // 단색 도트 매트릭스 클리어
	    matrix.drawBitmap(0, 0, bitman2_bmp, 8, 8, LED_ON); // 표시 패턴2 저장
	    matrix.writeDisplay(); // 단색 도트 매트릭스 표시
	
	    bicolor.clear(); // 3색 도트 매트릭스 클리어
	    bicolor.drawBitmap(0, 0, bitman2_bmp, 8, 8, LED_GREEN); // 표시 패턴2 저장
	    bicolor.writeDisplay(); // 3색 도트 매트릭스 표시
	    delay(500); // 0.5초 대기</pre>

❸	<pre> // 패턴3 표시
	    matrix.clear(); // 단색 도트 매트릭스 클리어
	    matrix.drawBitmap(0, 0, bitman3_bmp, 8, 8, LED_ON); // 표시 패턴3 저장
	    matrix.writeDisplay(); // 단색 도트 매트릭스 표시
	
	    bicolor.clear(); // 3색 도트 매트릭스 클리어
	    bicolor.drawBitmap(0, 0, bitman3_bmp, 8, 8, LED_YELLOW); // 표시 패턴3 저장
	    bicolor.writeDisplay(); // 3색 도트 매트릭스 표시
	    delay(500); // 0.5초 대기</pre>

❹	<pre> // 패턴2 표시
	    matrix.clear(); // 단색 도트 매트릭스 클리어
	    matrix.drawBitmap(0, 0, bitman2_bmp, 8, 8, LED_ON); // 표시 패턴2 저장
	    matrix.writeDisplay(); // 단색 도트 매트릭스 표시
	
	    bicolor.clear(); // 3색 도트 매트릭스 클리어
	    bicolor.drawBitmap(0, 0, bitman2_bmp, 8, 8, LED_GREEN); // 표시 패턴2 저장
	    bicolor.writeDisplay(); // 3색 도트 매트릭스 표시
	    delay(500); // 0.5초 대기
	}</pre>

❶	**<패턴1 표시>** - 단색 도트 매트릭스 중간 밝기 설정 => 클리어 => 첫 번째 비트맨 데이터 저장 => 표시 - 3색 도트 매트릭스 중간 밝기 설정 => 클리어 => 첫 번째 비트맨 데이터 저장 => 적색 표시
❷	**<패턴2 표시>** - 단색 도트 매트릭스 클리어 => 두 번째 비트맨 데이터 저장 => 표시 - 3색 도트 매트릭스 클리어 => 두 번째 비트맨 데이터 저장 => 녹색 표시
❸	**<패턴3 표시>** - 단색 도트 매트릭스 클리어 => 세 번째 비트맨 데이터 저장 => 표시 - 3색 도트 매트릭스 클리어 => 세 번째 비트맨 데이터 저장 => 황색 표시
❹	**<패턴2 표시>** - 단색 도트 매트릭스 클리어 => 두 번째 비트맨 데이터 저장 => 표시 - 3색 도트 매트릭스 클리어 => 두 번째 비트맨 데이터 저장 => 적색 표시

```
/**************************************************
  pattern_bcw
   단색/3색 8x8 도트 매트릭스에 그림 패턴 표시
 **************************************************/

#include "Adafruit_LEDBackpack.h"

static const uint8_t PROGMEM
      bitman1_bmp[] =          // 0x18,0x18,0x3C,0x5A,0x5A,0x24,0x24,0x66
          {B00011000,
           B00011000,
           B00111100,
           B01011010,
           B01011010,
           B00100100,
           B00100100,
           B01100110},

      bitman2_bmp[] =          // 0x00,0x18,0x7E,0x99,0x18,0x3C,0x24,0x66
          {B00000000,
           B00011000,
           B01111110,
           B10011001,
           B00011000,
           B00111100,
           B00100100,
           B01100110},

      bitman3_bmp[] =          // 0x00,0x00,0xDB,0x3C,0x18,0x3C,0x3C,0x66
          {B00000000,
           B00000000,
           B11011011,
           B00111100,
           B00011000,
           B00111100,
           B00111100,
           B01100110};

// 도트 매트릭스 객체 생성
Adafruit_8x8matrix matrix = Adafruit_8x8matrix();                    // 단색
Adafruit_BicolorMatrix bicolor = Adafruit_BicolorMatrix();           // 3색

// 초기 설정 함수
void setup()
{
      bicolor.begin(0x70);                               // 3색 도트 매트릭스 시작
      matrix.begin(0x71);                                // 단색 도트 매트릭스 시작
}
```

```
// 반복 처리 함수
void loop()
{
    // 패턴1 표시
    matrix.setBrightness(8);                               // 중간 밝기(0~15)
    matrix.clear();                                        // 단색 도트 매트릭스 클리어
    matrix.drawBitmap(0, 0, bitman1_bmp, 8, 8, LED_ON);        // 표시 패턴1 저장
    matrix.writeDisplay();                                 // 단색 도트 매트릭스 표시

    bicolor.setBrightness(8);                              // 중간 밝기(0~15)
    bicolor.clear();                                       // 3색 도트 매트릭스 클리어
    bicolor.drawBitmap(0, 0, bitman1_bmp, 8, 8, LED_RED);      // 표시 패턴1 저장
    bicolor.writeDisplay();                                // 3색 도트 매트릭스 표시
    delay(500);

    // 패턴2 표시
    matrix.clear();                                        // 단색 도트 매트릭스 클리어
    matrix.drawBitmap(0, 0, bitman2_bmp, 8, 8, LED_ON);        // 표시 패턴2 저장
    matrix.writeDisplay();                                 // 단색 도트 매트릭스 표시

    bicolor.clear();                                       // 3색 도트 매트릭스 클리어
    bicolor.drawBitmap(0, 0, bitman2_bmp, 8, 8, LED_GREEN);  // 표시 패턴2 저장
    bicolor.writeDisplay();                                // 3색 도트 매트릭스 표시
    delay(500);

    // 패턴3 표시
    matrix.clear();                                        // 단색 도트 매트릭스 클리어
    matrix.drawBitmap(0, 0, bitman3_bmp, 8, 8, LED_ON);        // 표시 패턴3 저장
    matrix.writeDisplay();                                 // 단색 도트 매트릭스 표시

    bicolor.clear();                                       // 3색 도트 매트릭스 클리어
    bicolor.drawBitmap(0, 0, bitman3_bmp, 8, 8, LED_YELLOW);  // 표시 패턴3 저장
    bicolor.writeDisplay();                                // 3색 도트 매트릭스 표시
    delay(500);

    // 패턴2 표시
    matrix.clear();                                        // 단색 도트 매트릭스 클리어
    matrix.drawBitmap(0, 0, bitman2_bmp, 8, 8, LED_ON);        // 표시 패턴2 저장
    matrix.writeDisplay();                                 // 단색 도트 매트릭스 표시

    bicolor.clear();                                       // 3색 도트 매트릭스 클리어
    bicolor.drawBitmap(0, 0, bitman2_bmp, 8, 8, LED_GREEN);  // 표시 패턴2 저장
    bicolor.writeDisplay();                                // 3색 도트 매트릭스 표시
    delay(500);
}
```

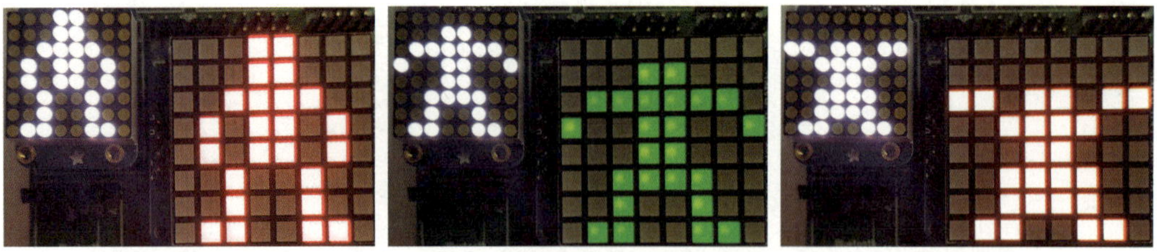

(a) 비트맨1 (b) 비트맨2 (c) 비트맨3

[그림 3-2] 실행 결과

3.2 ASCII 문자 패턴 표시하기

[그림 3-3]과 같이 ASCII 문자(0x20~0x7F) 패턴을 만들어 단색 도트 매트릭스와 3색 도트 매트릭스에 0.5초 간격으로 표시하는 프로그램을 작성해보자.

[그림 3-3] ASCII 문자 패턴

❶	`/***************************************************`
	` ascii_dsp     matrix8x8     bicolor8x8`
	` 단색/3색 8x8 도트 매트릭스에 ASCII 문자 표시`
	` ***************************************************/`
	`#include "Adafruit_LEDBackpack.h"`

❷	`// 도트 매트릭스 객체 생성`
	`Adafruit_BicolorMatrix bicolor = Adafruit_BicolorMatrix();   // 3색`
	`Adafruit_8x8matrix matrix = Adafruit_8x8matrix();            // 단색`

❸	`static const uint8_t PROGMEM`
	`    ascii_table[96][8] = {          // ASCII 문자 패턴(0x20~0x7F)`
	`       {0x00, 0x00, 0x00, 0x00, 0x00, 0x00, 0x00, 0x00},     // 0x20 space`
	`       {0x00, 0x08, 0x08, 0x08, 0x08, 0x00, 0x00, 0x08},     // 0x21 !`
	`          ~~~~~~~~~~~~~~~~~~~~~~~~~~~~~~~~~~~~~~~~~~~~`
	`       {0x00, 0x00, 0x08, 0x04, 0x3e, 0x04, 0x08, 0x00},     // 0x7e ->`
	`       {0x00, 0x00, 0x08, 0x10, 0x3e, 0x10, 0x08, 0x00}};    // 0x7f <-`

❹	`// 초기 설정 함수`
	`void setup()`
	`{`
	`      bicolor.begin(0x70);                        // 3색 도트 매트릭스 시작`
	`      matrix.begin(0x71);                         // 단색 도트 매트릭스 시작`
	`}`

❺	`// 반복 처리 함수`
	`void loop()`
	`{`
	`      byte  j;`
	
	`      for(j = 0;j < 96;j++){`
	`            // 단색 도트 매트릭스`
	`            matrix.clear();                       // 도트 매트릭스 메모리 클리어`
	`            matrix.drawBitmap(0, 0, ascii_table[j], 8, 8, LED_ON);       // j번째 패턴`
	`                                                                 // 메모리 저장`
	`            matrix.writeDisplay();                                       // 표시`
	
	`            // 3색 도트 매트릭스`
	`            bicolor.clear();                      // 도트 매트릭스 메모리 클리어`
	`            bicolor.drawBitmap(0, 0, ascii_table[j], 8, 8, LED_GREEN);   // j번째 패턴`
	`                                                                 // 녹색 표시 메모리 저장`
	`            bicolor.writeDisplay();                                      // 표시`
	`            delay(500);                                                  // 0.5초 대기`
	`      }`
	`}`

❶	- I2C Adafruit Dot Matrix 사용을 위한 헤더 파일 - 헤더 파일에 Wire.h와 Adafruit_GFX.h 포함되어 있음
❷	- 단색 8x8 도트 매트릭스 객체 생성 : matrix - 3색 8x8 도트 매트릭스 객체 생성 : bicolor
❸	- 96개 ASCII 문자(0x20~0x7F) 패턴
❹	**<setup() : 초기 설정 함수>** - 3색 도트 매트릭스 초기화 - 단색 도트 매트릭스 초기화
❺	**<loop() : 반복 처리 함수>** - 96개 ASCII 문자 0.5초 간격으로 단색 도트 매트릭스와 3색 도트 매트릭스에 출력 표시

```
/**************************************************
 ascii_dsp     matrix8x8     bicolor8x8
 단색/3색 8x8 도트 매트릭스에 ASCII 문자 표시
 **************************************************/
#include "Adafruit_LEDBackpack.h"

// 도트 매트릭스 객체 생성
Adafruit_BicolorMatrix bicolor = Adafruit_BicolorMatrix();  // 3색
Adafruit_8x8matrix matrix = Adafruit_8x8matrix();           // 단색

static const uint8_t PROGMEM
    ascii_table[96][8] = {         // ASCII 문자 패턴(0x20~0x7F)
        {0x00, 0x00, 0x00, 0x00, 0x00, 0x00, 0x00, 0x00},    // 0x20 space
        {0x00, 0x08, 0x08, 0x08, 0x08, 0x00, 0x00, 0x08},    // 0x21 !
        {0x00, 0x14, 0x14, 0x14, 0x00, 0x00, 0x00, 0x00},    // 0x22 "
        {0x00, 0x14, 0x14, 0x3e, 0x14, 0x3e, 0x14, 0x14},    // 0x23 #
        {0x00, 0x08, 0x1e, 0x28, 0x1c, 0x0a, 0x3c, 0x08},    // 0x24 $
        {0x00, 0x30, 0x32, 0x04, 0x08, 0x10, 0x26, 0x06},    // 0x25 %
        {0x00, 0x18, 0x24, 0x28, 0x10, 0x2a, 0x24, 0x1a},    // 0x26 &
        {0x00, 0x18, 0x08, 0x10, 0x00, 0x00, 0x00, 0x00},    // 0x27 '
        {0x00, 0x04, 0x08, 0x10, 0x10, 0x10, 0x08, 0x04},    // 0x28 (
        {0x00, 0x10, 0x08, 0x04, 0x04, 0x04, 0x08, 0x10},    // 0x29 )
        {0x00, 0x00, 0x08, 0x2a, 0x1c, 0x2a, 0x08, 0x00},    // 0x2a *
        {0x00, 0x00, 0x08, 0x08, 0x3e, 0x08, 0x08, 0x00},    // 0x2b +
        {0x00, 0x00, 0x00, 0x00, 0x00, 0x18, 0x08, 0x10},    // 0x2c ,
        {0x00, 0x00, 0x00, 0x00, 0x3e, 0x00, 0x00, 0x00},    // 0x2d -
        {0x00, 0x00, 0x00, 0x00, 0x00, 0x00, 0x18, 0x18},    // 0x2e .
        {0x00, 0x00, 0x02, 0x04, 0x08, 0x10, 0x20, 0x00},    // 0x2f /
        {0x00, 0x1c, 0x22, 0x26, 0x2a, 0x32, 0x22, 0x1c},    // 0x30 0
        {0x00, 0x08, 0x18, 0x08, 0x08, 0x08, 0x08, 0x1c},    // 0x31 1
        {0x00, 0x1c, 0x22, 0x02, 0x04, 0x08, 0x10, 0x3e},    // 0x32 2
        {0x00, 0x3e, 0x04, 0x08, 0x04, 0x02, 0x22, 0x1c},    // 0x33 3
        {0x00, 0x04, 0x0c, 0x14, 0x24, 0x3e, 0x04, 0x04},    // 0x34 4
        {0x00, 0x3e, 0x20, 0x3c, 0x02, 0x02, 0x22, 0x1c},    // 0x35 5
        {0x00, 0x0c, 0x10, 0x20, 0x3c, 0x22, 0x22, 0x1c},    // 0x36 6
        {0x00, 0x3e, 0x02, 0x04, 0x08, 0x10, 0x10, 0x10},    // 0x37 7
        {0x00, 0x1c, 0x22, 0x22, 0x1c, 0x22, 0x22, 0x1c},    // 0x38 8
        {0x00, 0x1c, 0x22, 0x22, 0x1e, 0x02, 0x04, 0x18},    // 0x39 9
        {0x00, 0x00, 0x18, 0x18, 0x00, 0x18, 0x18, 0x00},    // 0x3a :
        {0x00, 0x00, 0x18, 0x18, 0x00, 0x18, 0x08, 0x10},    // 0x3b ;
        {0x00, 0x04, 0x08, 0x10, 0x20, 0x10, 0x08, 0x04},    // 0x3c <
        {0x00, 0x00, 0x00, 0x3e, 0x00, 0x3e, 0x00, 0x00},    // 0x3d =
        {0x00, 0x10, 0x08, 0x04, 0x02, 0x04, 0x08, 0x10},    // 0x3e >
        {0x00, 0x1c, 0x22, 0x02, 0x04, 0x08, 0x00, 0x08},    // 0x3f ?
        {0x00, 0x1c, 0x22, 0x02, 0x1a, 0x2a, 0x2a, 0x1c},    // 0x40 @
        {0x00, 0x1c, 0x22, 0x22, 0x22, 0x3e, 0x22, 0x22},    // 0x41 A
        {0x00, 0x3c, 0x22, 0x22, 0x3c, 0x22, 0x22, 0x3c},    // 0x42 B
        {0x00, 0x1c, 0x22, 0x20, 0x20, 0x20, 0x22, 0x1c},    // 0x43 C
```

```
{0x00, 0x38, 0x24, 0x22, 0x22, 0x22, 0x24, 0x38},     // 0x44 D
{0x00, 0x3e, 0x20, 0x20, 0x3c, 0x20, 0x20, 0x3e},     // 0x45 E
{0x00, 0x3e, 0x20, 0x20, 0x3c, 0x20, 0x20, 0x20},     // 0x46 F
{0x00, 0x1c, 0x22, 0x20, 0x2e, 0x22, 0x22, 0x1e},     // 0x47 G
{0x00, 0x22, 0x22, 0x22, 0x3e, 0x22, 0x22, 0x22},     // 0x48 H
{0x00, 0x1c, 0x08, 0x08, 0x08, 0x08, 0x08, 0x1c},     // 0x49 I
{0x00, 0x0e, 0x04, 0x04, 0x04, 0x04, 0x24, 0x18},     // 0x4a J
{0x00, 0x22, 0x24, 0x28, 0x30, 0x28, 0x24, 0x22},     // 0x4b K
{0x00, 0x20, 0x20, 0x20, 0x20, 0x20, 0x20, 0x3e},     // 0x4c L
{0x00, 0x22, 0x36, 0x2a, 0x2a, 0x22, 0x22, 0x22},     // 0x4d M
{0x00, 0x22, 0x22, 0x32, 0x2a, 0x26, 0x22, 0x22},     // 0x4e N
{0x00, 0x1c, 0x22, 0x22, 0x22, 0x22, 0x22, 0x1c},     // 0x4f O
{0x00, 0x3c, 0x22, 0x22, 0x3c, 0x20, 0x20, 0x20},     // 0x50 P
{0x00, 0x1c, 0x22, 0x22, 0x22, 0x2a, 0x24, 0x1a},     // 0x51 Q
{0x00, 0x3c, 0x22, 0x22, 0x3c, 0x28, 0x24, 0x22},     // 0x52 R
{0x00, 0x1e, 0x20, 0x20, 0x1c, 0x02, 0x02, 0x3c},     // 0x53 S
{0x00, 0x3e, 0x08, 0x08, 0x08, 0x08, 0x08, 0x08},     // 0x54 T
{0x00, 0x22, 0x22, 0x22, 0x22, 0x22, 0x22, 0x1c},     // 0x55 U
{0x00, 0x22, 0x22, 0x22, 0x22, 0x22, 0x14, 0x08},     // 0x56 V
{0x00, 0x22, 0x22, 0x22, 0x2a, 0x2a, 0x2a, 0x14},     // 0x57 W
{0x00, 0x22, 0x22, 0x14, 0x08, 0x14, 0x22, 0x22},     // 0x58 X
{0x00, 0x22, 0x22, 0x22, 0x14, 0x08, 0x08, 0x08},     // 0x59 Y
{0x00, 0x3e, 0x02, 0x04, 0x08, 0x10, 0x20, 0x3e},     // 0x5a Z
{0x00, 0x1c, 0x10, 0x10, 0x10, 0x10, 0x10, 0x1c},     // 0x5b [
{0x00, 0x22, 0x14, 0x3e, 0x08, 0x3e, 0x08, 0x08},     // 0x5c \
{0x00, 0x1c, 0x04, 0x04, 0x04, 0x04, 0x04, 0x1c},     // 0x5d ]
{0x00, 0x08, 0x14, 0x22, 0x00, 0x00, 0x00, 0x00},     // 0x5e ^
{0x00, 0x00, 0x00, 0x00, 0x00, 0x00, 0x00, 0x3e},     // 0x5f _
{0x00, 0x10, 0x08, 0x04, 0x00, 0x00, 0x00, 0x00},     // 0x60 `
{0x00, 0x00, 0x00, 0x1c, 0x02, 0x1e, 0x22, 0x1e},     // 0x61 a
{0x00, 0x20, 0x20, 0x2c, 0x32, 0x22, 0x22, 0x3c},     // 0x62 b
{0x00, 0x00, 0x00, 0x1c, 0x20, 0x20, 0x22, 0x1c},     // 0x63 c
{0x00, 0x02, 0x02, 0x1a, 0x26, 0x22, 0x22, 0x1e},     // 0x64 d
{0x00, 0x00, 0x00, 0x1c, 0x22, 0x3e, 0x20, 0x1c},     // 0x65 e
{0x00, 0x0c, 0x12, 0x10, 0x38, 0x10, 0x10, 0x10},     // 0x66 f
{0x00, 0x00, 0x1e, 0x22, 0x22, 0x1e, 0x02, 0x1c},     // 0x67 g
{0x00, 0x20, 0x20, 0x2c, 0x32, 0x22, 0x22, 0x22},     // 0x68 h
{0x00, 0x08, 0x00, 0x18, 0x08, 0x08, 0x08, 0x1c},     // 0x69 i
{0x00, 0x04, 0x00, 0x0c, 0x04, 0x04, 0x24, 0x18},     // 0x6a j
{0x00, 0x20, 0x20, 0x24, 0x28, 0x30, 0x28, 0x24},     // 0x6b k
{0x00, 0x18, 0x08, 0x08, 0x08, 0x08, 0x08, 0x1c},     // 0x6c l
{0x00, 0x00, 0x00, 0x34, 0x2a, 0x2a, 0x22, 0x22},     // 0x6d m
{0x00, 0x00, 0x00, 0x2c, 0x32, 0x22, 0x22, 0x22},     // 0x6e n
{0x00, 0x00, 0x00, 0x1c, 0x22, 0x22, 0x22, 0x1c},     // 0x6f o
{0x00, 0x00, 0x00, 0x3c, 0x22, 0x3c, 0x20, 0x20},     // 0x70 p
{0x00, 0x00, 0x00, 0x1a, 0x26, 0x1e, 0x02, 0x02},     // 0x71 q
{0x00, 0x00, 0x00, 0x2c, 0x32, 0x20, 0x20, 0x20},     // 0x72 r
{0x00, 0x00, 0x00, 0x1c, 0x20, 0x1c, 0x02, 0x3c},     // 0x73 s
{0x00, 0x10, 0x38, 0x10, 0x10, 0x10, 0x12, 0x0c},     // 0x74 t
```

```
        {0x00, 0x00, 0x00, 0x22, 0x22, 0x22, 0x26, 0x1a},    // 0x75 u
        {0x00, 0x00, 0x00, 0x22, 0x22, 0x22, 0x14, 0x08},    // 0x76 v
        {0x00, 0x00, 0x00, 0x22, 0x22, 0x2a, 0x2a, 0x14},    // 0x77 w
        {0x00, 0x00, 0x00, 0x22, 0x14, 0x08, 0x14, 0x22},    // 0x78 x
        {0x00, 0x00, 0x00, 0x22, 0x22, 0x1e, 0x02, 0x1c},    // 0x79 y
        {0x00, 0x00, 0x00, 0x3e, 0x04, 0x08, 0x10, 0x3e},    // 0x7a z
        {0x00, 0x04, 0x08, 0x08, 0x10, 0x08, 0x08, 0x04},    // 0x7b {
        {0x00, 0x08, 0x08, 0x08, 0x08, 0x08, 0x08, 0x08},    // 0x7c |
        {0x00, 0x10, 0x08, 0x08, 0x04, 0x08, 0x08, 0x10},    // 0x7d }
        {0x00, 0x00, 0x08, 0x04, 0x3e, 0x04, 0x08, 0x00},    // 0x7e ->
        {0x00, 0x00, 0x08, 0x10, 0x3e, 0x10, 0x08, 0x00}};   // 0x7f <-

 // 초기 설정 함수
void setup()
{
        bicolor.begin(0x70);                              // 3색 도트 매트릭스 초기화
        matrix.begin(0x71);                               // 단색 도트 매트릭스 초기화
 }

// 반복 처리 함수
void loop()
{
        byte  j;

        for(j = 0;j < 96;j++){
                // 단색 도트 매트릭스
                matrix.clear();                                       // 도트 매트릭스 메모리 클리어
                matrix.drawBitmap(0, 0, ascii_table[j], 8, 8, LED_ON);       // j번째 패턴 메모리 저장
                matrix.writeDisplay();                                       // 표시

                // 3색 도트 매트릭스
                bicolor.clear();                                      // 도트 매트릭스 메모리 클리어
                bicolor.drawBitmap(0, 0, ascii_table[j], 8, 8, LED_GREEN);  // j번째 패턴 녹색
                                                                             // 표시 메모리 저장
                bicolor.writeDisplay();                                      // 표시
                delay(500);
        }
}
```

(a) '@'

(b) '¥'

(c) '>'

(d) '7'

(e) 'F'

(f) 'e'

[그림 3-4] 실행 결과

Memo.

Chapter

04

패턴 생성기

04 Chapter 패턴 생성기

커서를 움직여가며 [그림 4-1]과 같이 패턴을 그리는 프로그램을 작성해보자. 단색 도트 매트릭스에는 커서 행의 패턴 16진값을 출력하도록 하고, 3색 도트 매트릭스에는 적색의 커서와 그려진 패턴을 녹색으로 표시하도록 하자.

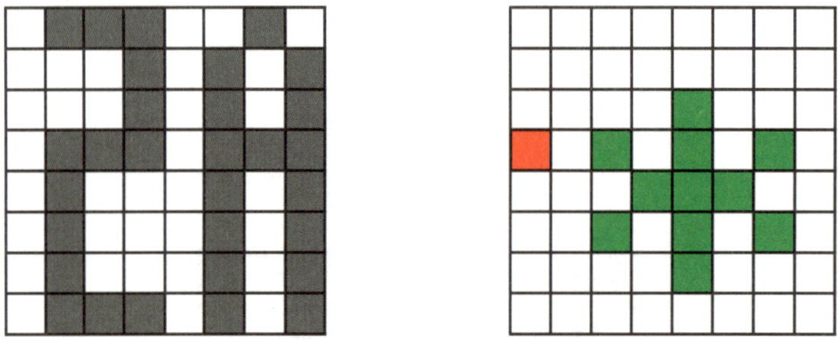

단색 도트 매트릭스 (커서 행 16진값)

3색 도트 매트릭스 (적색 : 커서, 녹색 : 그림 패턴)

D4(UP_SW) : 커서 위로 이동
D5(DOWN_SW) : 커서 아래로 이동
D2(LEFT_SW) : 커서 왼쪽으로 이동
D3(RIGHT_SW) : 커서 오른쪽으로 이동
D6(SET_SW) : 커서 위치 ON/OFF 반전

[그림 4-1] 패턴 생성기

● 스위치 입력 처리

스위치로 무엇인가를 제어할 때는 일반적으로 스위치를 누를 때 한 번만 동작한다. 이렇게 스위치가 눌려지는 순간에 한 번만 동작하게 하려면 [그림 4-2]와 같이 시간차(10ms 이내)를 두고 2번 스위치의 상태를 읽어 처리해야 하며, 스위치의 상태는 [표 4-1]과 같이 분류된다. 이러한 스위치의 상태에서 주로 가장 많이 사용하는 상태는 눌려지는 순간 즉 첫 번째 상태에서는 OFF이고, 두 번째 상태에서는 ON인 경우이다. [그림 4-3]은 스위치가 ON이 되는 순간을 체크하는 프로그램을 보여준다.

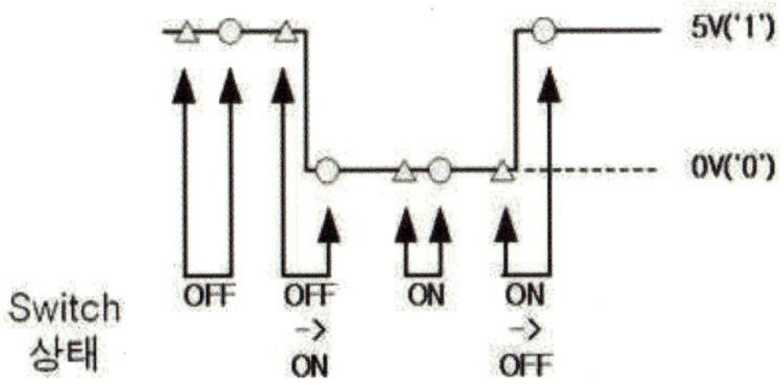

[그림 4-2] 스위치 상태(풀업 연결 시)

[표 4-1] 스위치 상태 분류

스위치 상태	첫 번째 상태	두 번째 상태	비 고
OFF	OFF	OFF	
OFF -> ON	OFF	ON	Falling Edge
ON	ON	ON	
ON -> OFF	ON	OFF	Rising Edge

```
old_sw = digitalRead(n);                // 첫 번째 상태 읽기
delay(10);                              // 10ms 딜레이
sw = digitalRead(n);                    // 두 번째 상태 읽기

if (old_sw == HIGH && sw == LOW) {      // 스위치가 눌려지는 순간 체크
        ~~~~~~~~~~~~~~~~                // 처리
}
```

[그림 4-3] 스위치가 ON 되는 순간 체크 프로그램

● 커서 이동하기

◆ 커서 LED 아래로 이동하기

커서를 아래로 이동하는 경우에는 [그림 4-4]와 같이 커서 LED가 있는 행 위치의 값을 저장하고, 행의 좌표 ry를 1 증가시킨 후 저장된 값을 그 행의 값으로 저장한다.

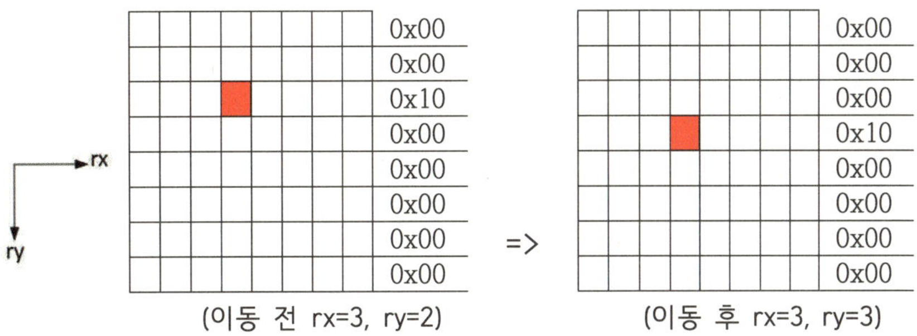

```
처리 ; ry < 7 이면
        tmp = disp_pat[ry];
        disp_pat[ry] = 0;
        ry++;
        disp_pat[ry] = tmp;
```

[그림 4-4] 커서 아래로 이동하기
(ry : 커서 y 좌표, disp_pat[] : 커서 표시 저장 배열)

- **커서 LED 위로 이동하기**

  커서를 위로 이동하는 경우에는 [그림 4-5]와 같이 커서 LED가 있는 행 위치의 값을 저장하고, 행의 좌표 ry를 1 감소시킨 후 저장된 값을 그 행의 값으로 저장한다.

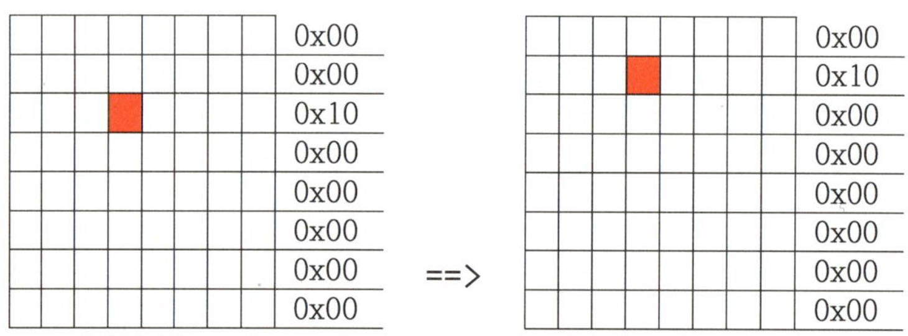

(이동 전 rx=3, ry=2) (이동 후 rx=3, ry=1)

```
처리 ; ry > 0 이면
        tmp = disp_pat[ry];
        disp_pat[ry] = 0;
        ry--;
        disp_pat[ry] = tmp;
```

[그림 4-5] 위로 이동하기

- **커서 LED 좌로 이동하기**

  커서를 좌로 이동하는 경우에는 [그림 4-6]과 같이 커서 LED의 열 좌표 rx를 1 감소시키고, 그 행의 값을 왼쪽으로 1비트 쉬프트 한 값을 그 행의 새로운 값으로 저장한다.

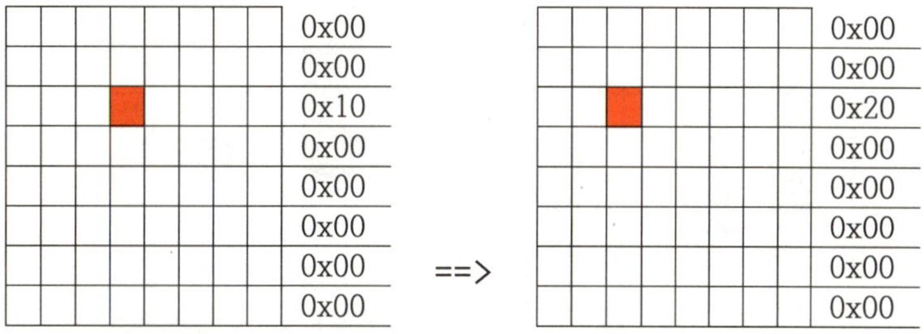

(이동 전 rx=3, ry=2) (이동 후 rx=2, ry=2)

```
처리 : rx > 0 이면
       rx--;
       disp_pat[ry] <<= 1;
```

[그림 4-6] 좌로 이동하기

◆ 커서 LED 우로 이동하기

커서를 우로 이동하는 경우에는 [그림 4-7]과 같이 커서 LED의 열 좌표 rx를 1 증가시키고, 그 행의 값을 오른쪽으로 1비트 쉬프트 한 값을 그 행의 새로운 값으로 저장한다.

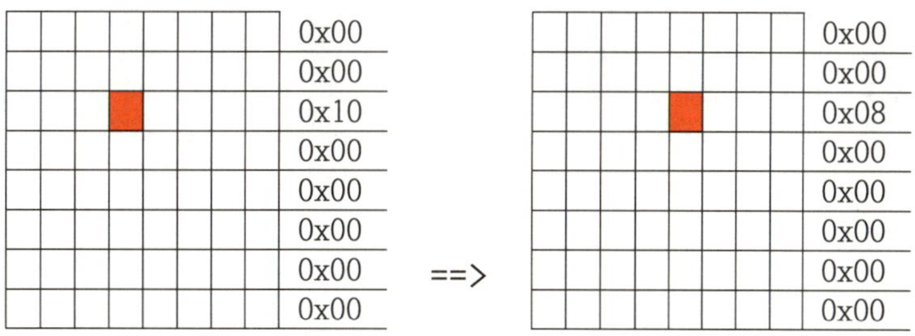

(이동 전 ry=2, rx=3) (이동 후 ry=2, rx=4)

```
처리 : rx < 7 이면
       rx++;
       dot_rval[ry] >>= 1;
```

[그림 4-7] 우로 이동하기

● 4x8 16진 패턴

커서 행의 16진 값을 단색 도트 매트릭스에 표시하기 위해 4x8 크기의 16진 0~F의 패턴을 [그림 4-8]과 같이 만들어 사용하도록 한다.

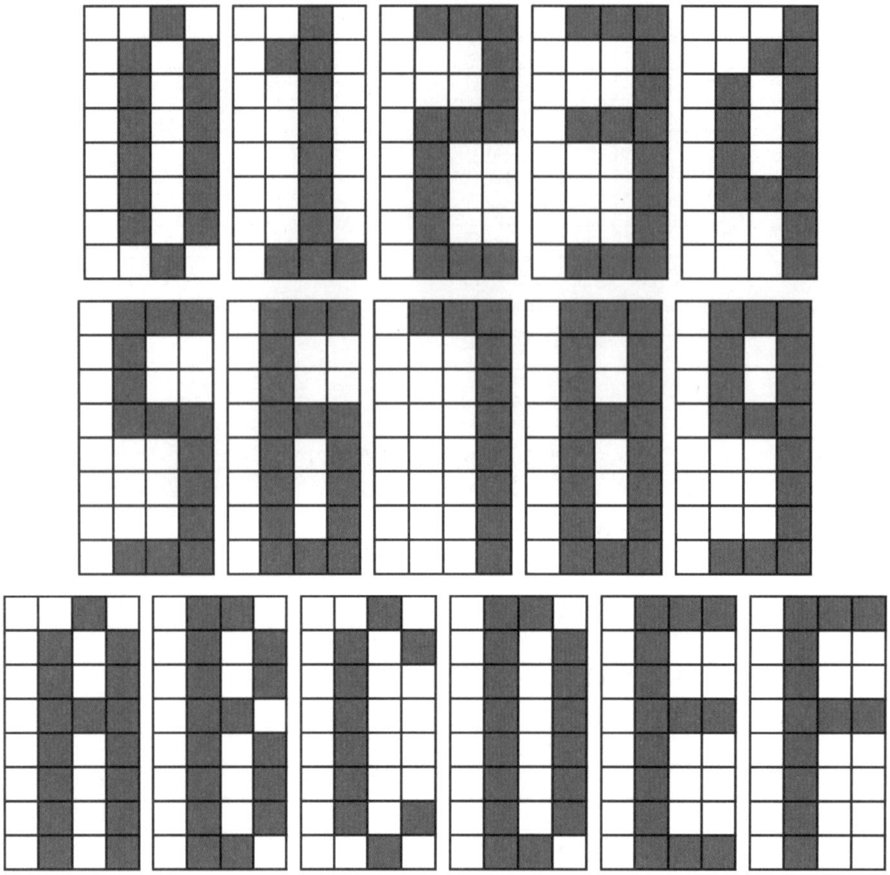

[그림 4-8] 4x8 크기 16진(0~F) 패턴

❶

```
#include "Adafruit_LEDBackpack.h"

const byte UP_SW = 4;                         // 커서 위 이동 스위치
const byte DOWN_SW = 5;                       // 커서 아래 이동 스위치
const byte LEFT_SW = 2;                       // 커서 왼쪽 이동 스위치
const byte RIGHT_SW = 3;                      // 커서 오른쪽 이동 스위치
const byte SET_SW = 6;                        // 커서 위치값 ON/OFF 반전 스위치
```

❷

```
// 도트 매트릭스 객체 생성
Adafruit_BicolorMatrix bicolor = Adafruit_BicolorMatrix();        // 3색
Adafruit_8x8matrix matrix = Adafruit_8x8matrix();                 // 단색
```

❸

```
static const byte PROGMEM
    hex_pat[16][8] ={                                             // 4x8 숫자 패턴
        {0x02, 0x05, 0x05, 0x05, 0x05, 0x05, 0x05, 0x02},         // 0
        {0x02, 0x06, 0x02, 0x02, 0x02, 0x02, 0x02, 0x07},         // 1
        {0x07, 0x01, 0x01, 0x07, 0x04, 0x04, 0x04, 0x07},         // 2
        {0x07, 0x01, 0x01, 0x07, 0x01, 0x01, 0x01, 0x07},         // 3
        {0x01, 0x03, 0x05, 0x05, 0x05, 0x07, 0x01, 0x01},         // 4
        {0x07, 0x04, 0x04, 0x07, 0x01, 0x01, 0x01, 0x07},         // 5
        {0x07, 0x04, 0x04, 0x07, 0x05, 0x05, 0x05, 0x07},         // 6
        {0x07, 0x01, 0x01, 0x01, 0x01, 0x01, 0x01, 0x01},         // 7
        {0x07, 0x05, 0x05, 0x07, 0x05, 0x05, 0x05, 0x07},         // 8
        {0x07, 0x05, 0x05, 0x07, 0x01, 0x01, 0x01, 0x07},         // 9
        {0x02, 0x05, 0x05, 0x07, 0x05, 0x05, 0x05, 0x05},         // A
        {0x06, 0x05, 0x05, 0x06, 0x05, 0x05, 0x05, 0x06},         // B
        {0x02, 0x05, 0x04, 0x04, 0x04, 0x04, 0x05, 0x02},         // C
        {0x06, 0x05, 0x05, 0x05, 0x05, 0x05, 0x05, 0x06},         // D
        {0x07, 0x04, 0x04, 0x07, 0x04, 0x04, 0x04, 0x07},         // E
        {0x07, 0x04, 0x04, 0x07, 0x04, 0x04, 0x04, 0x04}};        // F
```

❹

```
byte  dot_rval[8];                            // 표시 패턴 적색 데이터 저장을 위한 배열
byte  dot_gval[8];                            // 표시 패턴 적색 데이터 저장을 위한 배열
byte  hex_val[8];                             // 16진 표시 배열
byte  rx = 0, ry = 0;                         // 적색 dot x, y 좌표(0~7)
byte  old_sw[5], sw[5];                       // 스위치 상태 저장 변수
```

❺

```
byte  sw_check(void);                         // 스위치 체크 함수
void  up_move(void);                          // 커서 위로 이동
void  down_move(void);                        // 커서 아래로 이동
void  left_move(void);                        // 커서 왼쪽으로 이동
void  right_move(void);                       // 커서 오른쪽으로 이동
void  reverse_point(void);                    // 커서 위치 값 반전(0<->1)
void  disp(void);                             // 3색 도트 매트릭스 표시 함수
void  hex_disp();                             // 단색 도트 매트릭스 16진 표시 함수
```

❶	- I2C Adafruit Dot Matrix 사용을 위한 헤더 파일 - 5개 조작 스위치 아두이노 연결핀
❷	- 단색 8x8 도트 매트릭스 객체 생성 : matrix - 3색 8x8 도트 매트릭스 객체 생성 : bicolor
❸	- 16진수 0~F 표시 패턴(4x8)
❹	**<사용 변수>** - 적색, 녹색 표시 저장 배열(3색 도트 매트릭스) - 16진 표시 저장 배열(단색 도트 매트릭스) - 커서(적색 LED) x, y 좌표, 5개 스위치 상태 저장 변수
❺	**<사용자 정의 함수>** - 스위치 체크 함수, 커서 위, 아래, 왼쪽, 오른쪽 이동 함수 - 커서 위치 값 반전 함수 - 3색 도트 매트릭스 표시 함수, 단3색 도트 매트릭스 16진 표시 함수

❶	<pre>// 초기 설정 함수
	void setup()
	{
	    byte j;
	
	    matrix.begin(0x71); // 단색 도트 매트릭스 초기화
	    bicolor.begin(0x70); // 3색 도트 매트릭스 초기화
	
	    // 5개 커서 조작 스위치 입력방향 설정
	    pinMode(UP_SW, INPUT); // 커서 위 이동 스위치
	    pinMode(DOWN_SW, INPUT); // 커서 아래 이동 스위치
	    pinMode(LEFT_SW, INPUT); // 커서 왼쪽 이동 스위치
	    pinMode(RIGHT_SW, INPUT); // 커서 오른쪽 이동 스위치
	    pinMode(SET_SW, INPUT); // 커서 위치값 ON/OFF 반전 스위치
	
	    for(byte j = 0;j < 8;j++) { // 3색 도트 매트릭스 표시 배열 클리어
	        dot_gval[j] = 0x0; // 녹색 LED 표시 배열 클리어
	        dot_rval[j] = 0x0; // 적색 LED 표시 배열 클리어
	    }
	    dot_rval[0] = B10000000; // 좌상귀 적색 LED만 ON(초기 커서)
	
	    disp(); // 3색 LED 표시
	    hex_disp(); // 커서 행 16진값 단색 도트 매트릭스에 표시
	}</pre>

❷	<pre>// 반복 처리 함수
	void loop()
	{
	    byte ret;
	
	    ret = sw_check(); // 스위치 체크
	
	    if(ret != 0) {
	        disp(); // 스위치가 눌려졌으면 새 상태 표시
	        hex_disp(); // 커서 행 16진값 갱신
	    }
	}</pre>

❶	**<초기 설정 함수>** - 단색, 3색 도트 매트릭스 초기화 - 5개 조작 스위치 아두이노 연결핀 입력 방향 설정 - 3색 도트 매트릭스 표시 저장 배열 클리어 - 좌상귀 적색 LED만 ON이 되게끔 적색 LED 저장 배열 설정 - 커서 행 16진값 단색 도트 매트릭스 표
❷	**<반복 처리 함수>** - 스위치 체크 함수 호출 : sw_check() - 스위치가 눌려졌으면 3색 도트 매트릭스와 단색 도트 매트릭스 16진값 새로 표시

❶	`// 스위치 체크 함수`
	`byte sw_check()`
	`{`
	`        byte j, ret = 0;`
	
	`        // 5개 스위치 10ms 간격으로 두 번 읽기`
	`        for(j = LEFT_SW;j <= SET_SW;j++) old_sw[j - LEFT_SW] = digitalRead(j);`
	`        delay(10);`
	`        for(j = LEFT_SW;j <= SET_SW;j++) sw[j - LEFT_SW] = digitalRead(j);`

❷	`        if (old_sw[0] == HIGH && sw[0] == LOW) {        // 스위치1이 눌려지는 순간`
	`                if(rx > 0) {                    // 커서 수평 위치가 맨 좌측이 아니면`
	`                        left_move();            // 왼쪽으로 한 칸 이동`
	`                        ret = 1;                // 리턴 값`
	`                }`
	`        }`
	`        else if (old_sw[1] == HIGH && sw[1] == LOW) {   // 스위치2가 눌려지는 순간`
	`                if(rx < 7) {                    // 커서 수평 위치가 맨 우측이 아니면`
	`                        right_move();           // 오른쪽으로 한 칸 이동`
	`                        ret = 1;                // 리턴 값`
	`                }`
	`        }`

❸	`        else if (old_sw[2] == HIGH && sw[2] == LOW) {   // 스위치3이 눌려지는 순간`
	`                if(ry > 0) {                    // 커서 수직 위치가 맨 위가 아니면`
	`                        up_move();              // 위로 한 칸 이동`
	`                        ret = 1;                // 리턴 값`
	`                }`
	`        }`
	`        else if (old_sw[3] == HIGH && sw[3] == LOW) {   // 스위치4가 눌려지는 순간`
	`                if(ry < 7) {                    // 커서 수직 위치가 맨 아래가 아니면`
	`                        down_move();            // 아래로 한 칸 이동`
	`                        ret = 1;                // 리턴 값`
	`                }`
	`        }`

❹	`        else if (old_sw[4] == HIGH && sw[4] == LOW){    // 스위치5가 눌려지는 순간`
	`                reverse_point();                // 현재 위치 녹색 LED 반전`
	`                ret = 1;                        // 리턴 값`
	`        }`
	
	`        return(ret);                            // ret 값 리턴`
	`}`

❶	**<sw_check() : 스위치 체크 함수>** - 5개 스위치 10ms 간격 두고 2회 읽기
❷	- 스위치1(Left Switch) 눌려지는 순간이면 적색 커서 LED 한 칸 왼쪽으로 이동 처리 - 스위치2(Right Switch) 눌려지는 순간이면 적색 커서 LED 한 칸 오른쪽으로 이동 처리
❸	- 스위치3(Up Switch) 눌려지는 순간이면 적색 커서 LED 한 칸 위로 이동 처리 - 스위치4(Down Switch) 눌려지는 순간이면 적색 커서 LED 한 칸 아래로 이동 처리
❹	- 스위치5(Reverse Switch) 눌려지는 순간이면 현재 위치의 녹색 LED ON/OFF 반전 - 스위치 상태 값 갖고 리턴

❶

```
// 커서 위쪽으로 이동
void up_move(void)
{
	byte tmp;

	tmp = dot_rval[ry];                        // ry 행 적색 LED 값 백업
	dot_rval[ry] = 0;                          // ry 행 적색 LED 값 클리어
	ry--;                                      // ry -1
	dot_rval[ry] = tmp;                        // ry 행에 백업 LED값 저장
}
```

❷

```
// 커서 아래쪽으로 이동
void down_move(void)
{
	byte tmp;

	tmp = dot_rval[ry];                        // ry 행 적색 LED 값 백업
	dot_rval[ry] = 0;                          // ry 행 적색 LED 값 클리어
	ry++;                                      // ry +1
	dot_rval[ry] = tmp;                        // ry 행에 백업 LED값 저장
}
```

❸

```
// 커서 왼쪽으로 이동
void left_move(void)
{
	rx--;                                      // 커서 x좌표 -1
	dot_rval[ry] <<= 1;                        // ry 행 적색 LED 값
	                                           // 왼쪽 1비트 쉬프트
}
```

❹

```
// 커서 오른쪽으로 이동
void right_move(void)
{
	rx++;                                      // 커서 x좌표 +1
	dot_rval[ry] >>= 1;                        // ry 행 적색 LED 값
	                                           // 오른쪽 1비트 쉬프트
}
```

❺

```
// 커서 위치의 녹색 LED값 반전
void reverse_point()
{
	dot_gval[ry] = dot_gval[ry] ^ (1 << (7 - rx));   // (rx, ry)위치의 녹색 LED 반전
}
```

❶	**<up_move() : 커서 위 이동 처리 함수>** - 커서 수직 좌표 -1하고, 적색 LED 저장 배열 갱신
❷	**<down_move() : 커서 아래 이동 처리 함수>** - 커서 수직 좌표 +1하고, 적색 LED 저장 배열 갱신
❸	**<left_move() : 커서 왼쪽 이동 처리 함수>** - 커서 수평 좌표 -1하고, 적색 LED 저장 배열 갱신
❹	**<right_move() : 커서 오른쪽 이동 처리 함수>** - 커서 수평 좌표 +1하고, 적색 LED 저장 배열 갱신
❺	**<reverse_point() : 커서 오른쪽 이동 처리 함수>** - 커서 위치의 녹색 LED 값 반전해서 녹색 LED 저장 배열 갱신

❶	<pre>// 3색 도트 매트릭스 표시
	void disp()
	{
	      bicolor.clear(); // 클리어
	
	      // 녹색, 적색 LED 표시 배열 값 도트 매트릭스 메모리에 저장
	      bicolor.drawBitmap(0, 0, dot_gval, 8, 8, LED_GREEN);
	      bicolor.drawBitmap(0, 0, dot_rval, 8, 8, LED_RED);
	
	      bicolor.writeDisplay(); // 표시
	}</pre>

❷	<pre>// 단색 도트 매트릭스에 커서 행의 패턴값 16진으로 표시
	void hex_disp()
	{
	      byte tmp, h16, h1, j;
	
	      h16 = (dot_gval[ry] & 0xF0) >> 4; // 16진 상위 자리값
	      h1 = dot_gval[ry] & 0x0F; // 16진 하위 자리값
	
	      for(j = 0;j < 8;j++){
	            tmp = pgm_read_byte(&hex_pat[h16][j]) << 4; // 상위 자리값 패턴
	            tmp |= pgm_read_byte(&hex_pat[h1][j]); // 하위 자리값 패턴 합성
	            hex_val[j] = tmp; // 배열에 저장
	      }
	
	      matrix.clear(); // 기존 표시값 클리어
	      matrix.setBrightness(1); // 밝기 1 설정
	      matrix.drawBitmap(0, 0, hex_val, 8, 8, LED_ON); // 새 16진 패턴값 저장
	      matrix.writeDisplay(); // 표시
	}</pre>

❶	**<disp() : 3색 도트 매트릭스 표시 함수>** - 3색 도트 매트릭스 메모리 클리어 - 녹색 LED 표시 배열 값 도트 매트릭스 메모리에 저장 - 적색 LED 표시 배열 값 도트 매트릭스 메모리에 저장 - 도트 매트릭스 표시
❷	**<hex_disp() : 커서 행 패턴 16진 값 단색 도트 매트릭스 표시 함수>** - 커서 행 패턴 상위 16진 값 추출 - 커서 행 패턴 하위 16진 값 추출 - 도트 매트릭스에 표시할 상위 16진 패턴과 하위 16진 패턴을 합성하여 16진 표시 배열에 행 단위로 저장 - 단색 도트 매트릭스 메모리 클리어하고, 밝기 1 설정 - 16진 표시 배열 값 도트 매트릭스 메모리에 저장 - 도트 매트릭스 표시

```
// pattern_maker
//
//
#include "Adafruit_LEDBackpack.h"

const byte UP_SW = 4;                     // 커서 위 이동 스위치
const byte DOWN_SW = 5;                   // 커서 아래 이동 스위치
const byte LEFT_SW = 2;                   // 커서 왼쪽 이동 스위치
const byte RIGHT_SW = 3;                  // 커서 오른쪽 이동 스위치
const byte SET_SW = 6;                    // 커서 위치값 ON/OFF 반전 스위치

// 도트 매트릭스 객체 생성
Adafruit_BicolorMatrix bicolor = Adafruit_BicolorMatrix();        // 3색
Adafruit_8x8matrix matrix = Adafruit_8x8matrix();                 // 단색

static const byte PROGMEM
    hex_pat[16][8] ={                                             // 4x8 숫자 패턴
        {0x02, 0x05, 0x05, 0x05, 0x05, 0x05, 0x05, 0x02},         // 0
        {0x02, 0x06, 0x02, 0x02, 0x02, 0x02, 0x02, 0x07},         // 1
        {0x07, 0x01, 0x01, 0x07, 0x04, 0x04, 0x04, 0x07},         // 2
        {0x07, 0x01, 0x01, 0x07, 0x01, 0x01, 0x01, 0x07},         // 3
        {0x01, 0x03, 0x05, 0x05, 0x05, 0x07, 0x01, 0x01},         // 4
        {0x07, 0x04, 0x04, 0x07, 0x01, 0x01, 0x01, 0x07},         // 5
        {0x07, 0x04, 0x04, 0x07, 0x05, 0x05, 0x05, 0x07},         // 6
        {0x07, 0x01, 0x01, 0x01, 0x01, 0x01, 0x01, 0x01},         // 7
        {0x07, 0x05, 0x05, 0x07, 0x05, 0x05, 0x05, 0x07},         // 8
        {0x07, 0x05, 0x05, 0x07, 0x01, 0x01, 0x01, 0x07},         // 9
        {0x02, 0x05, 0x05, 0x07, 0x05, 0x05, 0x05, 0x05},         // A
        {0x06, 0x05, 0x05, 0x06, 0x05, 0x05, 0x05, 0x06},         // B
        {0x02, 0x05, 0x04, 0x04, 0x04, 0x04, 0x05, 0x02},         // C
        {0x06, 0x05, 0x05, 0x05, 0x05, 0x05, 0x05, 0x06},         // D
        {0x07, 0x04, 0x04, 0x07, 0x04, 0x04, 0x04, 0x07},         // E
        {0x07, 0x04, 0x04, 0x07, 0x04, 0x04, 0x04, 0x04}};        // F

byte  dot_rval[8];                        // 표시 패턴 적색 데이터 저장을 위한 배열
byte  dot_gval[8];                        // 표시 패턴 적색 데이터 저장을 위한 배열
byte  hex_val[8];                         // 16진 표시 배열

byte  rx = 0, ry = 0;                     // 적색 dot x, y 좌표(0~7)
byte  old_sw[5], sw[5];                   // 스위치 상태 저장 변수

byte  sw_check(void);                     // 스위치 체크 함수
void  up_move(void);                      // 커서 위로 이동
void  down_move(void);                    // 커서 아래로 이동
void  left_move(void);                    // 커서 왼쪽으로 이동
void  right_move(void);                   // 커서 오른쪽으로 이동
void  reverse_point(void);                // 커서 위치 값 반전(0<->1)
void  disp(void);                         // 도트 매트릭스 표시 함수
void  hex_disp();                         // 단색 도트 매트릭스 16진 표시 함수
```

```
// 초기 설정 함수
void setup()
{
	byte j;

	matrix.begin(0x71);                          // 단색 도트 매트릭스 초기화
	bicolor.begin(0x70);                         // 3색 도트 매트릭스 초기화

	// 5개 커서 조작 스위치 입력방향 설정
	pinMode(UP_SW, INPUT);                       // 커서 위 이동 스위치
	pinMode(DOWN_SW, INPUT);                     // 커서 아래 이동 스위치
	pinMode(LEFT_SW, INPUT);                     // 커서 왼쪽 이동 스위치
	pinMode(RIGHT_SW, INPUT);                    // 커서 오른쪽 이동 스위치
	pinMode(SET_SW, INPUT);                      // 커서 위치값 ON/OFF 반전 스위치

	for(byte j = 0;j < 8;j++) {                  // 3색 도트 매트릭스 표시값 클리어
		dot_gval[j] = 0x0;                       // 녹색 LED 클리어
		dot_rval[j] = 0x0;                       // 족색 LED 클리어
	}
	dot_rval[0] = B10000000;                     // 좌상귀 적색 LED만 ON(초기 커서)

	disp();                                      // 3색 LED 표시
	hex_disp();                                  // 커서 행 16진값 단색 도트 매트릭스에 표시
}

// 반복 처리 함수
void loop()
{
	byte ret;

	ret = sw_check();                            // 스위치 체크

	if(ret != 0) {
	    disp();                                  // 스위치가 눌려졌으면 새 상태 표시
	    hex_disp();                              // 커서 행 16진값 갱신
	}
}

// 스위치 체크 함수
byte sw_check()
{
	byte j, ret = 0;

	// 5개 스위치 10ms 간격으로 두 번 읽기
	for(j = LEFT_SW;j <= SET_SW;j++) old_sw[j - LEFT_SW] = digitalRead(j);
	delay(10);

	for(j = LEFT_SW;j <= SET_SW;j++) sw[j - LEFT_SW] = digitalRead(j);
```

```
	if (old_sw[0] == HIGH && sw[0] == LOW) {		// 스위치1이 눌려지는 순간
		if(rx > 0) {				// 커서 수평 위치가 맨 좌측이 아니면
			left_move();			// 왼쪽으로 한 칸 이동
			ret = 1;			// 리턴 값
		}
	}
	else if (old_sw[1] == HIGH && sw[1] == LOW) {	// 스위치2가 눌려지는 순간
		if(rx < 7) {				// 커서 수평 위치가 맨 우측이 아니면
			right_move();			// 오른쪽으로 한 칸 이동
			ret = 1;			// 리턴 값
		}
	}
	else if (old_sw[2] == HIGH && sw[2] == LOW) {	// 스위치3이 눌려지는 순간
		if(ry > 0) {				// 커서 수직 위치가 맨 위가 아니면
			up_move();			// 위로 한 칸 이동
			ret = 1;			// 리턴 값
		}
	}
	else if (old_sw[3] == HIGH && sw[3] == LOW) {	// 스위치4가 눌려지는 순간
		if(ry < 7) {				// 커서 수직 위치가 맨 아래가 아니면
			down_move();			// 아래로 한 칸 이동
			ret = 1;			// 리턴 값
		}
	}
	else if (old_sw[4] == HIGH && sw[4] == LOW){	// 스위치5가 눌려지는 순간
		reverse_point();			// 현재 위치 녹색 LED 반전
		ret = 1;				// 리턴 값
	}

	return(ret);					// ret 값 리턴 종료
}

// 커서 위쪽으로 이동
void up_move(void)
{
	byte tmp;

	tmp = dot_rval[ry];				// ry 행 적색 LED 값 백업
	dot_rval[ry] = 0;				// ry 행 적색 LED 값 클리어
	ry--;						// ry -1
	dot_rval[ry] = tmp;				// ry 행에 백업 LED값 저장
}

// 커서 아래쪽으로 이동
void down_move(void)
{
	byte tmp;
```

```
    tmp = dot_rval[ry];                                  // ry 행 적색 LED 값 백업
    dot_rval[ry] = 0;                                    // ry 행 적색 LED 값 클리어
    ry++;                                                // ry +1
    dot_rval[ry] = tmp;                                  // ry 행에 백업 LED값 저장
}

// 커서 왼쪽으로 이동
void left_move(void)
{
    rx--;                                                // 커서 x좌표 -1
    dot_rval[ry] <<= 1;                                  // ry 행 적색 LED 값
                                                         // 왼쪽 1비트 쉬프트
}

// 커서 오른쪽으로 이동
void right_move(void)
{
    rx++;                                                // 커서 x좌표 +1
    dot_rval[ry] >>= 1;                                  // ry 행 적색 LED 값
                                                         // 오른쪽 1비트 쉬프트
}

// 커서 위치의 녹색 LED값 반전
void reverse_point()
{
    dot_gval[ry] = dot_gval[ry] ^ (1 << (7 - rx));       // (rx, ry)위치의 녹색 LED 반전
}

// 3색 도트 매트릭스 표시
void disp()
{
    bicolor.clear();                                     // 클리어
    bicolor.drawBitmap(0, 0, dot_gval, 8, 8, LED_GREEN); // 녹색 LED 표시 배열 저장
    bicolor.drawBitmap(0, 0, dot_rval, 8, 8, LED_RED);   // 적색 LED 표시 배열 저장
    bicolor.writeDisplay();                              // 표시
}

// 단색 도트 매트릭스에 커서 행의 패턴값 16진으로 표시
void hex_disp()
{
    byte tmp, h16, h1, j;

    h16 = (dot_gval[ry] & 0xF0) >> 4;                    // 16진 상위 자리값
    h1 = dot_gval[ry] & 0x0F;                            // 16진 하위 자리값

    for(j = 0;j < 8;j++){
        tmp =  pgm_read_byte(&hex_pat[h16][j]) << 4;     // 상위 자리값 패턴
        tmp |= pgm_read_byte(&hex_pat[h1][j]);           // 하위 자리값 패턴 합성
        hex_val[j] = tmp;                                // 배열에 저장
```

```
    }

    matrix.clear();                                    // 기존 표시값 클리어
    matrix.setBrightness(1);                           // 밝기 1 설정
    matrix.drawBitmap(0, 0, hex_val, 8, 8, LED_ON);    // 새 16진 패턴값 저장
    matrix.writeDisplay();                             // 표시
}
```

[그림 4-9] 실행 결과

Memo.

Chapter

05

스톱워치

Chapter 05

스톱워치

[그림 5-1]과 같이 UP_SW(D4)에 연결된 스위치는 스톱워치의 시작/정지를 토글 제어하고, DOWN_SW(D5)에 연결된 스위치는 스톱워치의 시간을 0으로 리셋시키는 기능을 갖는 스톱워치 프로그램을 작성해보자. 여기서 단색 도트 매트릭스에는 초 값을 표시하고, 3색 도트 매트릭스에는 10ms 단위의 값을 표시하도록 한다.

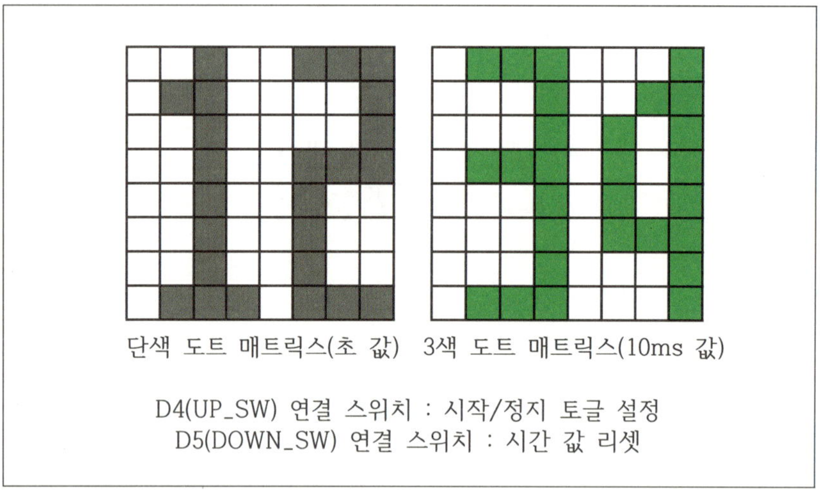

[그림 5-1] 스톱워치

● 타이머1 인터럽트 함수

여기서는 10ms 측정을 위해 타이머1 인터럽트 함수를 사용하기로 하며, 타이머1에 대한 인터럽트 라이브러리 설치는 다음과 같이 수행한다.

① https://github.com/PaulStoffregen/TimerOne 에서 TimerOne-master.zip 파일을 다운 받는다.

② 다운 받은 파일의 압축을 해제한 다음 만들어진 폴더를 아두이노가 설치된 폴더 내의 Arduino/libraries에 복사해 주면 설치가 끝난다.

③ 소스파일을 작성할 때 #include <TimerOne.h>를 넣어주고, TimerOne-master 라이브러리에 들어있는 함수들을 이용하여 프로그램을 작성하면 된다.

MsTimer1 라이브러리에는 다음과 같은 함수들이 들어있다.

void Timer1.initialize(unsigned long period)		
기능	타이머1을 초기화하며, 타이머1 라이브러리에서 제공하는 함수들을 사용하기 위해서는 이 함수를 우선 실행하여야 한다. us 단위로 타이머의 인터럽트 주기를 지정할 수 있다. (PWM 출력핀 ~9, ~10의 PWM 출력기능은 사용할 수 없다)	
매개변수	period	us 단위의 주기 값(unsigned long)
리턴 값	없음	

void Timer1.start(void)	
기능	타이머1 동작 시작
매개변수	없음
리턴 값	없음

void Timer1.stop(void)	
기능	타이머1 동작 정지
매개변수	없음
리턴 값	없음

void Timer1.restart(void)	
기능	타이머1 다시 시작(타이머 값은 리셋)
매개변수	없음
리턴 값	없음

void Timer1.resume(void)	
기능	타이머1 정지된 동작 다시 시작(타이머 값은 그대로)
매개변수	없음
리턴 값	없음

unsigned long Timer1.read(void)	
기능	us 단위 시간 타이머1 값 읽기
매개변수	없음
리턴 값	us 단위의 시간 값

void Timer1.setPeriod(long period)		
기능	us 단위의 새로운 인터럽트 주기 설정(1us~8.3s)	
매개변수	period	us 단위의 주기 값(unsigned long)
리턴 값	없음	

void Timer1.attachInterrupt(void(*ISR)()) void Timer1.attachInterrupt(void(*ISR)(), unsigned long period)		
기능	us 단위로 지정된 시간마다 인터럽트 함수(ISR) 호출	
매개변수	ISR	호출되는 인터럽트 함수
	period	us 단위의 주기 값(unsigned long)
리턴 값	없음	

void Timer1.deattachInterrupt()	
기능	Timer1 인터럽트 해제
매개변수	없음
리턴 값	없음

❶

```
#include "Adafruit_LEDBackpack.h"
#include <TimerOne.h>

const int UP_SW = 4;                    // UP 스위치 연결핀(시작/정지)
const int DOWN_SW = 5;                  // DOWN 스위치 연결핀(리셋)
const int SPEAKER = 7;                  // 스피커 연결핀
```

❷

```
// 도트 매트릭스 객체 생성
Adafruit_BicolorMatrix bicolor = Adafruit_BicolorMatrix();  // 3색
Adafruit_8x8matrix matrix = Adafruit_8x8matrix();           // 단색
```

❸

```
static const byte PROGMEM
    num_pat[10][8] ={                   // 숫자 표시 패턴(4x8)
    {0x02, 0x05, 0x05, 0x05, 0x05, 0x05, 0x05, 0x02},    // 0
    {0x02, 0x06, 0x02, 0x02, 0x02, 0x02, 0x02, 0x07},    // 1
    {0x07, 0x01, 0x01, 0x07, 0x04, 0x04, 0x04, 0x07},    // 2
    {0x07, 0x01, 0x01, 0x07, 0x01, 0x01, 0x01, 0x07},    // 3
    {0x01, 0x03, 0x05, 0x05, 0x05, 0x07, 0x01, 0x01},    // 4
    {0x07, 0x04, 0x04, 0x07, 0x01, 0x01, 0x01, 0x07},    // 5
    {0x07, 0x04, 0x04, 0x07, 0x05, 0x05, 0x05, 0x07},    // 6
    {0x07, 0x01, 0x01, 0x01, 0x01, 0x01, 0x01, 0x01},    // 7
    {0x07, 0x05, 0x05, 0x07, 0x05, 0x05, 0x05, 0x07},    // 8
    {0x07, 0x05, 0x05, 0x07, 0x01, 0x01, 0x01, 0x07}};   // 9
```

❹

```
bool   o_sw[2], n_sw[2];                // 스위치 2개 상태 저장 변수
byte   dot_ms10[8];                     // 10ms 단위 도트 매트릭스 표시 배열(3색)
byte   dot_sec[8];                      // 1s 단위 도트 매트릭스 표시 배열(단색)

volatile byte  ctrl = 0;                // 0: Pause, 1: Count_down
volatile byte  sec;                     // 초 값 저장
volatile byte  ms10;                    // 10ms 단위 값 저장
```

❺

```
void clear_disp();                      // 도트 매트릭스 클리어 함수
void time_disp(void);                   // 스톱워치 시간 표시 함수
void sw_check();                        // 스위치 입력 체크 함수
```

❶	- I2C Adafruit Dot Matrix 사용을 위한 헤더 파일 - 타이머1을 사용하기 위한 헤더 파일 - 2개 조작 스위치와 스피커 아두이노 연결핀
❷	- 3색 8x8 도트 매트릭스 객체 생성 - 단색 8x8 도트 매트릭스 객체 생성
❸	- 숫자 0~9 표시 패턴(4x8)
❹	**<사용 변수>** - 2개 스위치 상태 저장 변수(시간 전후) - 스톱워치 10ms 단위 표시 배열(3색 도트 매트릭스) - 스톱워치 1초 단위 표시 배열(단색 도트 매트릭스) - 스톱워치 동작/정지 상태 변수 - 스톱워치 초 값과 10ms 값 저장 변수
❺	**<사용자 정의 함수>** - 도트 매트릭스 클리어 함수 : clear_dsp() - 스톱워치 시간 표시 함수 : time_disp() - 스위치 입력 체크 함수 : sw_check()

❶	// 초기 설정 함수
	void setup()
	{
	    byte k;
	
	    bicolor.begin(0x70); // 3색 도트 매트릭스 초기화
	    matrix.begin(0x71); // 단색 도트 매트릭스 초기화
	
	    clear_disp(); // 도트 매트릭스 클리어

❷	pinMode(UP_SW, INPUT); // UP 스위치 연결핀 입력방향 설정
	    pinMode(DOWN_SW, INPUT); // DOWN 스위치 연결핀 입력방향 설정

❸	for(k = 0;k < 8;k++) {
	        dot_sec[k] = 0; // 초값 표시 배열 클리어
	        dot_ms10[k] = 0; // 10ms값 표시 배열 클리어
	    }

❹	Timer1.initialize(10000); // 타이머1 인터럽트 주기 10ms 설정
	    Timer1.attachInterrupt(ms10_sec); // 타이머1 인터럽트 함수 설정
	    Timer1.stop(); // 타이머1 정지

❺	sec = 0; // 초값 리셋
	    ms10 = 0; // 10ms값 리셋
	
	    o_sw[0] = HIGH; // 시작/정지 스위치 초기상태 HIGH(OFF) 설정
	    o_sw[1] = HIGH; // 리셋 스위치 초기상태 HIGH(OFF) 설정
	}

❻	// 반복처리 함수
	void loop()
	{
	    sw_check(); // 스위치 입력 체크 함수 호출
	    time_disp(); // 스톱워치 시간 표시
	}

❶	**<초기설정 함수>** - 도트 매트릭스 초기화(3색/단색) - 도트 매트릭스 클리어
❷	- 2개의 사용 스위치 입력 방향 설정
❸	- 초값 표시 배열 및 10ms 값 표시 배열 클리어
❹	- 타이머1 초기화 및 10ms 인터럽트 주기 설정 - 타이머1 인터럽트 함수 ms10_sec() 설정 - 타이머1 동작 정지
❺	- 초 값과 10ms 값 리셋 - 2개 스위치의 초기 상태 OFF 설정
❻	**<반복처리 함수>** - 스위치 입력 체크 함수 호출 - 스톱워치 시간 표시 함수 호출

❶	<pre>// 도트 매트릭스 클리어 함수
	void clear_disp()
	{
	    // 3색 도트 매트릭스
	    bicolor.clear(); // 메모리 클리어
	    bicolor.setBrightness(3); // 밝기 3
	    bicolor.writeDisplay(); // 표시
	
	    // 단색 도트 매트릭스
	    matrix.clear(); // 메모리 클리어
	    matrix.setBrightness(3); // 밝기 3
	    matrix.writeDisplay(); // 표시
	}</pre>

❷	<pre>// 스톱워치 시간 표시 함수
	void time_disp(void)
	{
	    byte s10, s1, k10, k1, k;
	
	    s10 = sec / 10; // 초 10자리
	    s1 = sec % 10; // 초 1자리
	
	    k10 = ms10 / 10; // 10ms 10자리
	    k1 = ms10 % 10; // 10ms 1자리</pre>

❸	<pre> // 10ms 표시 패턴 => 3색 표시 배열 저장
	    for(k = 0;k < 8;k++){
	        dot_ms10[k] = pgm_read_byte(&num_pat[k10][k]) << 4; // 10자리
	        dot_ms10[k] |= pgm_read_byte(&num_pat[k1][k]); // 1자리
	    }
	
	    // 초값 표시 패턴 => 단색 표시 배열 저장
	    for(k = 0;k < 8;k++){
	        dot_sec[k] = pgm_read_byte(&num_pat[s10][k]) << 4; // 10자리
	        dot_sec[k] |= pgm_read_byte(&num_pat[s1][k]); // 1자리
	    }</pre>

❹	<pre> // 단색 도트 매트릭스(초값 표시)
	    matrix.clear(); // 메모리 클리어
	    matrix.drawBitmap(0, 0, dot_sec, 8, 8, LED_ON); // 표시배열 메모리 저장
	    matrix.writeDisplay(); // 표시
	
	    // 3색 도트 매트릭스(10ms값 표시)
	    bicolor.clear(); // 메모리 클리어
	    bicolor.drawBitmap(0, 0, dot_ms10, 8, 8, LED_GREEN); // 표시 배열
	                                                       // 녹색 메모리 저장
	    bicolor.writeDisplay(); // 표시
	}</pre>

❶	**<도트 매트릭스 클리어 함수 : clear_disp()>** - 3색 도트 매트릭스 메모리 클리어, 밝기 3 설정, 표시 - 단색 도트 매트릭스 메모리 클리어, 밝기 3 설정, 표시
❷	**<시간 표시 함수 : time_disp()>** - 초 값, 10ms 값 10자리와 1자리 각각 추출
❸	- 초 값 10자리와 1자리 표시 패턴 합성하여 단색 도트 매트릭스 표시 배열에 저장 - 10ms 값 10자리와 1자리 표시 패턴 합성하여 3색 도트 매트릭스 표시 배열에 저장
❹	- 초 값 표시 배열 단색 도트 매트릭스 메모리에 저장 및 표시 - 10ms 값 표시 배열 3색 도트 매트릭스 녹색 메모리에 저장 및 표시

❶

```
// 스위치 입력 체크 함수
void sw_check()
{
	n_sw[0] = digitalRead(UP_SW);                // 동작/정지 스위치 상태 읽기
	n_sw[1] = digitalRead(DOWN_SW);              // 리셋 스위치 상태 읽기
```

❷

```
	if(o_sw[0] == HIGH && n_sw[0] == LOW){   // 동작/정지 스위치 눌려지는 순간이면
		// 동작/정지 토글
		if(ctrl == 0) {                          // 정지상태이면 동작 상태로
			ctrl = 1;                            // 동작
			Timer1.resume();                     // 타이머1 동작
		}
		else {                                   // 동작상태이면 정지 상태로
			ctrl = 0;                            // 정지
			Timer1.stop();                       // 타이머1 정지
		}
	}
```

❸

```
	else if(o_sw[1] == HIGH && n_sw[1] == LOW){      // 리셋 스위치 눌려지는 순간이면
		sec = 0;                                     // 초값 리셋
		ms10 = 0;                                    // 10ms값 리셋
	}
```

❹

```
	// 스위치 현재 상태를 이전 상태로 저장
	o_sw[0] = n_sw[0];                       // 동작/정지 스위치 상태 이전 상태로 저장
	o_sw[1] = n_sw[1];                       // 리셋 스위치 상태 이전 상태로 저장
}
```

❺

```
// 타이머1 인터럽트 함수(10ms 주기 : 스톱워치 동작중에만 호출)
void ms10_sec(void)
{
	ms10++;                                  // 10ms 값 +1
	if(ms10 == 100){                         // 10ms 값이 100이면(10msx100=1sec)
		ms10 = 0;                            // 10ms 값 리셋
		sec++;                               // 초값 +1
		if(sec == 60) sec = 0;               // 초값이 60이면 리셋
	}
}
```

❶	**<스위치 입력 체크 함수 : sw_check()>** - 2개 스위치 상태 읽기
❷	- 동작/정지(UP) 스위치가 눌려지는 순간이면 동작/정지 상태 토글 처리 - 동작 상태가 되면 타이머1 동작하도록 하고, 정지 상태가 되면 타이머1 동작 정지
❸	- 리셋(DOWN) 스위치가 눌려지는 순간이면 스톱워치 시간 리셋
❹	- 스위치 현재 상태를 이전 상태로 저장
❺	**<타이머1 10ms 주기 인터럽트 함수 : ms10_sec()>** - 10ms 값 +1 - 10ms 값이 100이면 ms10값 리셋하고 초 값 +1 - 초 값이 60이면 초 값 리셋

```
/*************************************************
 stop     matrix8x8, bicolor8x8
*************************************************/
#include "Adafruit_LEDBackpack.h"
#include <TimerOne.h>

const int UP_SW = 4;                          // UP 스위치 연결핀(시작/정지)
const int DOWN_SW = 5;                        // DOWN 스위치 연결핀(리셋)

const int SPEAKER = 7;                        // 스피커 연결핀

// 도트 매트릭스 객체 생성
Adafruit_BicolorMatrix bicolor = Adafruit_BicolorMatrix();    // 3색
Adafruit_8x8matrix matrix = Adafruit_8x8matrix();             // 단색

static const byte PROGMEM
    num_pat[10][8] ={                         // 숫자 표시 패턴(4x8)
    {0x02, 0x05, 0x05, 0x05, 0x05, 0x05, 0x05, 0x02},         // 0
    {0x02, 0x06, 0x02, 0x02, 0x02, 0x02, 0x02, 0x07},         // 1
    {0x07, 0x01, 0x01, 0x07, 0x04, 0x04, 0x04, 0x07},         // 2
    {0x07, 0x01, 0x01, 0x07, 0x01, 0x01, 0x01, 0x07},         // 3
    {0x01, 0x03, 0x05, 0x05, 0x05, 0x07, 0x01, 0x01},         // 4
    {0x07, 0x04, 0x04, 0x07, 0x01, 0x01, 0x01, 0x07},         // 5
    {0x07, 0x04, 0x04, 0x07, 0x05, 0x05, 0x05, 0x07},         // 6
    {0x07, 0x01, 0x01, 0x01, 0x01, 0x01, 0x01, 0x01},         // 7
    {0x07, 0x05, 0x05, 0x07, 0x05, 0x05, 0x05, 0x07},         // 8
    {0x07, 0x05, 0x05, 0x07, 0x01, 0x01, 0x01, 0x07}};        // 9

bool  o_sw[2], n_sw[2];                       // 스위치 2개 상태 저장 변수
byte  dot_ms10[8];                            // 10ms 단위 도트 매트릭스 표시 배열(3색)
byte  dot_sec[8];                             // 1s 단위 도트 매트릭스 표시 배열(단색)

volatile byte  ctrl = 0;                      // 1:동작/0:정지
volatile byte  sec;                           // 초 값 저장
volatile byte  ms10;                          // 10ms 단위 값 저장

void clear_disp();                            // 도트 매트릭스 클리어 함수
void time_disp(void);                         // 스톱워치 시간 표시 함수
void sw_check();                              // 스위치 입력 체크 함수

// 초기 설정 함수
void setup()
{
      byte k;

      bicolor.begin(0x70);                    // 3색 도트 매트릭스 초기화
      matrix.begin(0x71);                     // 단색 도트 매트릭스 초기화

      clear_disp();                           // 도트 매트릭스 클리어
```

```
	pinMode(UP_SW, INPUT);                    // UP 스위치 연결핀 입력방향 설정
	pinMode(DOWN_SW, INPUT);                  // DOWN 스위치 연결핀 입력방향 설정

	for(k = 0;k < 8;k++) {
		dot_sec[k] = 0;                       // 초값 표시 배열 클리어
		dot_ms10[k] = 0;                      // 10ms값 표시 배열 클리어
	}

	Timer1.initialize(10000);                 // 타이머1 인터럽트 주기 10ms 설정
	Timer1.attachInterrupt(ms10_sec);         // 타이머1 인터럽트 함수 설정
	Timer1.stop();                            // 타이머1 정지

	sec = 0;                                  // 초값 리셋
	ms10 = 0;                                 // 10ms값 리셋

	o_sw[0] = HIGH;                           // 시작/정지 스위치 초기상태 HIGH(OFF) 설정
	o_sw[1] = HIGH;                           // 리셋 스위치 초기상태 HIGH(OFF) 설정
}

// 반복처리 함수
void loop()
{
	sw_check();                               // 스위치 입력 체크 함수 호출
	time_disp();                              // 스톱워치 시간 표시
}

// 도트 매트릭스 클리어 함수
void clear_disp()
{
	// 3색 도트 매트릭스
	bicolor.clear();                          // 메모리 클리어
	bicolor.setBrightness(3);                 // 밝기 3
	bicolor.writeDisplay();                   // 표시

	// 단색 도트 매트릭스
	matrix.clear();                           // 메모리 클리어
	matrix.setBrightness(3);                  // 밝기 3
	matrix.writeDisplay();                    // 표시
}

// 스톱워치 시간 표시 함수
void time_disp(void)
{
	byte s10, s1, k10, k1, k;

	s10 = sec / 10;                           // 초 10자리
	s1 = sec % 10;                            // 초 1자리
```

```
    k10 = ms10 / 10;                    // 10ms 10자리
    k1 = ms10 % 10;                     // 10ms 1자리

    // 10ms 표시 패턴 => 3색 표시 배열 저장
    for(k = 0;k < 8;k++){
        dot_ms10[k] = pgm_read_byte(&num_pat[k10][k]) << 4;     // 10자리
        dot_ms10[k] |= pgm_read_byte(&num_pat[k1][k]);          // 1자리
    }

    // 초값 표시 패턴 => 단색 표시 배열 저장
    for(k = 0;k < 8;k++){
        dot_sec[k] = pgm_read_byte(&num_pat[s10][k]) << 4;      // 10자리
        dot_sec[k] |= pgm_read_byte(&num_pat[s1][k]);           // 1자리
    }

    // 단색 도트 매트릭스(초값 표시)
    matrix.clear();                                             // 메모리 클리어
    matrix.drawBitmap(0, 0, dot_sec, 8, 8, LED_ON);             // 표시 배열 메모리 저장
    matrix.writeDisplay();                                      // 표시

    // 3색 도트 매트릭스(10ms값 표시)
    bicolor.clear();                                            // 메모리 클리어
    bicolor.drawBitmap(0, 0, dot_ms10, 8, 8, LED_GREEN);        // 표시 배열 녹색 메모리 저장
    bicolor.writeDisplay();                                     // 표시
}

// 스위치 입력 체크 함수
void sw_check()
{
    n_sw[0] = digitalRead(UP_SW);                       // 동작/정지 스위치 상태 읽기
    n_sw[1] = digitalRead(DOWN_SW);                     // 리셋 스위치 상태 읽기

    if(o_sw[0] == HIGH && n_sw[0] == LOW){              // 동작/정지 스위치 눌려지는 순간이면
        // 동작/정지 토글
        if(ctrl == 0) {                                 // 정지상태이면 동작 상태로
            ctrl = 1;                                   // 동작
            Timer1.resume();                            // 타이머1 동작
        }
        else {                                          // 동작상태이면 정지 상태로
            ctrl = 0;                                   // 정지
            Timer1.stop();                              // 타이머1 정지
        }
    }
    else if(o_sw[1] == HIGH && n_sw[1] == LOW){         // 리셋 스위치 눌려지는 순간이면
        sec = 0;                                        // 초값 리셋
        ms10 = 0;                                       // 10ms값 리셋
    }

    // 스위치 현재 상태를 이전 상태로 저장
```

```
        o_sw[0] = n_sw[0];                          // 동작/정지 스위치 상태 이전 상태로 저장
        o_sw[1] = n_sw[1];                          // 리셋 스위치 상태 이전 상태로 저장
}

// 타이머1 인터럽트 함수(10ms 주기 : 스톱워치 동작중에만 호출)
void ms10_sec(void)
{
        ms10++;                                     // 10ms 값 +1
        if(ms10 == 100){                            // 10ms 값이 100이면(10ms x 100 = 1sec)
                ms10 = 0;                           // 10ms 값 리셋
                sec++;                              // 초값 +1
                if(sec == 60) sec = 0;              // 초값이 60이면 리셋
        }
}
```

(a) 초기 상태

(b) 동작 중

[그림 5-2] 실행 결과

Chapter

06

다운 카운터

06 Chapter 다운 카운터

[그림 6-1]과 같이 LEFT_SW(D2)와 RIGHT_SW(D3)에 연결된 스위치에 의해 설정된 시간부터 1초 단위로 시간을 감소시키는 다운 카운터 프로그램을 작성해 보자. 여기서 단색 도트 매트릭스에는 분 값(0~60)을 표시하고, 3색 도트 매트릭스에는 초 값(0~59)을 표시하도록 하자. 숫자 표시 패턴은 4장에서 작성한 4x8 패턴을 사용한다.

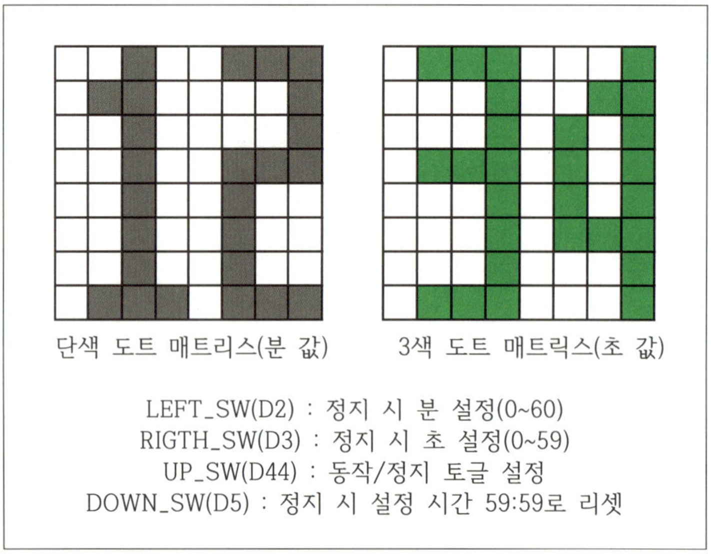

[그림 6-1] 다운 카운터

❶

```
#include "Adafruit_LEDBackpack.h"
#include <TimerOne.h>

const int SW1 = 2;                    // LEFT 스위치(정지시 분 설정)
const int SW2 = 3;                    // RIGHT 스위치(정지시 초 설정)
const int SW3 = 4;                    // UP 스위치(동작/정지)
const int SW4 = 5;                    // DOWN 스위치(정지시 설정 시간 리셋)
```

❷

```
// 도트 매트릭스 객체 생성
Adafruit_BicolorMatrix bicolor = Adafruit_BicolorMatrix();      // 3색
Adafruit_8x8matrix matrix = Adafruit_8x8matrix();               // 단색
```

❸

```
static const byte PROGMEM
    num_pat[10][8] ={                                  // 숫자 표시 패턴(4x8)
        {0x00, 0x07, 0x05, 0x05, 0x05, 0x05, 0x05, 0x07},     // 0
        {0x00, 0x02, 0x06, 0x02, 0x02, 0x02, 0x02, 0x07},     // 1
        {0x00, 0x07, 0x01, 0x07, 0x04, 0x04, 0x04, 0x07},     // 2
        {0x00, 0x07, 0x01, 0x07, 0x01, 0x01, 0x01, 0x07},     // 3
        {0x00, 0x01, 0x03, 0x05, 0x05, 0x07, 0x01, 0x01},     // 4
        {0x00, 0x07, 0x04, 0x04, 0x07, 0x01, 0x01, 0x07},     // 5
        {0x00, 0x07, 0x04, 0x04, 0x07, 0x05, 0x05, 0x07},     // 6
        {0x00, 0x07, 0x01, 0x01, 0x01, 0x01, 0x01, 0x01},     // 7
        {0x00, 0x07, 0x05, 0x05, 0x07, 0x05, 0x05, 0x07},     // 8
        {0x00, 0x07, 0x05, 0x05, 0x07, 0x01, 0x01, 0x07}};    // 9
```

❹

```
volatile byte  minn = 59, sec = 59;     // 설정 시간 변수
volatile byte  chk = 0;                 // 시간 갱신 변수(1일 때 시간 새로 표시)
volatile byte  start_stop = 0;          // 1 : 동작, 0 : 정지
```

❺

```
byte  dot_val[8];                       // 단색 도트 매트릭스 표시 저장 배열
byte  dot_rval[8];                      // 3색 도트 매트릭스 녹색 표시 저장 배열
byte  dot_gval[8];                      // 3색 도트 매트릭스 적색 표시 저장 배열

void time_disp();                       // 시간 표시 함수
```

❻

```
// 초기 설정 함수
void setup()
{
        matrix.begin(0x71);                           // 단색 도트 매트릭스 초기화
        bicolor.begin(0x70);                          // 3색 도트 매트릭스 초기화

        Timer1.initialize(1000000);                   // 타이머1 인터럽트 주기 1초 설정
        Timer1.attachInterrupt(one_sec);              // 타이머1 인터럽트 함수 설정
        Timer1.stop();                                // 타이머1 정지

        sec = 59;                                     // 초값 59
        time_disp();                                  // 시간 표시
}
```

❶	- I2C Adafruit Dot Matrix와 타이머1을 사용하기 위한 헤더 파일 - 4개 조작 스위치 아두이노 연결핀
❷	- 3색, 단색 8x8 도트 매트릭스 객체 생성
❸	- 숫자 0~9 표시 패턴(4x8)
❹	- 다운 카운트 시간 변수(분, 초), 시간 표시 변수, 다운 카운터 동작/정지 변수
❺	- 단색 도트 매트릭스 표시 저장 배열, 3색 도트 매트릭스 녹색, 적색 표시 저장 배열 - 시간 표시 함수 선언 : time_disp()
❻	**<초기설정 함수>** - 단색, 3색 도트 매트릭스 초기화 - 타이머1 1초 인터럽트 주기 및 인터럽트 함수 one_sec() 설정하고 타이머1 정지 - 초값 59(타이머 인터럽트가 바로 걸리면서 1이 감소되어 재설정) - 시간 표시 함수 호출

❶

```
// 반복처리 함수
void loop()
{
    byte  min_sw, sec_sw, rst_sw, st_sw, ost_sw;

    while(1){
        while(start_stop == 0){                 // 정지중이면 아래 부분 반복 실행
            ost_sw = digitalRead(SW3);          // 동작/정지 스위치 첫 번째 읽기
            delay(150);                         // 150ms 대기
            st_sw = digitalRead(SW3);           // 동작/정지(UP) 스위치 두 번째 읽기

            min_sw = digitalRead(SW1);          // 분 설정(LEFT) 스위치 읽기
            sec_sw = digitalRead(SW2);          // 초 설정(RIGTH) 스위치 읽기
            rst_sw = digitalRead(SW4);          // 리셋 설정(DOWN) 스위치 읽기
```

❷

```
            if(min_sw == 0){                    // 분 설정 스위치 ON이면
                minn = (minn + 1) % 61; // 분값 +1(0~60)
                time_disp();                    // 변경된 시간 표시
            }
            else if(sec_sw == 0){               // 초 설정 스위치 ON이면
                sec = (sec + 1) % 60;           // 초값 +1(0~59)
                time_disp();                    // 변경된 시간 표시
            }
            else if(ost_sw != 0 && st_sw == 0){ // 동작/정지 스위치 눌려질 때이면
                start_stop = 1;                 // 다운 카운터 동작 시작
                Timer1.resume();                // 타이머1 동작 시작
            }
            else if(rst_sw == 0){               // 리셋 스위치 ON이면
                minn = 59;                      // 분값 리셋
                sec = 59;                       // 초값 리셋
                time_disp();                    // 변경된 시간 표시
            }
        }
```

❸

```
        while(start_stop != 0){                 // 동작중이면 아래 부분 반복 실행
            ost_sw = digitalRead(SW3);          // 동작/정지 스위치 첫번째 읽기
            delay(50);                          // 50ms 대기
            st_sw = digitalRead(SW3);           // 동작/정지 스위치 두번째 읽기

            if(ost_sw != 0 && st_sw == 0){ // 동작/정지 스위치 눌려지는 순간이면
                start_stop = 0;                 // 다운 카운터 동작 정지
                Timer1.stop();                  // 타이머1 동작 정지
            }

            if(chk == 1){                       // 시간 갱신 변수 1이면
                time_disp();                    // 갱신된 시간 새로 표시
                chk = 0;                        // 시간 갱신 변수 리셋
            }
        }
    }
}
```

❶	**<반복처리 함수 : 다운 카운터 정지 상태>** - 동작/정지(UP) 스위치 150ms 간격 두고 2회 읽기 - 분 설정(LEFT), 초 설정(RIGHT), 리셋(DOWN) 설정 스위치 읽기
❷	- 분 설정 스위치 ON이면 분 값 +1(0~60)하고 시간 새로 표시 - 초 설정 스위치 ON이면 초 값 +1(0~59)하고 시간 새로 표시 - 동작/정지 스위치가 눌려지는 순간이면 동작 상태로 하고, 타이머1 동작 시작 - 리셋 설정 스위치 ON이면 분 값, 초 값 리셋하고 시간 새로 표시
❸	**<반복처리 함수 : 다운 카운터 동작 상태>** - 동작/정지(UP) 스위치 50ms 간격 두고 2회 읽기 - 동작/정지 스위치가 눌려지는 순간이면 정지 상태로 하고, 타이머1 동작 정지 - 시간 갱신 변수가 셋 되어 있으면 시간 갱신 변수 리셋하고 시간 표시함수 호출

❶

```
// 시간 표시 함수
void time_disp()
{
        byte  m10, m1, s10, s1, j, buf;

        m10 = minn / 10;                          // 분 10자리
        m1 = minn % 10;                           // 분 1자리
        s10 = sec / 10;                           // 초 10자리
        s1 = sec % 10;                            // 초 1자리
```

❷

```
        for(j = 0;j < 8;j++){
                // 분 10자리와 1자리 표시 패턴 합성
                buf = pgm_read_byte(&num_pat[m10][j]) << 4;  // 분 10자리 왼쪽 4열
                buf |=  pgm_read_byte(&num_pat[m1][j]);      // 분 1자리 오른쪽 4열
                dot_val[j] = buf;                            // 합성 패턴 표시 배열에 저장

                // 초 10자리와 1자리 표시 패턴 합성
                buf = pgm_read_byte(&num_pat[s10][j]) << 4;  // 초 10자리 왼쪽 4열
                buf |=  pgm_read_byte(&num_pat[s1][j]);      // 초 1자리 오른쪽 4열
                dot_gval[j] = buf;                        // 합성 패턴 녹색 표시 배열에 저장
        }
```

❸

```
        // 단색 도트 매트릭스 : 분 값 표시
        matrix.clear();                                  // 도트 매트릭스 메모리 클리어
        matrix.setBrightness(8);                         // 밝기 중간 설정
        matrix.drawBitmap(0, 0, dot_val, 8, 8, LED_ON);  // 분 값 저장 배열
                                                         // 표시 메모리 저장
        matrix.writeDisplay();                           // 표시

        // 3색 도트 매트릭스 : 초값 표시
        bicolor.clear();                                 // 도트 매트릭스 메모리 클리어
        bicolor.setBrightness(8);                        // 밝기 중간 설정
        bicolor.drawBitmap(0, 0, dot_gval, 8, 8, LED_GREEN); // 초 값 저장 배열
                                                         // 녹색 표시 메모리 저장
        bicolor.writeDisplay();                          // 표시
}
```

❹

```
// 타이머/카운터1 1초 주기 인터럽트 처리함수
void one_sec(void)
{
        if(minn == 0 && sec == 0) return;         // 분 값과 초 값 모두 0이면 리턴
        else {
                if(sec == 0){                     // 초 값이 0이면
                        sec = 59;                 // 초 값 59
                        minn--;                   // 분 값 -1
                }
                else sec--;                       // 초 값 -1

                chk = 1;                          // 시간 갱신 변수 셋
        }
}
```

❶	**<시간 표시 함수 : time_disp()>** - 분 값, 초 값 10자리와 1자리 각각 추출
❷	- 분 값 10자리와 1자리 표시 패턴 합성하여 단색 도트 매트릭스 표시 배열에 저장 - 초 값 10자리와 1자리 표시 패턴 합성하여 3색 도트 매트릭스 표시 배열에 저장
❸	- 분 값 표시 배열 단색 도트 매트릭스 메모리에 저장 및 표시 - 초 값 표시 배열 3색 도트 매트릭스 녹색 메모리에 저장 및 표시
❹	**<타이머1 1초 주기 인터럽트 함수 : one_sec()>** - 분 값 초 값 모두 0이면 함수 종료 리턴 - 초 값이 0이면 초 값 0으로 리셋하고, 분 값 -1 - 초 값이 0이 아니면 초 값 -1 - 시간 갱신 변수 셋(시간 새로 표시하기 위해)

```
// down_counter
#include "Adafruit_LEDBackpack.h"
#include <TimerOne.h>

const int SW1 = 2;                  // LEFT 스위치(정지시 분 설정)
const int SW2 = 3;                  // RIGHT 스위치(정지시 초 설정)
const int SW3 = 4;                  // UP 스위치(동작/정지)
const int SW4 = 5;                  // DOWN 스위치(정지시 설정 시간 리셋_

// 도트 매트릭스 객체 생성
Adafruit_BicolorMatrix bicolor = Adafruit_BicolorMatrix();    // 3색
Adafruit_8x8matrix matrix = Adafruit_8x8matrix();             // 단색

static const byte PROGMEM
    num_pat[10][8] ={                       // 숫자 표시 패턴(4x8)
        {0x00, 0x07, 0x05, 0x05, 0x05, 0x05, 0x05, 0x07},       // 0
        {0x00, 0x02, 0x06, 0x02, 0x02, 0x02, 0x02, 0x07},       // 1
        {0x00, 0x07, 0x01, 0x07, 0x04, 0x04, 0x04, 0x07},       // 2
        {0x00, 0x07, 0x01, 0x07, 0x01, 0x01, 0x01, 0x07},       // 3
        {0x00, 0x01, 0x03, 0x05, 0x05, 0x07, 0x01, 0x01},       // 4
        {0x00, 0x07, 0x04, 0x04, 0x07, 0x01, 0x01, 0x07},       // 5
        {0x00, 0x07, 0x04, 0x04, 0x07, 0x05, 0x05, 0x07},       // 6
        {0x00, 0x07, 0x01, 0x01, 0x01, 0x01, 0x01, 0x01},       // 7
        {0x00, 0x07, 0x05, 0x05, 0x07, 0x05, 0x05, 0x07},       // 8
        {0x00, 0x07, 0x05, 0x05, 0x07, 0x01, 0x01, 0x07}};      // 9

volatile byte  minn = 59, sec = 59;     // 설정 시간 변수
volatile byte  chk = 0;                 // 시간 갱신 변수(1일때 시간 새로 표시)
volatile byte  start_stop = 0;          // 1 : 동작, 0 : 정지

byte  dot_val[8];                       // 단색 도트 매트릭스 표시 저장 배열
byte  dot_rval[8];                      // 3색 도트 매트릭스 녹색 표시 저장 배열
byte  dot_gval[8];                      // 3색 도트 매트릭스 적색 표시 저장 배열

void time_disp();                       // 시간 표시 함수

// 초기 설정 함수
void setup()
{
      matrix.begin(0x71);               // 단색 도트 매트릭스 초기화
      bicolor.begin(0x70);              // 3색 도트 매트릭스 초기화

      Timer1.initialize(1000000);       // 타이머1 인터럽트 주기 1초 설정
      Timer1.attachInterrupt(one_sec);  // 타이머1 인터럽트 함수 설정
      Timer1.stop();                    // 타이머1 정지

      sec = 59;                         // 초값 59
      time_disp();                      // 시간 표시
}
```

```
// 반복처리 함수
void loop()
{
	byte  min_sw, sec_sw, rst_sw, st_sw, ost_sw;

	while(1){
		while(start_stop == 0){			// 정지중이면 아래 부분 반복 실행
			ost_sw = digitalRead(SW3);		// 동작/정지 스위치 첫번째 읽기
			delay(150);			// 150ms 대기
			st_sw = digitalRead(SW3);		// 동작/정지(UP) 스위치 두 번째 읽기

			min_sw = digitalRead(SW1);		// 분 설정(LEFT) 스위치 읽기
			sec_sw = digitalRead(SW2);		// 초 설정(RIGTH) 스위치 읽기
			rst_sw = digitalRead(SW4);		// 리셋 설정(DOWN) 스위치 읽기

			if(min_sw == 0){			// 분 설정 스위치 ON이면
				minn = (minn + 1) % 61;		// 분값 +1(0~60)
				time_disp();		// 변경된 시간 표시
			}
			else if(sec_sw == 0){		// 초 설정 스위치 ON이면
				sec = (sec + 1) % 60;		// 초값 +1(0~59)
				time_disp();		// 변경된 시간 표시
			}
			else if(ost_sw != 0 && st_sw == 0){	// 동작/정지 스위치 눌려지는 순간이면
				start_stop = 1;		// 다운 카운터 동작 시작
				Timer1.resume();		// 타이머1 동작 시작
			}
			else if(rst_sw == 0){		// 리셋 스위치 ON이면
				minn = 59;		// 분값 리셋
				sec = 59;		// 초값 리셋
				time_disp();		// 변경된 시간 표시
			}
		}

		while(start_stop != 0){			// 동작중이면 아래 부분 반복 실행
			ost_sw = digitalRead(SW3);		// 동작/정지 스위치 첫번째 읽기
			delay(50);			// 50ms 대기
			st_sw = digitalRead(SW3);		// 동작/정지 스위치 두번째 읽기

			if(ost_sw != 0 && st_sw == 0){	// 동작/정지 스위치 눌려지는 순간이면
				start_stop = 0;		// 다운 카운터 동작 정지
				Timer1.stop();		// 타이머1 동작 정지
			}

			if(chk == 1){			// 시간 갱신 변수 1이면
				time_disp();		// 갱신된 시간 새로 표시
				chk = 0;			// 시간 갱신 변수 리셋
			}
```

```
            }
        }
}

// 시간 표시 함수
void time_disp()
{
        byte  m10, m1, s10, s1, j, buf;

        m10 = minn / 10;                                   // 분 10자리
        m1 = minn % 10;                                    // 분 1자리
        s10 = sec / 10;                                    // 초 10자리
        s1 = sec % 10;                                     // 초 1자리

        for(j = 0;j < 8;j++){
                // 분 10자리와 1자리 표시 패턴 합성
                buf = pgm_read_byte(&num_pat[m10][j]) << 4;  // 분 10자리 패턴 왼쪽 4열에
                buf |=  pgm_read_byte(&num_pat[m1][j]);      // 분 1자리 오른쪽 4열에 10자리 합성
                dot_val[j] = buf;                            // 합성 표시 패턴 표시 배열에 저장

                // 초 10자리와 1자리 표시 패턴 합성
                buf = pgm_read_byte(&num_pat[s10][j]) << 4;  // 초 10자리 패턴 왼쪽 4열에
                buf |=  pgm_read_byte(&num_pat[s1][j]);      // 초 1자리 오른쪽 4열에 합성
                dot_gval[j] = buf;                           // 합성 패턴 녹색 표시 배열에 저장
        }

        // 단색 도트 매트릭스 : 분값 표시
        matrix.clear();                                    // 도트 매트릭스 메모리 클리어
        matrix.setBrightness(8);                           // 밝기 중간 설정
        matrix.drawBitmap(0, 0, dot_val, 8, 8, LED_ON);    // 분값 저장 배열 표시 메모리 저장
        matrix.writeDisplay();                             // 표시

        // 3색 도트 매트릭스 : 초값 표시
        bicolor.clear();                                   // 도트 매트릭스 메모리 클리어
        bicolor.setBrightness(8);                          // 밝기 중간 설정
        bicolor.drawBitmap(0, 0, dot_gval, 8, 8, LED_GREEN); // 초값 저장배열 녹색 메모리 저장
        bicolor.writeDisplay();                            // 표시
}

// 타이머/카운터1 1초 주기 인터럽트 처리함수
void one_sec(void)
{
        if(minn == 0 && sec == 0) return;                  // 분값과 초값 모두 0이면 리턴
        else {
                if(sec == 0){                              // 초값이 0이면
                        sec = 59;                          // 초값 59
                        minn--;                            // 분값 -1
                }
                else sec--;                                // 초값 -1
```

```
            chk = 1;                                    // 시간 갱신 변수 셋
        }
}
```

(a) 초기 상태 (b) 동작 중

[그림 6-2] 실행 결과

Chapter

07

레이싱 게임

Chapter 07

레이싱 게임

[그림 7-1]과 같이 3색 도트 매트릭스에 녹색의 장애물(도로)을 표시하고, 그 사이를 적색의 자동차로 장애물과 충돌하지 않도록 조종해가는 프로그램을 작성해 보자. 단색 도트 매트릭스에는 경과 시간을 표시하고, 3색 도트 매트릭스에는 장애물(도로)과 자동차를 표시하도록 한다.

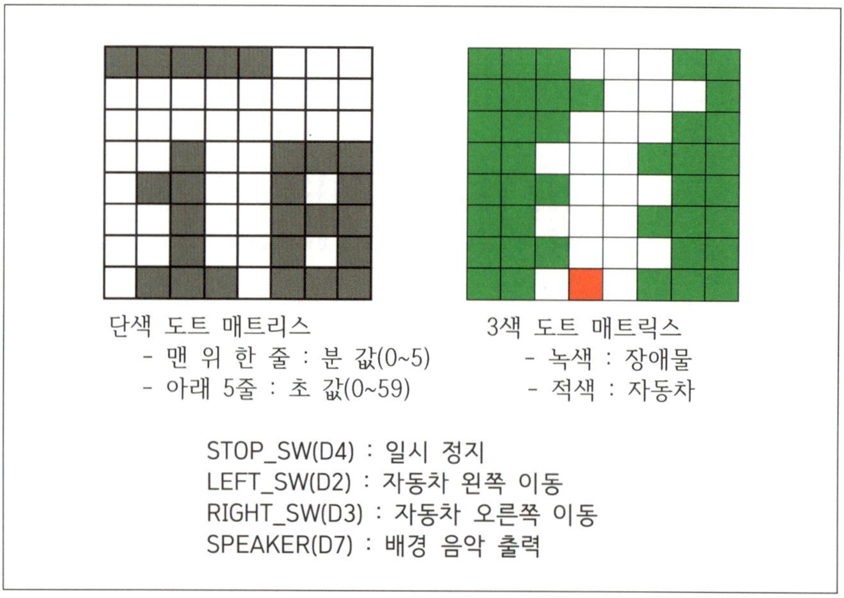

[그림 7-1] 레이싱 게임

- **4x5 숫자 패턴**

단색 도트 매트릭스에 표시하는 초값을 표시하기 위한 4x5 숫자 패턴을 [그림 7-2]와 같이 만들어 사용한다.

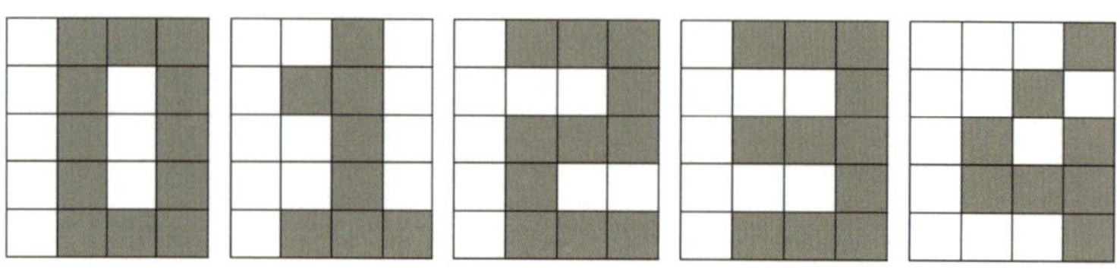

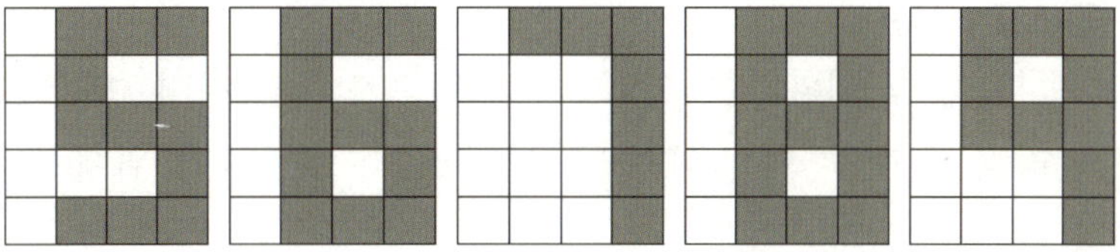

[그림 7-2] 숫자 패턴

- **시작 카운트 다운 패턴(3색 LED에 표시)**

3색 도트 매트릭스에 표시하는 시작 카운트 다운 패턴을 [그림 7-3]과 같이 만들어 사용한다.

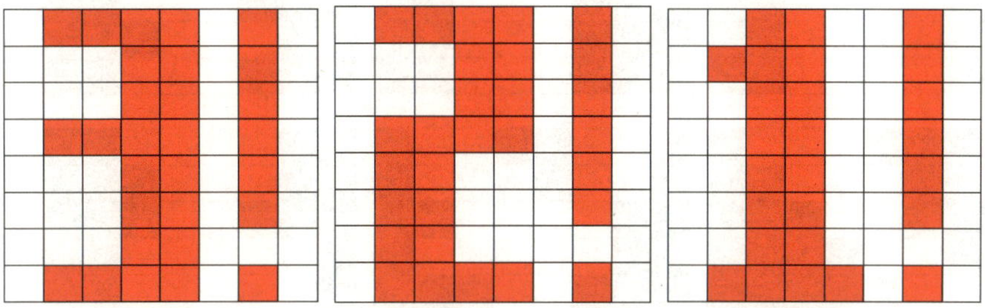

[그림 7-3] 카운트 다운 패턴

- **G, O 패턴(3색 LED에 표시)**

3색 도트 매트릭스에 표시하는 'GO' 패턴을 [그림 7-4]와 같이 만들어 사용한다.

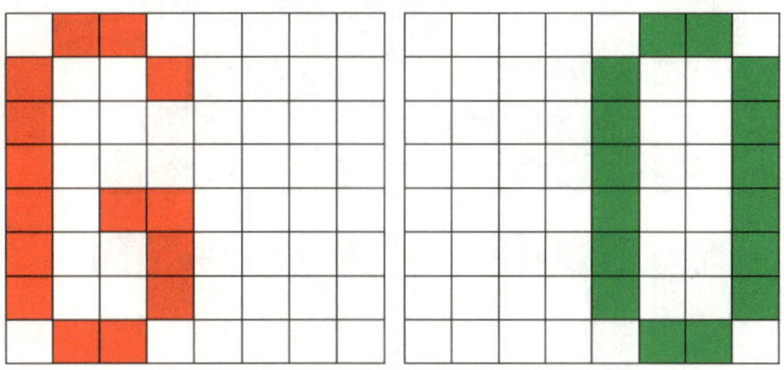

[그림 7-4] 'GO' 패턴

- **21개 장애물(도로) 패턴**

도로 패턴은 [그림 7-5]와 같이 21개의 패턴으로 구성하며, 맨 아래에 위치한 자동차가 달리는 효과를 주기 위해 패턴 번호순으로 1줄씩 위에서 아래로 내려가며 표시한다.

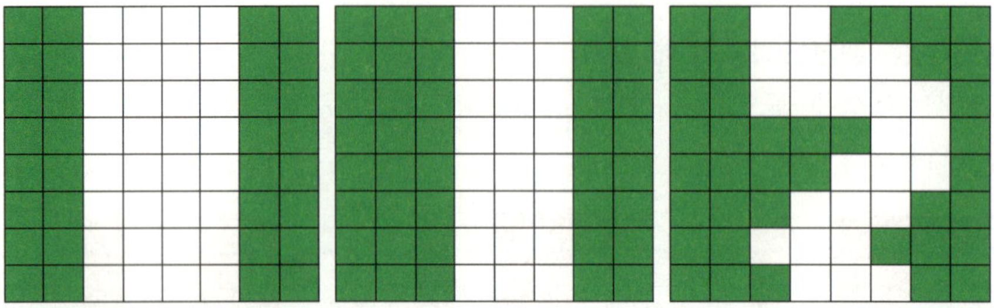

(1, 2, 3)

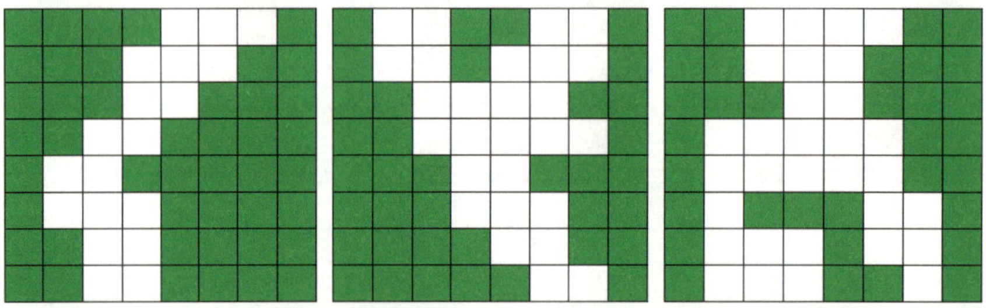

(4, 5, 6)

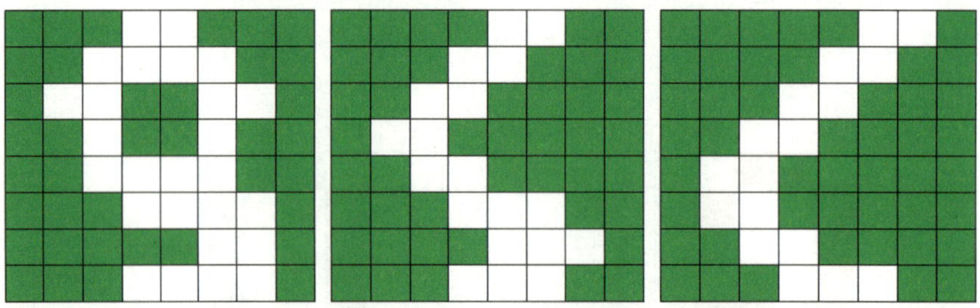

(7, 8, 9)

(10, 11, 12)

[그림 7-5] 장애물(도로) 패턴

- **배경 음악**

  게임이 시작하면서 다음과 같은 음악을 배경 음악으로 사용하여 스피커를 통해 출력한다.

  - 카운트 다운 : 시작 카운트 다운 배경 음악
  - 꼬마 자동차 붕붕 : 게임 중 배경 음악
  - 축하합니다 : 5분 경과 축하 음악
  - 자전거 : 게임 종료 음악

음악 연주를 위해 지정된 주파수의 파형을 출력하는 함수 tone()과 noTone() 함수를 이용하며, 이 함수들을 이용하기 위해 1옥타브의 음계부터 8옥타브의 음계까지의 주파수 값이 정의되어 있는 <pitches.h> 헤더 파일을 프로그램 선두에서 include 해준다.

void tone(byte pin, unsigned int frequency)		
기능	지정된 핀 번호를 통해 지정한 주파수의 파형 출력	
매개변수	pin	출력 핀 번호
	frequecny	출력 주파수(31 ~ 65535)
리턴 값	없음	

void tone(byte pin, unsigned int frequency, unsigned long duration)		
기능	지정된 핀 번호를 통해 지정한 주파수의 파형을 지정 시간 만큼 출력	
매개변수	pin	us 단위의 주기 값(unsigned long)
	frequecny	출력 주파수(31 ~ 65535)
	duration	ms 단위의 출력 시간 값
리턴 값	없음	

void noTone(byte pin)		
기능	지정된 핀 번호의 파형 출력 중단	
매개변수	pin	파형 출력을 중단할 핀 번호
리턴 값	없음	

```
/*************************************************
* pitches.h
* Public Constants
 *************************************************/

#define NOTE_B0  31
#define NOTE_C1  33
#define NOTE_CS1 35
#define NOTE_D1  37
#define NOTE_DS1 39
#define NOTE_E1  41
~~~~~~~~~~~~~~~~~~
```

- **연주 속도 조정**

배경 음악의 연주 속도는 게임 레벨을 6단계로 나누어 게임 레벨에 따라 16분음표를 1박자로 하여 {100ms, 70ms, 40ms, 30ms, 40ms, 70ms}의 시간으로 설정한다. 즉 게임 1단계에서는 100ms를 16분음표 한 박자로 설정하게 되고, 게임 3단계에서는 40ms로 설정하여 게임 속도와 함께 연주 속도도 빠르게 한다.

- **장애물(도로) 스크롤 다운**

장애물(도로) 패턴을 스크롤 다운하기 위해 [그림 7-6]과 같이 맨 마지막 패턴을 맨 위부터 배열 dot_gval[]에 저장한다. 그리고 표시 시작 위치를 p_no = 160으로 설정하고, p_no 위치부터 아래로 8줄을 도트 매트릭스에 표시한다. 그리고 게임 레벨에 따라 정해진 시간이 경과하면 p_no 값을 1씩 줄여가고, 0 다음에는 다시 초기값 160부터 반복 시작하도록 설정해 준다. 게임 레벨은 20초 경과할 때마다 0~5의 값을 반복하도록 하고, 5분이 경과되면 문자열 "Congratulation"을 표시하고 게임을 처음부터 다시 시작한다. 게임 레벨에 따라 스크롤 다운 시간은 {1000ms, 750ms, 500ms, 250ms, 500ms, 750ms}의 값을 가지며, 레벨에 따라 빨라졌다 느려졌다를 반복하게끔 설정한다.

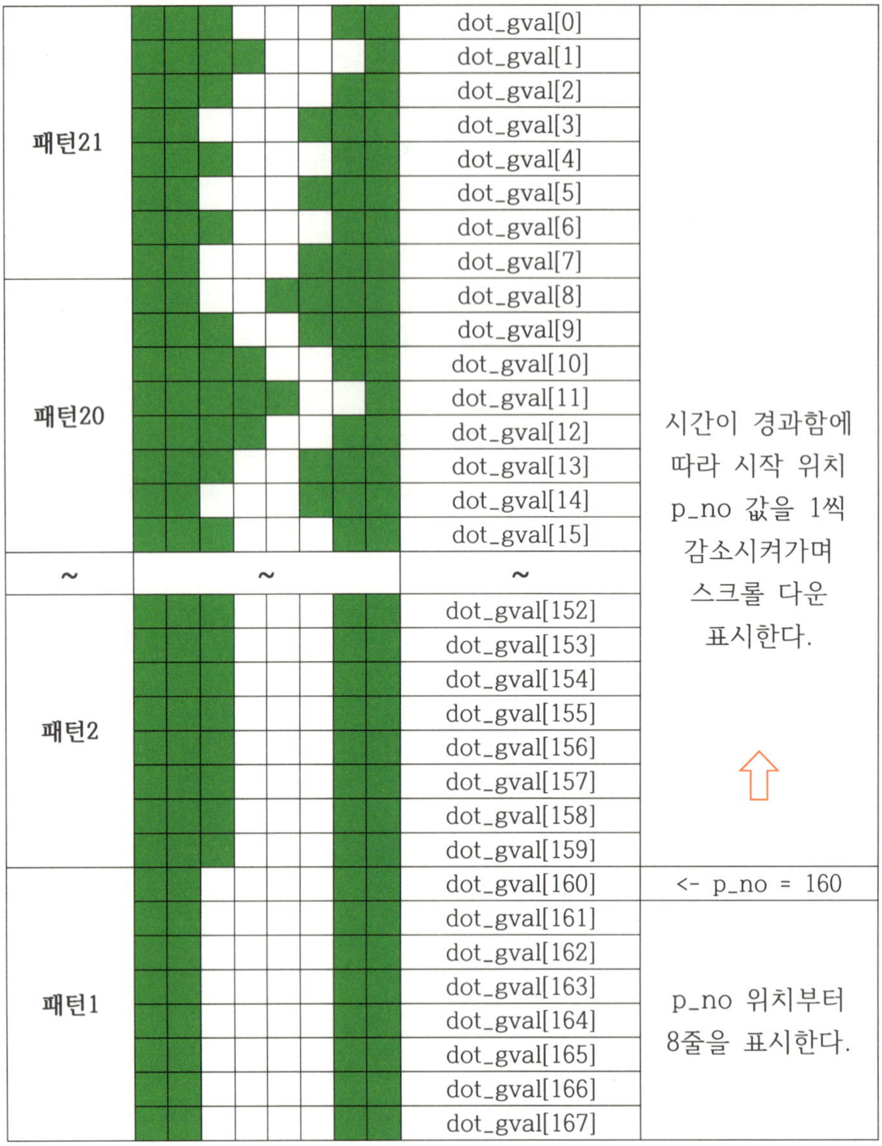

[그림 7-6] 장애물(도로) 패턴 1차원 배열에 저장

● 게임 레벨 및 속도

게임 레벨은 20초 경과할 때마다 1씩 증가시키고, 0~5의 값을 반복하여 갖도록 한다. 그리고 게임 레벨에 따라 장애물(도로) 스크롤 다운 시간은 {1000ms, 750ms, 500ms, 250ms, 500ms, 750ms}의 값을 가지며, 레벨에 따라 빨라졌다 느려졌다를 반복하게끔 설정한다. 그리고 게임 레벨에 따라 배경 음악의 연주 속도도 16분음표를 1박자로 하여 {100ms, 70ms, 40ms, 30ms, 40ms, 70ms}의 값을 갖도록 설정한다.

● 장애물과 자동차 충돌 체크

장애물과 자동차가 충돌하는지를 체크할 때는 자동차 위치에 장애물(도로)의 맨 아래 줄에 녹색이 없는 경우에는 충돌하지 않게 되며, 자동차 위치에 녹색이 있는 경우에는 충돌하게 된다. 프로그램에서는 장애물(도로)의 맨 아랫줄 패턴값과 자동차 행의 패턴 값을 and 연산하여 0이 아니면 충돌하는 것으로 하고, 0이면 충돌하지 않는 것으로 판정한다.

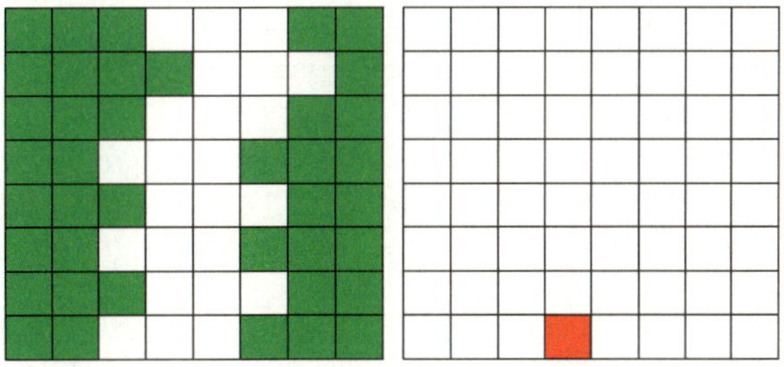

(a) 충돌하지 않는 경우(11000111 & 00010000 = 00000000)

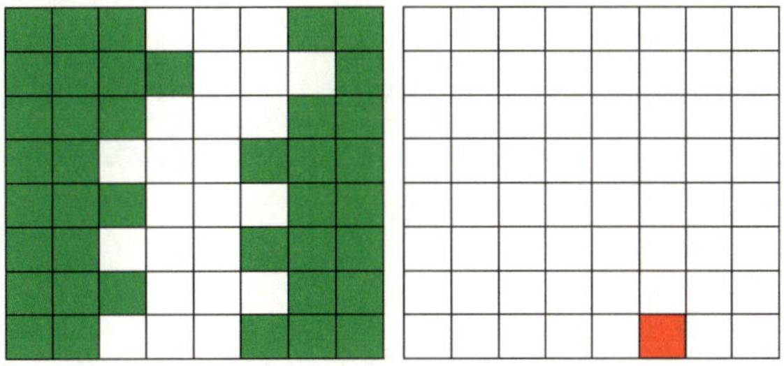

(b) 충돌하는 경우(11000111 & 00000100 = 00000100 ≠ 00000000)

[그림 7-7] 장애물(도로)과 자동차 충돌 체크

❶	<pre>#include "pitches.h"
	#include "Adafruit_LEDBackpack.h"
	#include <TimerOne.h>
	
	const int STOP_SW = 4; // 일시정지 스위치 아두이노 연결핀
	const int LEFT_SW = 2; // LEFT 스위치 아두이노 연결핀
	const int RIGHT_SW = 3; // RIGHT 스위치 아두이노 연결핀
	const int SPEAKER = 7; // 스피커 아두이노 연결핀
	
	#define PAT_NO 21 // 도로 패턴 개수
	#define SER_NO PAT_NO * 8 // 도로 패턴 총 행수(개수 x 8행)
	#define NONE 0 // 연주 쉼표 값</pre>

❷	<pre>// 도트 매트릭스 객체 생성
	Adafruit_BicolorMatrix bicolor = Adafruit_BicolorMatrix(); // 3색
	Adafruit_8x8matrix matrix = Adafruit_8x8matrix(); // 단색</pre>

❸	<pre>static const byte PROGMEM
	    racing[PAT_NO][8] = { // 게임 도로 패턴(21개 x 8행 = 168행
	        {0xE3, 0xF1, 0xE3, 0xC7, 0xE3, 0xC7, 0xE3, 0xC7}, // 21
	        {0xCF, 0xE7, 0xF3, 0xF9, 0xF3, 0xE7, 0xC7, 0xE3}, // 20
	        {0xF3, 0xF3, 0xE3, 0xCF, 0x8F, 0x8F, 0x87, 0xE3}, // 19
	        {0xE3, 0xF3, 0xE3, 0xE7, 0xCF, 0xCF, 0xE7, 0xF3}, // 18
	        {0xF3, 0xF3, 0xF3, 0xF3, 0xE3 ,0xC1, 0x8D, 0x8D}, // 17
	        ~~
	        {0xF1, 0xE3, 0xE7, 0xCF, 0x9F, 0x8F, 0xCF, 0xCF}, // 4
	        {0xCF, 0xC3, 0xC1, 0xF9, 0xF1, 0xE3, 0xC7, 0xE3}, // 3
	        {0xE3, 0xE3, 0xE3, 0xE3, 0xE3, 0xE3, 0xE3, 0xE3}, // 2
	        {0xC3, 0xC3, 0xC3, 0xC3, 0xC3, 0xC3, 0xC3, 0xC3}}, // 1</pre>

❹	<pre> num_pat[10][8] ={ // 숫자 표시 패턴(4x5)
	        {0x07,0x05,0x05,0x05,0x07}, // 0
	        {0x02,0x06,0x02,0x02,0x07}, // 1
	        {0x07,0x01,0x07,0x04,0x07}, // 2
	        {0x07,0x01,0x07,0x01,0x07}, // 3
	        {0x01,0x02,0x05,0x07,0x01}, // 4
	        {0x07,0x04,0x07,0x01,0x07}, // 5
	        {0x07,0x04,0x07,0x05,0x07}, // 6
	        {0x07,0x01,0x01,0x01,0x01}, // 7
	        {0x07,0x05,0x07,0x05,0x07}, // 8
	        {0x07,0x05,0x07,0x01,0x01}}, // 9</pre>

❺	<pre> count_pat[5][8] ={ // 카운트 다운 3, 2, 1, G, O 표시 패턴
	        {0x7A, 0x1A, 0x1A, 0x7A, 0x1A, 0x1A, 0x18, 0x7A}, // 3
	        {0x7A, 0x1A, 0x1A, 0x7A, 0x62, 0x62, 0x60, 0x7A}, // 2
	        {0x32, 0x72, 0x32, 0x32, 0x32, 0x32, 0x30, 0x7A}, // 1
	        {0x60, 0x90, 0x80, 0x80, 0xB0, 0x90, 0x90, 0x60}, // G(녹색)
	        {0x06, 0x09, 0x09, 0x09, 0x09, 0x09, 0x09, 0x06}}, // O(적색)</pre>

❶	- 음계 주파수 정의 헤더 파일 - I2C Adafruit Dot Matrix, 타이머1을 사용하기 위한 헤더 파일 - 3개 조작 스위치와 스피커 아두이노 연결핀 - 도로 패턴(8x8) 개수, 총 도로 패턴 행수, 연주 쉼표값(0)
❷	- 단일 컬러 8x8 도트 매트릭스 객체 생성 : matrix - 3컬러 8x8 도트 매트릭스 객체 생성 : bicolor
❸	- 게임도로 21개 패턴
❹	- 4x5 숫자 표시 패턴
❺	- 카운트 다운 "3, 2, 1, GO" 표시 패턴

❶	// 카운트다운 효과음 음계 길이
	note1_len[8] = {5, 5, 5, 5, 5, 5, 5, 10},

❷	// 배경음악 음계 길이(꼬마자동차 붕붕)
	note2_len[328] = {
	// 점16분 음표 :1, 점8분음표 : 4, 8분음표 : 3, 4분 음표 : 5, 점4분음표 : 7
	// 점2분음표 : 15, 2분 + 8분 : 13, 온 + 점2분 = 20 + 35
	// 한마디 20(4/4박자)
	5, 1, 5, 1, 5, 1, 5, 1, // 8
	3, 1, 3, 1, 3, 1, 3, 1, 3, 1, 3, 1, 5, 1, // 14
	3, 1, 7, 1, 3, 1, 3, 1, 3, 1, 3, 1, // 12
	5, 1, 5, 1, 5, 1, 5, 1, // 8
	~~

❸	// 축하합니다 음계 길이
	note3_len[98] = {
	5, 1, 5, 1, 5, 1,
	10, 1, 10, 1,
	5, 1, 5, 1, 5, 1, 5, 1,
	10, 1, 10, 1,
	~~

❹	// 게임오버 배경음악 음계 길이(자전거)
	note4_len[107] = {
	// 점16분 음표 :1, 점8분음표 : 4, 8분음표 : 3, 4분 음표 : 5, 점4분음표 : 7
	10, 3, 1, 3, 1, 5, 1, // 7
	3, 1, 3, 1, 5, 1, // 6
	3, 1, 3, 1, 3, 1, 3, 1, 7, 1, 8, 1, // 12
	~~

❺	num[6] = {100, 70, 40, 30, 40, 70}, // 게임 레벨에 따른 연주 속도
	// (16분 음표 1박자 길이 : ms)
	min_pat[6] = {0x00, 0x80, 0xC0, 0xE0, 0xF0, 0xF8}; // 분 표시 패턴
	// (ON LED 개수 : 0분~5분)

❶	- 카운트 다운 효과음 음계 길이
❷	- 배경 음악(꼬마자동차 붕붕) 음계 길이
❸	- 축하합니다 음계 길이
❹	- 게임 종료 배경음악 음계 길이(자전거)
❺	- 게임 레벨에 따른 음악 연주 속도 - 게임 진행 시간(분) 표시 패턴(0~5)

<table>
<tr><td>❶</td><td><pre>static const uint16_t PROGMEM
 // 카운트다운 효과음 음계
 note1[8] = {NONE, NOTE_F5, NONE, NOTE_F5, NONE, NOTE_F5, NONE, NOTE_C6},</pre></td></tr>
<tr><td>❷</td><td><pre>// 배경음악 음계 (꼬마자동차 붕붕)
 note2[328] = {
    NOTE_C5, NONE, NOTE_D5, NONE, NOTE_E5, NONE, NONE, NONE,
    NOTE_G5, NONE, NOTE_G5, NONE, NOTE_G5, NONE, NOTE_F5, NONE,
    NOTE_E5, NONE, NOTE_D5, NONE, NOTE_E5, NONE,
    ~~~~~~</pre></td></tr>
<tr><td>❸</td><td><pre> // 축하합니다 음계
 note3[98] = {
    NOTE_C5, NONE, NOTE_D5, NONE, NOTE_E5, NONE,
    NOTE_F5, NONE, NOTE_C5, NONE,
    NONE, NONE, NOTE_F5, NONE, NOTE_E5, NONE, NOTE_F5, NONE,
    NOTE_G5, NONE, NOTE_D5, NONE,
    ~~~~~~</pre></td></tr>
<tr><td>❹</td><td><pre>   // 게임오버 효과음 음계(자전거)
 note4[107] = {
    NONE, NOTE_E5, NONE, NOTE_G5, NONE, NOTE_G5, NONE,
    NOTE_E5, NONE, NOTE_G5, NONE, NOTE_G5, NONE,
    NOTE_A5, NONE, NOTE_A5, NONE, NOTE_A5, NONE, NOTE_A5, NONE,
    NOTE_A5, NONE, NONE, NONE,
   ~~~~~~</pre></td></tr>
<tr><td>❺</td><td><pre>   // 레벨에 따른 화면 스크롤 다운(자동차 1행 진행) 기준 시간(단위 : ms)
 scroll_speed[6] = {1000, 750, 500, 250, 500, 750};</pre></td></tr>
<tr><td>❻</td><td><pre>byte o_sw[3], n_sw[3];   // 스위치 상태 변수
byte car_val[8] = {0x80, 0x40, 0x20, 0x10, 0x08, 0x04, 0x02, 0x01}; // 자동차 표시 패턴
byte dot_gval[SER_NO];   // 게임 도로(장애물) 168행 저장 배열
byte dot_time[8];   // 시간 표시 저장 배열(0~2행 : 분 LED 하나씩 표시,
                                         // 3행~7행 : 초값 숫자로 표시)
byte car = 0x08, car_x = 4;   // 자동차 초기 위치
uint16_t p_no = 160;   // 게임 시작 표시 행(p_no부터 p_no + 7까지 표시),
                                         // 1씩 감소시켜가며 도로가 지나가도록 표시</pre></td></tr>
</table>

<table>
<tr><td>❶</td><td>- 카운트 다운 효과음 음계</td></tr>
<tr><td>❷</td><td>- 배경 음악(꼬마자동차 붕붕) 음계</td></tr>
<tr><td>❸</td><td>- 축하합니다 음계</td></tr>
<tr><td>❹</td><td>- 게임 종료 배경음악 음계(자전거)</td></tr>
<tr><td>❺</td><td>- 게임 레벨에 따른 화면 스크롤 다운 기준 시간</td></tr>
<tr><td>❻</td><td><사용 변수>
- 스위치 상태 저장 배열(시간 전후 상태 읽고 저장)
- 도트 매트릭스 맨 아랫행에 표시되는 자동차 표시 패턴(맨 왼쪽부터 한 칸씩 오른쪽으로)
- 도로 168행 패턴 저장 배열
- 시간 표시 저장 배열
- 자동차 초기 표시 패턴 및 초기 위치
- 게임 시작 표시행(표시 행 끝 쪽에서부터 표시하여 첫 행쪽으로 한 행씩 스크롤 다운하면서 표시)</td></tr>
</table>
   ~~~~~~

❶	`volatile byte  ctrl = 0;` // 게임 상태 0: 정지, 1: 카운트 다운, 2: 게임 중, // 3: 게임 종료 `volatile byte  level = 0;` // 레벨(0~5) `volatile byte  sec = 0;` // 경과 시간(초 값) `volatile byte  minn = 0;` // 경과 시간(분 값) `volatile byte  time_chk = 0;` // 시간 표시 변수 리셋 `volatile byte  down_chk = 0;` // 스크롤 다운 변수 리셋 `volatile byte  play_time = 0;` // 연주 박자 카운터(16분 음표에 1씩 증가) `volatile byte  count_j = 0;` // 카운트 다운 1초 카운터 변수 리셋 `volatile uint16_t play_no = 0;` // 연주 음계 번호 `volatile uint16_t scroll_cnt =  0;` // 1ms 단위 카운터(동작중에만 카운팅, 화면 스크롤용) `volatile uint16_t time_cnt = 0;` // 1ms 단위 카운터(동작중에만 카운팅, 시간 측정용) `volatile uint16_t count_cnt = 0;` // 1ms 단위의 카운터(정지 상태 아닌 경우 동작) `volatile uint16_t count_jcnt = 0;` // 1ms 단위의 카운터(카운트 다운 동작 중에만 동작)
❷	`void count_down();` // 카운트 다운(3->2->1->G->O) 표시 및 연주 함수 `void car_crash();` // 자동차 충돌 검사 함수 `void clear_disp();` // 게임 표시 화면(3색 도트 매트릭스), // 시간 표시 화면(단색 도트 매트릭스) 클리어 `void ready_disp(void);` // "Racing Ready!" 문자열 왼쪽으로 흘러가며 표시 `void count_disp(byte kk);` // 시작 카운트 다운 표시 함수 `void success_disp(void);` // 성공 표시 함수 `void end_disp(void);` // 게임 종료(실패) 표시 함수 `void time_disp(void);` // 시간 표시 함수 `void sw_check();` // 3개 조작 스위치 입력 체크 함수

❶	- 게임 상태 변수 - 게임 레벨(0~5 반복) - 게임 진행 시간(분 값, 초 값) - 시간 표시 변수(1일 때 시간 표시) - 스크롤 다운 변수(1일 때 스크롤 다운) - 연주 박자 카운터 - 카운터 다운 1초 카운터 - 연주 음계 번호 - 화면 스크롤용 1ms 단위 카운터 - 시간 측정용 1ms 단위 카운터 - 정지 상태가 아닌 경우에만 동작하는 1ms 단위 카운터 - 카운트 다운 동작 중 1ms 단위 카운터
❷	<사용자 함수 정의> - 카운트 다운 실행 함수 - 자동차 충돌 검사 함수 - 단색, 3색 도트 매트릭스 클리어 - "Racing Ready!" 표시 함수 - 카운트 다운 도트 매트릭스 표시 함수 - 성공 표시 함수 - 게임 종료 표시 함수 - 게임 경과 시간 표시 함수 - 스위치 체크 함수

❶	`// 초기 설정 함수`
	`void setup()`
	`{`
	`    byte i, j, k;`
	
	`    bicolor.begin(0x70);                    // 단색 도트 매트릭스 초기화`
	`    matrix.begin(0x71);                     // 3색 도트 매트릭스 초기화`

❷	`    pinMode(SPEAKER, OUTPUT);               // 스피커 연결핀 출력 방향 설정`
	
	`    // 3개 자동차 이동 조작 스위치 입력 방향 설정`
	`    pinMode(STOP_SW, INPUT);                // 동작/정지 토글 스위치`
	`    pinMode(LEFT_SW, INPUT);                // 왼쪽 이동 스위치`
	`    pinMode(RIGHT_SW, INPUT);               // 오른쪽 이동 스위치`

❸	`    // 게임 도로(장애물) 저장(패턴 21 x 8행 = 168행)`
	`    for(j = 0;j < PAT_NO;j++){`
	`        for(i = 0;i < 8;i++)`
	`            dot_gval[j * 8 + i] = pgm_read_byte(&racing[j][i]);`
	`    }`
	
	`    for(k = 0;k < 8;k++) dot_time[k] = 0x0;   // 시간 표시 단색 도트 매트릭스 클리어`

❹	`    // 타이머1 인터럽트 주기 및 인터럽트 함수 설정`
	`    Timer1.initialize(1000);                // 인터럽트 1ms 주기 설정`
	`    Timer1.attachInterrupt(one_msec);       // 인터럽트 함수 one_msec()`
	
	`    clear_disp();                           // 단색, 3색 도트 매트릭스 클리어`
	`}`

❶	**<초기설정 함수>** - 단색, 3색 도트 매트릭스 초기화
❷	- 스피커 아두이노 연결핀 출력 방향 설정 - 3개 스위치 아두이노 연결핀 입력 방향 설정
❸	- 168행 도로 패턴 배열에 저장 - 시간 표시용 배열 클리어
❹	- 타이머1 1ms 인터럽트 주기 및 인터럽트 함수 설정 - 도트 매트릭스 클리어

❶	<pre>// 반복처리 함수
	void loop()
	{
	 ctrl = 0; // 게임 정지 상태
	 level = 0; // 레벨 0(0~5)
	 time_cnt = 0; // 동작 중 1ms 단위 경과 시간
	 scroll_cnt = 0; // 스크롤 카운터 변수 리셋
	 car_x = 4; // 자동차 초기 수평 위치
	 p_no = 160; // 게임 초기 화면 맨 위 출력행 배열 번호
	                                        // (160행 ~ 167행 표시)
	 sec = 0; // 운행 시간 초값
	 minn = 0; // 운행 시간 분값
	
	 o_sw[0] = o_sw[1] = o_sw[2] = HIGH; // 3개의 스위치 상태 초기 값(OFF)</pre>

❷	<pre> clear_disp(); // 단색, 3색 도트 매트릭스 클리어
	 time_disp(); // 경과 시간 표시(단색 도트 매트릭스)
	 ready_disp(); // "Racing Ready!" 표시 함수
	
	 while(digitalRead(STOP_SW) == 1);
	
	 ctrl = 1; // 카운트 다운 상태
	 count_down(); // 카운드 다운 함수 호출
	
	 play_no = 0; // 연주 음계 번호 리셋
	 ctrl = 2; // 게임 시작
	 bicolor_disp(); // 게임 화면 표시</pre>

❶	**<반복처리 함수>** - 게임 상태 변수, 레벨, 경과 시간 변수, 스크롤 카운터 변수 리셋 - 자동차 초기 위치 설정, 게임 초기 화면 맨 위 출력 행 번호 설정 - 게임 경과 시간값 리셋(초, 분) - 3개의 스위치 초기 상태 OFF 값 설정
❷	- 도트 매트릭스 클리어(시간 및 게임 화면 표시 클리어) - 시간 표시(단색 도트 매트릭스) - 3색 도트 매트릭스에 "Racing Ready!" 표시 - STOP_SW가 눌려질 때까지 대기 - 카운트 다운 상태 설정 및 카운트 다운 함수 실행 - 연주 음계 번호 리셋 - 게임 시작 상태 설정 - 게임 화면 표시 함수 호출

❶

```
    while(ctrl < 3){                          // 게임 종료가 아니면
        sw_check();                           // 조작 스위치 체크

        if(time_chk == 1) {                   // 시간 표시 변수 셋 상태이면
            time_chk = 0;                     // 시간 표시 변수 리셋
            time_disp();                      // 시갈 표시 함수 호출
            sw_check();                       // 스위치 체크 함수 호출
        }
```

❷

```
        if(down_chk == 1){                    // 스크롤 다운 변수 셋이면 실행
            down_chk = 0;                     // 스크롤 다운 변수 리셋

            if(p_no == 0) p_no = 160;         // 전부 다 표시했으면 처음부터 다시 표시
            else p_no = p_no - 1;             // 표시 시작행 -1(표시 시작행)

            bicolor_disp();                   // 게임 화면(3색 도트 매트릭스) 표시
            car_crash();                      // 자동차 충돌 검사
        }
    }
```

❸

```
    level = 3;                                // 연주 속도를 위해 레벨 3으로 설정
    if(ctrl == 3) success_disp();             // 성공 표시
    else end_disp();                          // 게임 종료 표시

    delay(700);                               // 700ms 대기
    noTone(7);                                // 음 출력 정지
}
```

❹

```
// 카운트 다운 표시 및 연주
void count_down()
{
    count_jcnt = 0;                       // 1ms 카운트 변수 리셋(count_jcnt 아닌지 확인)
    count_j = 0;                              // 카운트 다운 진행 변수(0~3)
    play_no = 0;                              // 연주 음계 번호 리셋(처음부터)

    while(count_j < 4){
        count_disp(0); while(play_no < 2);            // '3' 표시
        count_disp(1); while(play_no < 4);            // '2' 표시
        count_disp(2); while(play_no < 6);            // '1' 표시
        count_disp(3); while(play_no != 1);           // 'GO' 표시
    }
}
```

❶	**<반복처리 함수 : 게임 진행 중>** - 스위치 입력 체크 함수 호출 - 시간 표시 변수가 셋 되어 있으면 시간 표시 변수 리셋하고, 경과 시간 표시
❷	- 스크롤 다운 변수가 셋 되어 있으면 스크롤 다운 변수 리셋하고, 한 행 스크롤 다운 - 첫 행까지 표시한 상태이면 다시 끝행부터 표시 - 게임 화면 다시 표시하고 자동차 충돌하는지 검사
❸	- 연주 속도는 게임 3레벨로 연주 - 게임 상태가 3이면 성공 표시 함수 호출하고, 게임 상태가 3이 아니면 게임 종료 표시 함수 호출 - 700ms 대기후 음 출력 정지
❹	<카운트 다운 표시 및 연주 함수> - 카운트 다운용 1ms 카운트 변수 및 카운트 다운 진행 변수, 연주 음계 리셋 - 카운트 다운 진행 변수에 따라 '3', '2', '1', 'GO' 표시 - 연주 진행은 1ms 타이머1 인터럽트 함수에서 실행

❶	<pre>// 자동차 충돌 검사 함수
	void car_crash()
	{
	        byte kk;
	
	        // p_no(게임화면 맨 위 표시 패턴 번호) + 7 -> 맨 아래 표시 패턴 번호
	        kk = p_no + 7;
	
	        // 자동차 위치에 장애물이 있는지(같은 위치 비트가 모두 1) 체크
	        if((dot_gval[kk] & car_val[car_x]) != 0) { // 자동차와 장애물 충돌 상태이면
	                ctrl = 4; // 게임 종료
	                noTone(7); // 스피커 출력 정지
	        }
	}</pre>

❷	<pre>// 게임 표시 화면(3색 도트 매트릭스), 시간 표시 화면(단색 도트 매트릭스) 클리어
	void clear_disp()
	{
	        bicolor.clear(); // 게임표시 화면(3색 도트 매트릭스) 클리어
	        bicolor.setBrightness(3); // 밝기 3 설정(0~15)
	        bicolor.writeDisplay(); // 표시
	
	        matrix.clear(); // 시간표시 화면(단색 도트 매트릭스) 클리어
	        matrix.setBrightness(3); // 밝기 3 설정(0~15)
	        matrix.writeDisplay(); // 표시
	}</pre>

❸	<pre>// 게임 화면(3색 도트 매트릭스) 표시
	void bicolor_disp()
	{
	        bicolor.clear(); // 게임 표시 화면 클리어
	        bicolor.drawBitmap(0, 0, &dot_gval[p_no], 8, 8, LED_GREEN); // 도로 녹색 설정
	        bicolor.drawBitmap(0, 7, &car_val[car_x], 8, 1, LED_RED); // 자동차 적색 설정
	        bicolor.writeDisplay(); // 표시
	}</pre>

❶	**<자동차 충돌 검사 함수>** - 게임 화면 맨 아래 행에 표시된 배열 번호 추출 - 도로 패턴(녹색 표시 배열)과 자동차 패턴(적색 표시 배열)의 값을 AND 연산을 취해 0이 아닌지 조사(도로로 표시되는 배열의 1 부분에 자동차가 놓이게 되면 충돌) - AND 연산값이 0이 아니면 게임 종료 상태로 하고 스피커 출력 정지
❷	**<도트 매트릭스 클리어 함수>** - 단색, 3색 도트 매트릭스 메모리 클리어 하고 밝기는 3으로 설정하고 표시 실행
❸	**<게임 화면(3색 도트 매트릭스) 표시 함수>** - 3색 도트 매트릭스 메모리 클리어 - 도로 표시 배열 녹색 메모리에 설정하고, 자동차 패턴은 적색 메모리에 설정후 표시

❶

```
// 게임 준비 화면 표시
void ready_disp(void)
{
	bicolor.setTextSize(1);                         // 글자 크기 6x8
	bicolor.setTextWrap(false);                     // 스크롤 표시되도록  설정
	bicolor.setTextColor(LED_RED);                  // 글자색 적색 설정

	// "Racing Ready!" 왼쪽으로 흘러가며 표시
	for(iny x=0; x>=-71; x--) {
		bicolor.clear();                            // 표시 클리어
		bicolor.setCursor(x,0);   // 커서 (x, 0) 위치 : 첫 문자 'R'의 좌상귀 좌표
		                                            // 표시는 (0,0)-(7,7) 부분
		bicolor.print("Racing Ready!");             // 표시 문자열 설정
		bicolor.writeDisplay();                     // 표시
		delay(50);                                  // 50ms 대기
	}
}
```

❷

```
// 시작 카운트 다운 표시 함수
void count_disp(byte kk)
{
	// kk번째 카운트 다운 패턴 적색 설정
	bicolor.clear();                          // 3색 도트 매트릭스 메모리 클리어
	bicolor.drawBitmap(0, 0, count_pat[kk], 8, 8, LED_RED);

	// 3번째 카운트 다운 표시 문자 'G' 적색 + 'O' 녹색  표시
	if(kk == 3) bicolor.drawBitmap(0, 0, count_pat[4], 8, 8, LED_GREEN);
	bicolor.writeDisplay();                         // 표시
}
```

❸

```
// 성공 표시 함수
void success_disp(void)
{
	bicolor.setTextSize(1);                         // 글자 크기 6x8
	bicolor.setTextWrap(false);                     // 스크롤 표시되도록  설정
	bicolor.setTextColor(LED_RED);                  // 클자색 적색 설정

	for(int8_t x=0; x>=-84; x--) {
		bicolor.clear();                            // 표시 클리어
		bicolor.setCursor(x,0);   // 커서 (x, 0) 위치 : 첫 문자 'C'의 좌상귀 좌표
		                                            // 표시는 (0,0)-(7,7) 부분
		bicolor.print("Congratulation");            // 표시 문자열 설정
		bicolor.writeDisplay();                     // 표시
		delay(50);                                  // 50ms 대기
	}
}
```

❶	**<게임 준비 화면 표시 함수>** - 글자 크기 6x8, 스크롤 표시, 글자 적색 표시 - "Racing Ready!" 왼쪽으로 스크롤하면서 표시
❷	**<시작 카운트 다운 표시 함수>** - kk 번째 카운트 다운 문자('3', '2', '1') 적색 표시 - 'GO'는 'G'와 'O'를 녹색과 적색으로 합성해서 표시
❸	**<성공 표시 함수>** - 글자 크기 6x8, 스크롤 표시, 글자 적색 표시 - "Congratulation" 왼쪽으로 스크롤하면서 표시

❶	<pre>// 게임 종료(실패) 표시 함수
	void end_disp(void)
	{
	        int x;
	
	        bicolor.setTextSize(1); // 글자 크기 6x8
	        bicolor.setTextWrap(false); // 스크롤 표시되도록 설정
	        bicolor.setTextColor(LED_RED); // 글자색 적색 설정
	
	        for(int x=0; x>=-46; x--) { // 한 칸씩 이동하면서 표사
	                bicolor.clear(); // 표시 클리어
	                bicolor.setCursor(x,0); // 커서 (x, 0) 위치 : 첫 문자 'C'의 좌상귀 좌표
	                                                         // 표시는 (0,0)-(7,7) 부분
	                bicolor.print("Game Over");
	                bicolor.writeDisplay(); // 표시
	                delay(100); // 50ms 대기
	        }
	}</pre>

❷	<pre>// 시간 표시 함수
	void time_disp(void)
	{
	        byte s10, s1, k;
	
	        s10 = sec / 10; // 초 10자리 추출
	        s1 = sec % 10; // 초 1자리 추출
	
	        // 단색 도트 매트릭스 맨 위 행에 LED 갯수로 분 표시
	        dot_time[0] = pgm_read_byte(&min_pat[minn]);
	
	        // 3행부터 7행까지 초 값 패턴 단색 도트 매트릭스 표시
	        for(k = 0;k < 5;k++){
	                dot_time[k + 3] =
	                        pgm_read_byte(&num_pat[s10][k]) << 4; // 초 10자리 왼쪽 4열
	                dot_time[k + 3] |= pgm_read_byte(&num_pat[s1][k]); // 초 1자리 오른쪽 4열
	        }
	
	        // 단색 도트 매트릭스
	        matrix.clear(); // 클리어
	        matrix.drawBitmap(0, 0, dot_time, 8, 8, LED_ON); // 시간 표시 배열 메모리 저장
	        matrix.writeDisplay(); // 표시
	}</pre>

❶	**<게임 종료(실패) 표시 함수>** - 글자 크기 6x8, 스크롤 표시, 글자 적색 표시 - "Game Over" 왼쪽으로 스크롤하면서 표시
❷	**<시간 표시 함수>** - 초 10자리, 1자리 추출 - 분 값은 단색 도트 매트릭스 맨 위행에 LED 개수로 표시 - 추출된 초10자리, 초1자리 패턴을 합성하여 단색 도트 매트릭스 5행에 표시

❶

```
// 3개 조작 스위치 입력 체크 함수
void sw_check()
{
    n_sw[0] = digitalRead(STOP_SW);              // 일시 정지 스위치 읽기
    n_sw[1] = digitalRead(LEFT_SW);              // 자동차 왼쪽 이동 스위치 읽기
    n_sw[2] = digitalRead(RIGHT_SW);             // 자동차 오른쪽 이동 스위치 읽기

    if (n_sw[0] == LOW && o_sw[0] == HIGH){      // 일시정지 스위치 OFF->ON 이면
        if(ctrl == 2) ctrl = 0;                  // 동작 -> 정지
        else ctrl = 2;                           // 정지 -> 동작
    }
    else if (n_sw[1] == LOW &&                     // 왼쪽이동 스위치 OFF->ON 이면
                o_sw[1] == HIGH)    left_move();   // 왼쪽 이동
    else if (n_sw[2] == LOW &&                     // 오른쪽이동 스위치 OFF->ON 이면
                o_sw[2] == HIGH) right_move();     // 오른쪽 이동

    // 스위치 현재 상태를 이전 상태값으로 저장
    o_sw[0] = n_sw[0];                           // 일시 정지 스위치
    o_sw[1] = n_sw[1];                           // 왼쪽 이동 스위치
    o_sw[2] = n_sw[2];                           // 오른쪽 이동 스위치
}
```

❷

```
// 자동차 왼쪽 이동 함수
void left_move(void)
{
    byte  tmp1, tmp2;
    byte  car_no;

    if(car_x == 0) return;        // 자동차가 도트 매트릭스 맨 왼쪽에 위치해 있으면 리턴

    tmp1 = car_x - 1;             // 왼쪽 이동 좌표 계산
    car_no = p_no + 7;            // 자동차 위치 행 배열 번호(도트 매트릭스 맨 아래 행)

    // 충돌 체크(자동차 위치에 장애물 있는지 체크)
    tmp2 = dot_gval[car_no] & car_val[tmp1];

    if(tmp2 != 0) return;                        // 충돌 상태면 리턴
    car_x = tmp1;                                // 자동차 새 좌표 저장
    bicolor_disp();                              // 3색 도트 매트릭스 화면 새로 표시
}
```

<table>
<tr><td>❶</td><td><3개 조작 스위치 입력 체크 함수>
- 3개 조작 스위치 상태 읽기
- 일시정지 스위치가 눌려지면 게임 상태를 정지 상태로 설정
- 왼쪽이동 스위치가 눌려지면 자동차 왼쪽 이동함수 호출 : left_move()
- 오른쪽이동 스위치가 눌려지면 자동차 오른쪽 이동함수 호출 : right_move()
- 스위치의 현재 상태를 이전 스위치 상태 값으로 저장</td></tr>
<tr><td>❷</td><td><자동차 왼쪽 이동 함수>
- 자동차가 도트 매트릭스의 맨 왼쪽에 있어 이동이 불가능하면 함수 종료하고 리턴
- 자동차의 이동 후의 새 위치 계산(임시 저장)
- 자동차가 놓여 있는 도트 매트릭스의 맨 아래 행에 표시되어 있는 도로 패턴 번호 추출
- 맨 아래 도로 패턴 위에 자동차가 위치할 수 있는지 조사
- 위치할 수 없으면 함수 종료하고 리턴
- 위치할 수 있으면 임시 저장된 자동차의 새 위치 값을 자동차의 위치 값으로 갱신
- 게임 화면 새로 표시(3색 도트 매트릭스)</td></tr>
</table>

❶	<pre>// 자동차 오른쪽 한 칸 이동
	void right_move(void)
	{
	    byte tmp1, tmp2;
	    uint16_t car_no;
	
	    if(car_x == 7) return; // 자동차 도트 매트릭스 맨 오른쪽 칸에 위치해 있으면 리턴
	
	    tmp1 = car_x + 1; // 자동차 한 칸 오른쪽 이동 좌표
	    car_no = p_no + 7; // 자동차 위치 행 배열 번호(도트 매트릭스 맨 아래 행)
	
	    // 충돌 체크(자동차 위치에 장애물 있는지 체크)
	    tmp2 = dot_gval[car_no] & car_val[tmp1];
	
	    if(tmp2 != 0) return; // 충돌 상태면 리턴
	    car_x = tmp1; // 자동차 새 좌표 저장
	    bicolor_disp(); // 3색 도트 매트릭스 화면 새로 표시
	}</pre>

❷	<pre>// 타이머1 1ms 주기 인터럽트 함수
	void one_msec(void)
	{
	    int play_note; // 연주 음계 번호
	
	    if(ctrl == 0) return; // 일시 정지 상태이면 리턴
	
	    count_cnt++; // 1ms 카운터 +1(연주용)
	
	    if(ctrl == 1) { // 카운트 다운 중
	        count_jcnt++; // 카운트 다운 동작 1ms 카운터 +1
	
	        // 카운터 다운 동작 카운터 변수의 값이 현재 레벨의 설정 시간이 되면
	        // 카운트 다운 한 단계 진행
	        if(count_jcnt >= pgm_read_word(&scroll_speed[level])){
	            count_jcnt = 0; // 카운트 다운 동작 1ms 카운터 +1
	            count_j++; // 카운트 다운 한 단계 진행
	        }
	    }</pre>

❶	**<자동차 오른쪽 이동 함수>** - 자동차가 도트 매트릭스의 맨 오른쪽에 있어 이동이 불가능하면 함수 종료하고 리턴 - 자동차의 이동 후의 새 위치 계산(임시 저장) - 자동차가 놓여 있는 도트 매트릭스의 맨 아래 행에 표시되어 있는 도로 패턴 번호 추출 - 맨 아래 도로 패턴 위에 자동차가 위치할 수 있는지 조사 - 위치할 수 없으면 함수 종료하고 리턴 - 위치할 수 있으면 임시 저장된 자동차의 새 위치 값을 자동차의 위치 값으로 갱신 - 게임 화면 새로 표시(3색 도트 매트릭스)
❷	**<타이머1 1ms 주기 인터럽트 함수>** - 정지 상태이면 리턴 - 1ms 카운터 변수 +1 **<카운트 다운 모드 처리>** - 카운트 다운 동작 1ms 카운터 +1 - 1ms 카운터 값이 현(초기) 레벨 설정시간 이상의 값이 됐으면 카운트 다운 1ms 카운터를 리셋하고, 카운트 다운 한 단계 진행

❶	<pre>else if(ctrl == 2){ // 게임 동작 상태
	        scroll_cnt++; // 1ms 단위 스크롤 카운터 변수 +1
	
	        // 스크롤 카운터 변수의 값이 현재 레벨의 설정 시간이 되면
	        // 게임 화면 스크롤 다운
	        if(scroll_cnt >= pgm_read_word(&scroll_speed[level])){
	            scroll_cnt = 0; // 스크롤 카운터 변수 리셋
	            down_chk = 1; // 도로 한 칸 이동변수 셋
	        }
	
	        time_cnt++; // 1ms 카운터 +1
	        if(time_cnt >= 1000){ // 1초 경과?
	            time_cnt = 0; // 1ms 카운터 리셋
	            time_chk = 1; // 시간 표시 변수 셋
	
	            sec++; // 초값 +1
	            if(sec == 60){ // 초값 60이면
	                sec = 0; // 초값 리셋
	                minn++; // 분값 +1
	            }
	
	            // 20초 단위로 레벨 1씩 증가(0~5, 반복)
	            if((sec % 20) == 0) level = (level + 1) % 6;
	
	            if(minn >= 5) ctrl = 3; // 5분 경과면 게임 클리어 성공(확인)
	        }
	    }</pre>

❷	<pre>// 1ms 카운터 값이 현재 레벨의 연주 시간(1박자)과 같으면 박자 카운터 +1
	 if(count_cnt >= pgm_read_byte(&num[level])) {
	        play_time++; // 박자 카운터 +1
	        count_cnt = 0; // 1ms 카운터 리셋
	 }</pre>

❶	**<카운트 다운 모드 처리>** - 1ms 스크롤 카운터 +1 - 1ms 스크롤 카운터 값이 현 레벨 설정 시간 이상의 값이 됐으면 1ms 스크롤 카운터를 리셋하고, 게임 화면 스크롤 다운 변수 셋 - 게임 경과 1ms 카운터 변수 +1 **<게임 1초 경과 처리 : 게임 경과 1ms 카운터 변수가 1000이 되어 1초가 경과>** - 게임 경과 1ms 카운터 변수 리셋, 시간 표시 변수 셋 - 초 값 +1하고, 초 값이 60이 되었으면 초 값 리셋, 분 값 +1 - 초 값이 20의 배수이면 레벨을 한 단계씩 +1(0~5 반복) - 게임 경과시간이 5분이 되었으면 클리어 한 것으로 하여 게임 상태를 성공 상태 전환
❷	- 1ms 카운터 값이 현재 레벨의 연주 시간(1박자 기준 시간)과 같으면 박자 카운터를 +1하고 1ms 카운터 변수 리셋

❶	<pre>if(ctrl == 1){ // 카운트 다운 상태
	    if(play_time >= pgm_read_byte(&note1_len[play_no])){
	        play_time = 0; // 박자 카운터 리셋
	        play_no = (play_no + 1) % 8; // 연주 음계 번호 +1(8개 반복)
	        play_note = pgm_read_word(&note1[play_no]);
	
	        if(play_note == NONE) noTone(7); // 쉼표
	        else tone(7, play_note); // 음계 출력
	    }
	}</pre>

❷	<pre>else if(ctrl == 2){ // 게임 동작 상태
	    if(play_time >= pgm_read_byte(&note2_len[play_no])){
	        play_time = 0; // 박자 카운터 리셋
	        play_no++; // 연주 음계 번호 +1
	        if(play_no == 328) play_no = 0; // 연주 끝이면 처음부터
	
	        // 연주 음계 읽기
	        play_note = pgm_read_word(&note2[play_no]);
	
	        if(play_note == NONE) noTone(7); // 쉼표
	        else tone(7, play_note); // 음계 출력
	    }
	}</pre>

❸	<pre>else if(ctrl == 3){ // Congratulation
	    if(play_time >= pgm_read_byte(&note3_len[play_no])){
	        play_time = 0; // 박자 카운터 리셋
	        play_no++; // 연주 음계 번호 +1
	        if(play_no == 98) play_no = 0; // 연주 끝이면 처음부터
	
	        // 연주 음계 읽기
	        play_note = pgm_read_word(&note3[play_no]);
	
	        if(play_note == NONE) noTone(7); // 쉼표
	        else tone(7, play_note); // 음계 출력
	    }
	}</pre>

❶	**<카운트 다운 상태에서 음악 연주 : 카운트 다운 음계>** - 박자 카운터 값이 현재 연주 중인 음계의 박자와 같으면 다음 음계를 연주하도록 갱신
❷	**<게임 동작 상태에서 음악 연주 : 꼬마자동차 붕붕>** - 박자 카운터 값이 현재 연주 중인 음계의 박자와 같으면 다음 음계를 연주하도록 갱신
❸	**<게임 성공(클리어 : 5분 경과) 상태에서 음악 연주 : 축하합니다>** - 박자 카운터 값이 현재 연주 중인 음계의 박자와 같으면 다음 음계를 연주하도록 갱신

❶

```
    else {                      // 게임 종료 상태(자전거 연주)
        if(play_time >= pgm_read_byte(&note4_len[play_no])){
            play_time = 0;                          // 박자 카운터 리셋
            play_no++;                              // 연주 음계 번호 +1
            if(play_no == 107) play_no = 0;         // 연주 끝이면 처음부터

            // 연주 음계 읽기
            play_note = pgm_read_word(&note4[play_no]);

            if(play_note == NONE) noTone(7);        // 쉼표
            else tone(7, play_note);                // 음계 출력
        }
    }
}
```

❶ **<게임 동작 상태에서 음악 연주 : 자전거>**

- 박자 카운터 값이 현재 연주 중인 음계의 박자와 같으면 다음 음계를 연주하도록 갱신

```
/**************************************************
 racing     matrix8x8, bicolor8x8
**************************************************/
#include "pitches.h"
#include "Adafruit_LEDBackpack.h"
#include <TimerOne.h>

const int STOP_SW = 4;                        // 일시정지 스위치 아두이노 연결핀
const int LEFT_SW = 2;                        // LEFT 스위치 아두이노 연결핀
const int RIGHT_SW = 3;                       // RIGHT 스위치 아두이노 연결핀
const int SPEAKER = 7;                        // 스피커 아두이노 연결핀

#define  PAT_NO      21                       // 도로 패턴 개수
#define  SER_NO      PAT_NO * 8               // 도로 패턴 총 행수(개수 x 8행)
#define  NONE        0                        // 연주 쉼표 값

// 도트 매트릭스 객체 생성
Adafruit_BicolorMatrix bicolor = Adafruit_BicolorMatrix();     // 3색
Adafruit_8x8matrix matrix = Adafruit_8x8matrix();              // 단색

static const byte PROGMEM
   racing[PAT_NO][8] = {   // 게임 도로 패턴(21개 x 8행 = 168행
      {0xE3, 0xF1, 0xE3, 0xC7, 0xE3, 0xC7, 0xE3, 0xC7},     // 21
      {0xCF, 0xE7, 0xF3, 0xF9, 0xF3, 0xE7, 0xC7, 0xE3},     // 20
      {0xF3, 0xF3, 0xE3, 0xCF, 0x8F, 0x8F, 0x87, 0xE3},     // 19
      {0xE3, 0xF3, 0xE3, 0xE7, 0xCF, 0xCF, 0xE7, 0xF3},     // 18
      {0xF3, 0xF3, 0xF3, 0xF3, 0xE3 ,0xC1, 0x8D, 0x8D},     // 17
      {0x89, 0x99, 0x81, 0xC3, 0xCF, 0xCF, 0xC7, 0xE3},     // 16
      {0xF1, 0xE1, 0xC7, 0x8F, 0x87, 0x83, 0xC3, 0xE3},     // 15
      {0xF3, 0xE3, 0xE7, 0x81, 0x81, 0x8D, 0x8D, 0x81},     // 14
      {0x99, 0x99, 0x81, 0x81, 0xC3, 0xE7, 0xE3, 0xF1},     // 13
      {0xE1, 0xC3, 0x8F, 0xC7, 0xE3, 0xF1, 0xE3, 0xE7},     // 12
      {0xE7, 0x8F, 0x9F, 0x9F, 0xCF, 0xE7, 0xF3, 0xF1},     // 11
      {0xF3, 0xE7, 0xC3, 0x81, 0xC3, 0xE7, 0xF3, 0xF9},     // 10
      {0xF9, 0xF3, 0xE7, 0xCF, 0x9F, 0x9F, 0xCF, 0xE3},     // 9
      {0xF3, 0xE7, 0xCF, 0x9F, 0xCF, 0xE3, 0xF1, 0xE3},     // 8
      {0xE7, 0xC3, 0x99, 0xDB, 0xC3, 0xE1, 0xF9, 0xE1},     // 7
      {0xC3, 0xC7, 0xE7, 0x83, 0x83, 0xB9, 0x89, 0x8D},     // 6
      {0x99, 0x91, 0xC3, 0xC1, 0xE7, 0xE3, 0xF3, 0xF9},     // 5
      {0xF1, 0xE3, 0xE7, 0xCF, 0x9F, 0x8F, 0xCF, 0xCF},     // 4
      {0xCF, 0xC3, 0xC1, 0xF9, 0xF1, 0xE3, 0xC7, 0xE3},     // 3
      {0xE3, 0xE3, 0xE3, 0xE3, 0xE3, 0xE3, 0xE3, 0xE3},     // 2
      {0xC3, 0xC3, 0xC3, 0xC3, 0xC3, 0xC3, 0xC3, 0xC3}},    // 1

   num_pat[10][8] ={                                        // 숫자 표시 패턴(4x5)
      {0x07,0x05,0x05,0x05,0x07},                           // 0
      {0x02,0x06,0x02,0x02,0x07},                           // 1
      {0x07,0x01,0x07,0x04,0x07},                           // 2
      {0x07,0x01,0x07,0x01,0x07},                           // 3
      {0x01,0x02,0x05,0x07,0x01},                           // 4
```

```
    {0x07,0x04,0x07,0x01,0x07},                           // 5
    {0x07,0x04,0x07,0x05,0x07},                           // 6
    {0x07,0x01,0x01,0x01,0x01},                           // 7
    {0x07,0x05,0x07,0x05,0x07},                           // 8
    {0x07,0x05,0x07,0x01,0x01}},                          // 9

count_pat[5][8] ={                      // 카운트 다운 3, 2, 1, G, O 표시 패턴
    {0x7A, 0x1A, 0x1A, 0x7A, 0x1A, 0x1A, 0x18, 0x7A},    // 3
    {0x7A, 0x1A, 0x1A, 0x7A, 0x62, 0x62, 0x60, 0x7A},    // 2
    {0x32, 0x72, 0x32, 0x32, 0x32, 0x32, 0x30, 0x7A},    // 1
    {0x60, 0x90, 0x80, 0x80, 0xB0, 0x90, 0x90, 0x60},    // G(녹색)
    {0x06, 0x09, 0x09, 0x09, 0x09, 0x09, 0x09, 0x06}},   // O(적색)

// 카운트다운 효과음 음계 길이
note1_len[8] = {5, 5, 5, 5, 5, 5, 5, 10},

// 배경음악 음계 길이(꼬마자동차 붕붕)
note2_len[328] = {
     // 점16분 음표 :1, 점8분음표 : 4, 8분음표 : 3, 4분 음표 : 5,  점4분음표 : 7
     // 점2분음표 : 15, 2분 + 8분 : 13, 온 + 점2분 = 20 + 35
     // 한마디 20(4/4박자)
    5, 1, 5, 1, 5, 1, 5, 1,                                     // 8
    3, 1, 3, 1, 3, 1, 3, 1, 3, 1, 3, 1, 5, 1,                   // 14
    3, 1, 7, 1, 3, 1, 3, 1, 3, 1, 3, 1,                         // 12
    5, 1, 5, 1, 5, 1, 5, 1,                                     // 8

    5, 1, 5, 1, 5, 1, 5, 1,                                     // 8
    3, 1, 3, 1, 3, 1, 3, 1, 3, 1, 3, 1, 5, 1,                   // 14
    3, 1, 3, 1, 3, 1, 3, 1, 3, 1, 3, 1, 3, 1, 3, 1,             // 14
    15, 1, 5, 1,                                                // 4

    5, 1, 3, 1, 3, 1, 5, 1, 5, 1,                               // 10
    3, 1, 3, 1, 3, 1, 13, 1,                                    // 8
    5, 1, 5, 1, 5, 1, 5, 1,                                     // 8
    3, 1, 3, 1, 3, 1, 13, 1,                                    // 8

    5, 1, 5, 1, 5, 1, 5, 1,                                     // 8
    3, 1, 7, 1, 5, 1, 5, 1,                                     // 8
    35, 1, 5, 1,                                                // 4

    3, 1, 3, 1, 3, 1, 3, 1, 3, 1, 3, 1, 3, 1, 3, 1,             // 16
    3, 1, 3, 1, 3, 1, 3, 1, 5, 1, 5, 1,                         // 12
    3, 1, 3, 1, 3, 1, 3, 1, 3, 1, 3, 1, 3, 1, 3, 1,             // 16
    3, 1, 3, 1, 3, 1, 3, 1, 5, 1, 5, 1,                         // 12

    3, 1, 3, 1, 3, 1, 13, 1,                                    // 8
    3, 1, 3, 1, 3, 1, 13, 1,                                    // 8
    3, 1, 3, 1, 3, 1, 3, 1, 3, 1, 3, 1, 3, 1, 3, 1,             // 16
    3, 1, 3, 1, 3, 1, 3, 1, 5, 1, 5, 1,                         // 12
```

```
    3, 1, 5, 1, 3, 1, 3, 1, 5, 1, 3, 1,                    // 12
    3, 1, 3, 1, 3, 1, 3, 1, 5, 1, 5, 1,                    // 12
    3, 1, 5, 1, 3, 1, 3, 1, 5, 1, 3, 1,                    // 12
    3, 1, 3, 1, 3, 1, 3, 1, 5, 1, 5, 1,                    // 12

    3, 1, 7, 1, 3, 1, 5, 1, 3, 1,                          // 10
    5, 1, 5, 1, 5, 1, 5, 1,                                // 8
    3, 1, 5, 1, 3, 1, 3, 1, 3, 1, 3, 1, 3, 1,              // 14
    10, 1, 5, 1, 5, 1, 5, 1, 20, 1},                       // 10

// 축하합니다 음계 길이
note3_len[98] = {
    5, 1, 5, 1, 5, 1,
    10, 1, 10, 1,
    5, 1, 5, 1, 5, 1, 5, 1,
    10, 1, 10, 1,

    5, 1, 5, 1, 5, 1, 5, 1,
    5, 1, 5, 1, 5, 1, 5, 1,
    5, 1, 5, 1, 5, 1, 5, 1,
    20, 1,

    5, 1, 5, 1, 5, 1, 5, 1,
    10, 1, 10, 1,
    5, 1, 5, 1, 5, 1, 5, 1,
    10, 1, 10, 1,

    5, 1, 5, 1, 5, 1, 5, 1,
    5, 1, 5, 1, 5, 1, 5, 1,
    5, 1, 5, 1, 5, 1, 5, 1,
    35, 1},

// 게임오버 배경 음악 음계 길이(자전거)
note4_len[107] = {
  // 점16분 음표 :1, 점8분음표 : 4, 8분음표 : 3, 4분 음표 : 5,  점4분음표 : 7
    10, 3, 1, 3, 1, 5, 1,                                  // 7
    3, 1, 3, 1, 5, 1,                                      // 6
    3, 1, 3, 1, 3, 1, 3, 1, 7, 1, 8, 1,                    // 12

    3, 1, 3, 1, 3, 1, 3, 1,                                // 8
    3, 1, 3, 1, 3, 1, 3, 1,                                // 8
    3, 1, 3, 1, 3, 1, 3, 1, 7, 1, 8, 1,                    // 12

    3, 1, 3, 1, 3, 1, 3, 1,                                // 8
    3, 1, 3, 1, 5, 1,                                      // 6
    4, 1, 1, 1, 3, 1, 3, 1, 7, 1, 8, 1,                    // 12

    3, 1, 3, 1, 3, 1, 3, 1,                                // 8
    3, 1, 3, 1, 3, 1, 3, 1,                                // 8
    3, 1, 3, 1, 3, 1, 3, 1, 7, 1, 8, 1},                   // 12
```

```
    num[6] = {100, 70, 40, 30, 40, 70},                     // 게임 레벨에 따른 연주 속도
                                                            // (16분 음표 1박자 길이 : ms)
    min_pat[6] = {0x00, 0x80, 0xC0, 0xE0, 0xF0, 0xF8};      // 분 표시 패턴
                                                            // (ON LED 개수 : 0분~5분)

static const uint16_t PROGMEM
    // 카운트다운 효과음 음계
    note1[8] = {NONE, NOTE_F5, NONE, NOTE_F5, NONE, NOTE_F5, NONE, NOTE_C6},

    // 배경음악 음계 (꼬마자동차 붕붕)
    note2[328] = {
        NOTE_C5, NONE, NOTE_D5, NONE, NOTE_E5, NONE, NONE, NONE,
        NOTE_G5, NONE, NOTE_G5, NONE, NOTE_G5, NONE, NOTE_F5, NONE,
        NOTE_E5, NONE, NOTE_D5, NONE, NOTE_E5, NONE,
        NOTE_D5, NONE, NOTE_D5, NONE, NOTE_A5, NONE, NOTE_A5, NONE,
        NOTE_A5, NONE, NOTE_A5, NONE,
        NOTE_G5, NONE, NOTE_FS5, NONE, NOTE_G5, NONE, NONE, NONE,

        NOTE_C5, NONE, NOTE_D5, NONE, NOTE_E5, NONE, NONE, NONE,
        NOTE_G5, NONE, NOTE_G5, NONE, NOTE_G5, NONE, NOTE_F5, NONE,
        NOTE_E5, NONE, NOTE_D5, NONE, NOTE_E5, NONE,
        NOTE_D5, NONE, NOTE_D5, NONE, NOTE_D5, NONE, NOTE_D5, NONE,
        NOTE_F5, NONE, NOTE_F5, NONE, NOTE_D5, NONE, NOTE_C5, NONE,
        NOTE_C5, NONE, NONE, NONE,

        NONE, NONE, NOTE_A5, NONE, NOTE_A5, NONE, NOTE_F5, NONE,
        NOTE_C5, NONE,
        NOTE_G5, NONE, NOTE_G5, NONE, NOTE_A5, NONE, NOTE_G5, NONE,
        NONE, NONE, NOTE_A5, NONE, NOTE_F5, NONE, NOTE_C5, NONE,
        NOTE_G5, NONE, NOTE_G5, NONE, NOTE_A5, NONE, NOTE_G5, NONE,

        NONE, NONE, NOTE_E5, NONE, NOTE_E5, NONE, NOTE_G5, NONE,
        NOTE_F5, NONE, NOTE_F5, NONE, NOTE_E5, NONE, NOTE_D5, NONE,
        NOTE_C5, NONE, NONE, NONE,

        NOTE_E5, NONE, NOTE_E5, NONE, NOTE_E5, NONE, NOTE_D5, NONE,
        NOTE_E5, NONE, NOTE_E5, NONE, NOTE_E5, NONE, NOTE_A5, NONE,
        NOTE_G5, NONE, NOTE_G5, NONE, NOTE_G5, NONE, NOTE_FS5, NONE,
        NOTE_G5, NONE, NONE, NONE,
        NOTE_A5, NONE, NOTE_A5, NONE, NOTE_A5, NONE, NOTE_G5, NONE,
        NOTE_A5, NONE, NOTE_A5, NONE, NOTE_A5, NONE, NOTE_C6, NONE,
        NOTE_B5, NONE, NOTE_B5, NONE, NOTE_B5, NONE, NOTE_A5, NONE,
        NOTE_B5, NONE, NONE, NONE,

        NOTE_C6, NONE, NOTE_C6, NONE, NOTE_B5, NONE, NOTE_A5, NONE,
        NOTE_B5, NONE, NOTE_B5, NONE, NOTE_A5, NONE, NOTE_G5, NONE,
        NONE, NONE, NOTE_A5, NONE, NOTE_A5, NONE, NOTE_A5, NONE,
        NOTE_E5, NONE, NOTE_E5, NONE, NOTE_E5, NONE, NOTE_E5, NONE,
        NOTE_D5, NONE, NOTE_D5, NONE, NOTE_D5, NONE, NOTE_A5, NONE,
```

```
    NOTE_G5, NONE, NONE, NONE,

    NOTE_E5, NONE, NOTE_E5, NONE, NOTE_D5, NONE, NOTE_E5, NONE,
    NOTE_E5, NONE, NOTE_G5, NONE,
    NOTE_E5, NONE, NOTE_E5, NONE, NOTE_E5, NONE, NOTE_D5, NONE,
    NOTE_C5, NONE, NONE, NONE,
    NOTE_E5, NONE, NOTE_E5, NONE, NOTE_C5, NONE, NOTE_E5, NONE,
    NOTE_E5, NONE, NOTE_G5, NONE,
    NOTE_A5, NONE, NOTE_A5, NONE, NOTE_A5, NONE, NOTE_A5, NONE,
    NOTE_A5, NONE, NONE, NONE,

    NOTE_G5, NONE, NOTE_C6, NONE, NOTE_B5, NONE, NOTE_B5, NONE,
    NOTE_B5, NONE,
    NOTE_A5, NONE, NOTE_A5, NONE, NOTE_A5, NONE, NONE, NONE,
    NOTE_G5, NONE, NOTE_C6, NONE, NOTE_A5, NONE, NOTE_G5, NONE,
    NOTE_F5, NONE, NOTE_E5, NONE, NOTE_D5, NONE,
    NOTE_C5, NONE, NONE, NONE, NOTE_C6, NONE, NOTE_C6, NONE, NONE, NONE},

  // 축하합니다 음계
  note3[98] = {
    NOTE_C5, NONE, NOTE_D5, NONE, NOTE_E5, NONE,
    NOTE_F5, NONE, NOTE_C5, NONE,
    NONE, NONE, NOTE_F5, NONE, NOTE_E5, NONE, NOTE_F5, NONE,
    NOTE_G5, NONE, NOTE_D5, NONE,

    NONE, NONE, NOTE_D5, NONE, NOTE_E5, NONE, NOTE_F5, NONE,
    NOTE_A5, NONE, NOTE_G5, NONE, NOTE_G5, NONE, NOTE_F5, NONE,
    NOTE_F5, NONE, NOTE_E5, NONE, NOTE_D5, NONE, NOTE_E5, NONE,
    NOTE_C5, NONE,

    NONE, NONE, NOTE_C5, NONE, NOTE_D5, NONE, NOTE_E5, NONE,
    NOTE_F5, NONE, NOTE_C5, NONE,
    NONE, NONE, NOTE_F5, NONE, NOTE_E5, NONE, NOTE_F5, NONE,
    NOTE_G5, NONE, NOTE_D5, NONE,

    NONE, NONE, NOTE_D5, NONE, NOTE_E5, NONE, NOTE_F5, NONE,
    NOTE_A5, NONE, NOTE_G5, NONE, NOTE_G5, NONE, NOTE_F5, NONE,
    NOTE_F5, NONE, NOTE_E5, NONE, NOTE_D5, NONE, NOTE_E5, NONE,
    NOTE_F5, NONE},

  // 게임오버 효과음 음계(자전거)
  note4[107] = {
    NONE, NOTE_E5, NONE, NOTE_G5, NONE, NOTE_G5, NONE,
    NOTE_E5, NONE, NOTE_G5, NONE, NOTE_G5, NONE,
    NOTE_A5, NONE, NOTE_A5, NONE, NOTE_A5, NONE,  NOTE_A5, NONE,
    NOTE_A5, NONE, NONE, NONE,

    NOTE_G5, NONE, NOTE_G5, NONE, NOTE_G5, NONE, NOTE_G5, NONE,
    NOTE_F5, NONE, NOTE_F5, NONE, NOTE_F5, NONE, NOTE_F5, NONE,
    NOTE_E5, NONE, NOTE_E5, NONE, NOTE_E5, NONE, NOTE_E5, NONE,
```

```
        NOTE_E5, NONE, NONE, NONE,

        NOTE_E5, NONE, NOTE_G5, NONE, NOTE_G5, NONE, NOTE_G5, NONE,
        NOTE_E5, NONE, NOTE_G5, NONE, NOTE_G5, NONE,
        NOTE_A5, NONE, NOTE_A5, NONE, NOTE_E5, NONE,  NOTE_E5, NONE,
        NOTE_G5, NONE, NONE, NONE,

        NOTE_F5, NONE, NOTE_F5, NONE, NOTE_F5, NONE, NOTE_F5, NONE,
        NOTE_E5, NONE, NOTE_E5, NONE, NOTE_E5, NONE, NOTE_E5, NONE,
        NOTE_D5, NONE, NOTE_D5, NONE, NOTE_G5, NONE, NOTE_G5, NONE,
        NOTE_C5, NONE, NONE, NONE},

        // 레벨에 따른 화면 스크롤 다운(자동차 1행 진행) 기준 시간(단위 : ms)
        scroll_speed[6] = {1000, 750, 500, 250, 500, 750};

byte   o_sw[3], n_sw[3];                    // 스위치 상태 변수
byte   car_val[8] = {0x80, 0x40, 0x20, 0x10, 0x08, 0x04, 0x02, 0x01};  // 자동차 표시 패턴
byte   dot_gval[SER_NO];                    // 게임 도로(장애물) 168행 저장 배열
byte   dot_time[8];                         // 시간 표시 저장 배열(0~2행 : 분 LED 하나씩 표시,
                                            // 3행~7행 : 초값 숫자로 표시)
byte   car = 0x08, car_x = 4;               // 자동차 초기 위치
uint16_t  p_no = 160;                       // 게임 시작 표시 행(p_no부터 p_no + 7까지 표시),
                                            // 1씩 감소시켜가며 도로가 지나가도록 표시

volatile byte  ctrl = 0;                    // 게임 상태 0: 정지, 1: 카운트 다운,  2: 게임 중,
                                            // 3: 게임 종료
volatile byte  level = 0;                   // 레벨(0~5)
volatile byte  sec = 0;                     // 경과 시간(초값)
volatile byte  minn = 0;                    // 경과 시간(분값)
volatile byte  time_chk = 0;                // 시간 표시 변수 리셋
volatile byte  down_chk = 0;                // 스크롤 다운 변수 리셋
volatile byte  play_time = 0;               // 연주 박자 카운터(16분 음표에 1씩 증가)
volatile byte  count_j = 0;                 // 카운트 다운 1초 카운터 변수 리셋

volatile uint16_t play_no = 0;              // 연주 음계 번호
volatile uint16_t scroll_cnt =  0;          // 1ms 단위의 카운터(동작중에만 카운팅, 화면 스크롤업 용)
volatile uint16_t time_cnt = 0;             // 1ms 단위의 카운터(동작 중에만 카운팅, 시간 측정용)
volatile uint16_t count_cnt = 0;            // 1ms 단위의 카운터(정지 상태 아닌 경우 동작)
volatile uint16_t count_jcnt = 0;           // 1ms 단위의 카운터(카운트 다운동작 중에만 동작)


void count_down();                          // 카운트 다운(3->2->1->G->0) 표시 및 연주 함수
void car_crash();                           // 자동차 충돌 검사 함수
void clear_disp();                          // 게임 표시 화면(3색 도트 매트릭스),
                                            // 시간 표시 화면(단색 도트 매트릭스) 클리어
void ready_disp(void);                      // "Racing Ready!" 문자열 왼쪽으로 흘러가며 표시
void count_disp(byte kk);                   // 시작 카운트 다운 표시 함수
void success_disp(void);                    // 성공 표시 함수
void end_disp(void);                        // 게임 종료(실패) 표시 함수
void time_disp(void);                       // 시간 표시 함수
```

```
void sw_check();                          // 3개 조작 스위치 입력 체크 함수

// 초기 설정 함수
void setup()
{
	byte i, j, k;

	bicolor.begin(0x70);                  // 단색 도트 매트릭스 초기화
	matrix.begin(0x71);                   // 3색 도트 매트릭스 초기화

	pinMode(SPEAKER, OUTPUT);             // 스피커 연결핀 출력 방향 설정

	// 3개 자동차 이동 조작 스위치 입력 방향 설정
	pinMode(STOP_SW, INPUT);              // 동작/정지 토글 스위치
	pinMode(LEFT_SW, INPUT);              // 왼쪽 이동 스위치
	pinMode(RIGHT_SW, INPUT);             // 오른쪽 이동 스위치

	// 게임 도로(장애물) 저장(패턴 21 x 8행 = 168행)
	for(j = 0;j < PAT_NO;j++){
		for(i = 0;i < 8;i++)
			dot_gval[j * 8 + i] = pgm_read_byte(&racing[j][i]);
	}

	for(k = 0;k < 8;k++) dot_time[k] = 0x0;        // 시간 표시 단색 도트 매트릭스 클리어

	// 타이머1 인터럽트 주기 및 인터럽트 함수 설정
	Timer1.initialize(1000);                       // 인터럽트 1ms 주기 설정
	Timer1.attachInterrupt(one_msec);              // 인터럽트 함수 one_msec()

	clear_disp();                                  // 단색, 3색 도트 매트릭스 클리어
}

// 반복 처리 함수
void loop()
{
	ctrl = 0;                             // 게임 정지 상태
	level = 0;                            // 레벨 0(0~5)
	time_cnt = 0;                         // 동작중 1ms 단위 경과 시간
	scroll_cnt = 0;                       // 스크롤 카운터 변수 리셋
	car_x = 4;                            // 자동차 초기 수평 위치
	p_no = 160;                           // 게임 초기 화면 맨 위 출력행 배열 번호
	                                      // (160행 ~ 167행 표시)
	sec = 0;                              // 운행 시간 초값
	minn = 0;                             // 운행 시간 분값

	o_sw[0] = o_sw[1] = o_sw[2] = HIGH;   // 3개의 스위치 상태 초기 값(OFF)

	clear_disp();                         // 단색, 3색 도트 매트릭스 클리어
	time_disp();                          // 경과 시간 표시(단색 도트 매트릭스)
	ready_disp();                         // "Racing Ready!" 표시 함수
```

```
    while(digitalRead(STOP_SW) == 1);

    ctrl = 1;                          // 카운트 다운 상태
    count_down();                      // 카운드 다운 함수 호출

    play_no = 0;                       // 연주 음계 번호 리셋
    ctrl = 2;                          // 게임 시작
    bicolor_disp();

    while(ctrl < 3){                   // 게임 종료가 아니면
        sw_check();                    // 조작 스위치 체크

        if(time_chk == 1) {            // 시간 표시 변수 셋 상태이면
            time_chk = 0;              // 시간 표시 변수 리셋
            time_disp();               // 시같 표시 함수 호출
            sw_check();                // 스위치 체크 함수 호출
        }

        if(down_chk == 1){             // 스크롤 다운 변수 셋이면 실행
            down_chk = 0;              // 스크롤 다운 변수 리셋

            if(p_no == 0) p_no = 160;  // 전부 다 표시했으면 처음부터 다시 표시
            else p_no = p_no - 1;      // 표시 시작행 -1(표시 시작행)

            bicolor_disp();            // 게임 화면(3색 도트 매트릭스) 표시
            car_crash();               // 자동차 충돌 검사
        }
    }

    level = 3;                         // 연주 속도를 위해 레벨 3으로 설정
    if(ctrl == 3) success_disp();      // 성공 표시
    else end_disp();                   // 게임 종료 표시

    delay(700);                        // 700ms 대기
    noTone(7);                         // 음 출력 정지
}

// 카운트 다운 표시 및 연주
void count_down()
{
    count_jcnt = 0;                    // 1ms 카운트 변수 리셋(count_jcnt 아닌지 확인)
    count_j = 0;                       // 카운트 다운 진행 변수(0~3)
    play_no = 0;                       // 연주 음계 번호 리셋(처음부터)

    while(count_j < 4){
        count_disp(0); while(play_no < 2);          // '3' 표시
        count_disp(1); while(play_no < 4);          // '2' 표시
        count_disp(2); while(play_no < 6);          // '1' 표시
        count_disp(3); while(play_no != 1);         // 'GO' 표시
```

```
    }
}

// 자동차 충돌 검사 함수
void car_crash()
{
    byte  kk;

    kk = p_no + 7;     // p_no(게임화면 맨 위 표시 패턴 번호) + 7 -> 맨 아래 표시 패턴 번호

    // 자동차 위치에 장애물이 있는지(같은 위치 비트가 모두 1) 체크
    if((dot_gval[kk] & car_val[car_x]) != 0) {       // 자동차와 장애물 충돌 상태이면
        ctrl = 4;                                     // 게임 종료
        noTone(7);                                    // 스피커 출력 정지
    }
}

// 게임 표시 화면(3색 도트 매트릭스), 시간 표시 화면(단색 도트 매트릭스) 클리어
void clear_disp()
{
    bicolor.clear();                                  // 게임 표시 화면(3색 도트 매트릭스) 클리어
    bicolor.setBrightness(3);                         // 밝기 3 설정(0~15)
    bicolor.writeDisplay();                           // 표시

    matrix.clear();                                   // 시간 표시 화면(단색 도트 매트릭스) 클리어
    matrix.setBrightness(3);                          // 밝기 3 설정(0~15)
    matrix.writeDisplay();                            // 표시
}

// 게임 화면(3색 도트 매트릭스) 표시
void bicolor_disp()
{
    bicolor.clear();                                  // 게임 표시 화면(3색 도트 매트릭스) 클리어
    bicolor.drawBitmap(0, 0, &dot_gval[p_no], 8, 8, LED_GREEN);  // 도로 메모리 설정(녹색)
    bicolor.drawBitmap(0, 7, &car_val[car_x], 8, 1, LED_RED);    // 자동차 표시 설정(적색)
    bicolor.writeDisplay();                                      // 표시
}

// 게임 준비 화면 표시
void ready_disp(void)
{
    bicolor.setTextSize(1);                           // 글자 크기 6x8
    bicolor.setTextWrap(false);                       // 스크롤 표시되도록  설정
    bicolor.setTextColor(LED_RED);                    // 글자색 적색 설정

    // "Racing Ready!" 왼쪽으로 흘러가며 표시
    for(int x=0; x>=-71; x--) {
        bicolor.clear();                              //표시 클리어
        bicolor.setCursor(x,0);                       // 커서 (x, 0) 위치 : 첫 문자 'R'의 좌상귀 좌표
                                                      // 표시는 (0,0)-(7,7) 부분
```

```
            bicolor.print("Racing Ready!");              // 표시 문자열 설정
            bicolor.writeDisplay();                       // 표시
            delay(50);                                    // 50ms 대기
        }
}

// 시작 카운트 다운 표시 함수
void count_disp(byte kk)
{
        // kk번째 카운트 다운 패턴 적색 설정
        bicolor.clear();                                          // 3색 도트 매트릭스 메모리 클리어
        bicolor.drawBitmap(0, 0, count_pat[kk], 8, 8, LED_RED);

        // 3번째 카운트 다운 표시 문자 'G' 적색 + 'O' 녹색  표시
        if(kk == 3) bicolor.drawBitmap(0, 0, count_pat[4], 8, 8, LED_GREEN);
        bicolor.writeDisplay();                                   // 표시
}

// 성공 표시 함수
void success_disp(void)
{
        bicolor.setTextSize(1);                                   // 글자 크기 6x8
        bicolor.setTextWrap(false);                               // 스크롤 표시되도록  설정
        bicolor.setTextColor(LED_RED);                            // 클자색 적색 설정

        for(int x=0; x>=-84; x--) {
            bicolor.clear();                                      //표시 클리어
            bicolor.setCursor(x,0);                       // 커서 (x, 0) 위치 : 첫 문자 'C'의 좌상귀 좌표
                                                                  // 표시는 (0,0)-(7,7) 부분
            bicolor.print("Congratulation");                      // 표시 문자열 설정
            bicolor.writeDisplay();                               // 표시
            delay(50);                                            // 50ms 대기
        }
}

// 게임 종료(실패) 표시 함수
void end_disp(void)
{
        int x;

        bicolor.setTextSize(1);                                   // 글자 크기 6x8
        bicolor.setTextWrap(false);                               // 스크롤 표시되도록  설정
        bicolor.setTextColor(LED_RED);                            // 클자색 적색 설정

        for(x=0; x>=-46; x--) {                                   // 한 칸씩 이동하면서 표사
            bicolor.clear();                                      // 표시 클리어
            bicolor.setCursor(x,0);                       // 커서 (x, 0) 위치 : 첫 문자 'C'의 좌상귀 좌표
                                                                  // 표시는 (0,0)-(7,7) 부분
            bicolor.print("Game Over");
            bicolor.writeDisplay();                               // 표시
```

```
            delay(100);                                // 50ms 대기
      }
}

// 시간 표시 함수
void time_disp(void)
{
      byte  s10, s1, k;

      s10 = sec / 10;                                  // 초 10자리 추출
      s1 = sec % 10;                                   // 초 1자리 추출

      // 단색 도트 매트릭스 맨 위 행에 LED 갯수로 분 표시
      dot_time[0] = pgm_read_byte(&min_pat[minn]);

      // 3행부터 7행까지 초값 패턴 단색 도트 매트릭스 표시
      for(k = 0;k < 5;k++){
            dot_time[k + 3] = pgm_read_byte(&num_pat[s10][k]) << 4; // 초 10자리 왼쪽 4열
            dot_time[k + 3] |= pgm_read_byte(&num_pat[s1][k]);      // 초 1자리 오른쪽 4열
      }

      // 단색 도트 매트릭스
      matrix.clear();                                          // 클리어
      matrix.drawBitmap(0, 0, dot_time, 8, 8, LED_ON);         // 시간 표시 배열 메모리 저장
      matrix.writeDisplay();                                   // 표시
}

// 3개 조작 스위치 입력 체크 함수
void sw_check()
{
    n_sw[0] = digitalRead(STOP_SW);                    // 일시 정지 스위치 읽기
    n_sw[1] = digitalRead(LEFT_SW);                    // 자동차 왼쪽 이동 스위치 읽기
    n_sw[2] = digitalRead(RIGHT_SW);                   // 자동차 오른쪽 이동 스위치 읽기

    if (n_sw[0] == LOW && o_sw[0] == HIGH){            // 일시 정지 스위치 OFF -> ON 이면
        if(ctrl == 2) ctrl = 0;                        // 동작 -> 정지
        else ctrl = 2;                                 // 정지 -> 동작
    }
    else if (n_sw[1] == LOW && o_sw[1] == HIGH)  // 왼쪽 이동 스위치 OFF -> ON 이면
                                    left_move();  // 왼쪽 이동
    else if (n_sw[2] == LOW && o_sw[2] == HIGH)  // 오른쪽 이동 스위치 OFF -> ON 이면
                                    right_move(); // 오른쪽 이동

    // 스위치 현재 상태를 이전 상태값으로 저장
    o_sw[0] = n_sw[0];                                 // 일시 정지 스위치
    o_sw[1] = n_sw[1];                                 // 왼쪽 이동 스위치
    o_sw[2] = n_sw[2];                                 // 오른쪽 이동 스위치
}

// 자동차 왼쪽 이동 함수
```

```
void left_move(void)
{
      byte  tmp1, tmp2;
      byte  car_no;

      if(car_x == 0) return;              // 자동차가 도트 매트릭스 맨 왼쪽에 위치해 있으면 리턴

      tmp1 = car_x - 1;                   // 왼쪽 이동 좌표 계산
      car_no = p_no + 7;                  // 자동차 위치 행 배열 번호(도트 매트릭스 맨 아래 행)

      tmp2 = dot_gval[car_no] & car_val[tmp1];  // 충돌 체크(자동차 위치에 장애물 있는지 체크)

      if(tmp2 != 0) return;               // 충돌 상태면 리턴

      car_x = tmp1;                       // 자동차 새 좌표 저장
      bicolor_disp();                     // 3색 도트 매트릭스 화면 새로 표시
}

// 자동차 오른쪽 한 칸 이동
void right_move(void)
{
      byte  tmp1, tmp2;
      byte  car_no;

      if(car_x == 7) return;              // 자동차 도트 매트릭스 맨 오른쪽 칸에 위치해 있으면 리턴

      tmp1 = car_x + 1;                   // 자동차 한 칸 오른쪽 이동 좌표
      car_no = p_no + 7;                  // 자동차 위치 행 배열 번호(도트 매트릭스 맨 아래 행)
      tmp2 = dot_gval[car_no] & car_val[tmp1];  // 충돌 체크(자동차 위치에 장애물 있는지 체크)

      if(tmp2 != 0) return;               // 충돌 상태면 리턴

      car_x = tmp1;                       // 자동차 새 좌표 저장
      bicolor_disp();                     // 3색 도트 매트릭스 화면 새로 표시
}

// 타이머1 1ms 주기 인터럽트 함수
void one_msec(void)
{
       int  play_note;                              // 연주 음계 번호

       if(ctrl == 0) return;                        // 일시 정지 상태이면 리턴

       count_cnt++;                                 // 1ms 카운터 +1(연주용)

       if(ctrl == 1) {                              // 카운트 다운 중
              count_jcnt++;                         // 카운트 다운 동작 1ms 카운터 +1

              // 카운터 다운 동작 카운터 변수의 값이 현재 레벨의 설정 시간이 되면
              // 카운트 다운 한 단계 진행
```

```
        if(count_jcnt >= pgm_read_word(&scroll_speed[level])){
            count_jcnt = 0;                 // 카운트 다운 동작 1ms 카운터 +1
            count_j++;                      // 카운트 다운 한 단계 진행
        }
}
else  if(ctrl == 2){                        // 게임 동작 상태
        scroll_cnt++;                       // 1ms 단위 스크롤 카운터 변수 +1

        // 스크롤 카운터 변수의 값이 현재 레벨의 설정 시간이 되면 게임 화면 스크롤 다운
        if(scroll_cnt >= pgm_read_word(&scroll_speed[level])){
            scroll_cnt = 0;                 // 스크롤 카운터 변수 리셋
            down_chk = 1;                   // 도로 한 칸 이동변수 셋
        }

        time_cnt++;                         // 1ms 카운터 +1
        if(time_cnt >= 1000){               // 1초 경과?
            time_cnt = 0;                   // 1ms 카운터 리셋
            time_chk = 1;                   // 시간 표시 변수 셋

            sec++;                          // 초값 +1
            if(sec == 60){                  // 초값 60이면
                sec = 0;                    // 초값 리셋
                minn++;                     // 분값 +1
            }

            // 20초 단위로 레벨 1씩 증가(0~5, 반복)
            if((sec % 20) == 0) level = (level + 1) % 6;

            if(minn >= 5) ctrl = 3;         // 5분 경과면 게임 클리어 성공(확인)
        }
}

// 1ms 카운터 값이 현재 레벨의 연주 시간(1박자)과 같으면 박자 카운터 +1
if(count_cnt >= pgm_read_byte(&num[level])) {
        play_time++;                                // 박자 카운터 +1
        count_cnt = 0;                              // 1ms 카운터 리셋
}

if(ctrl == 1){                                      // 카운트 다운 상태
        if(play_time >= pgm_read_byte(&note1_len[play_no])){
            play_time = 0;                          // 박자 카운터 리셋
            play_no = (play_no + 1) % 8;            // 연주 음계 번호 +1(8개 반복)
            play_note = pgm_read_word(&note1[play_no]);

            if(play_note == NONE) noTone(7);        // 쉼표
            else tone(7, play_note);                // 음계 출력
        }
}
else if(ctrl == 2){     // 게임 동작 상태
        if(play_time >= pgm_read_byte(&note2_len[play_no])){
```

```
            play_time = 0;                          // 박자 카운터 리셋
            play_no++;                              // 연주 음계 번호 +1
            if(play_no == 328) play_no = 0;         // 연주 끝이면 처음부터

            // 연주 음계 읽기
            play_note = pgm_read_word(&note2[play_no]);

            if(play_note == NONE) noTone(7);        // 쉼표
            else tone(7, play_note);                // 음계 출력
        }
    }
    else if(ctrl == 3){         // Congratulation
        if(play_time >= pgm_read_byte(&note3_len[play_no])){
            play_time = 0;                          // 박자 카운터 리셋
            play_no++;                              // 연주 음계 번호 +1
            if(play_no == 98) play_no = 0;          // 연주 끝이면 처음부터

            // 연주 음계 읽기
            play_note = pgm_read_word(&note3[play_no]);

            if(play_note == NONE) noTone(7);        // 쉼표
            else tone(7, play_note);                // 음계 출력
        }
    }
    else {                      // 게임 종료 상태(자전거 연주)
        if(play_time >= pgm_read_byte(&note4_len[play_no])){
            play_time = 0;                          // 박자 카운터 리셋
            play_no++;                              // 연주 음계 번호 +1
            if(play_no == 107) play_no = 0;         // 연주 끝이면 처음부터

            // 연주 음계 읽기
            play_note = pgm_read_word(&note4[play_no]);

            if(play_note == NONE) noTone(7);        // 쉼표
            else tone(7, play_note);                // 음계 출력
        }
    }
}
```

```
/***************************************************
 * pitches.h
 * Public Constants
 ***************************************************/

#define NOTE_B0  31
#define NOTE_C1  33
#define NOTE_CS1 35
#define NOTE_D1  37
#define NOTE_DS1 39
#define NOTE_E1  41
#define NOTE_F1  44
#define NOTE_FS1 46
#define NOTE_G1  49
#define NOTE_GS1 52
#define NOTE_A1  55
#define NOTE_AS1 58
#define NOTE_B1  62
#define NOTE_C2  65
#define NOTE_CS2 69
#define NOTE_D2  73
#define NOTE_DS2 78
#define NOTE_E2  82
#define NOTE_F2  87
#define NOTE_FS2 93
#define NOTE_G2  98
#define NOTE_GS2 104
#define NOTE_A2  110
#define NOTE_AS2 117
#define NOTE_B2  123
#define NOTE_C3  131
#define NOTE_CS3 139
#define NOTE_D3  147
#define NOTE_DS3 156
#define NOTE_E3  165
#define NOTE_F3  175
#define NOTE_FS3 185
#define NOTE_G3  196
#define NOTE_GS3 208
#define NOTE_A3  220
#define NOTE_AS3 233
#define NOTE_B3  247
#define NOTE_C4  262
#define NOTE_CS4 277
#define NOTE_D4  294
#define NOTE_DS4 311
#define NOTE_E4  330
#define NOTE_F4  349
#define NOTE_FS4 370
```

```
#define NOTE_G4  392
#define NOTE_GS4 415
#define NOTE_A4  440
#define NOTE_AS4 466
#define NOTE_B4  494
#define NOTE_C5  523
#define NOTE_CS5 554
#define NOTE_D5  587
#define NOTE_DS5 622
#define NOTE_E5  659
#define NOTE_F5  698
#define NOTE_FS5 740
#define NOTE_G5  784
#define NOTE_GS5 831
#define NOTE_A5  880
#define NOTE_AS5 932
#define NOTE_B5  988
#define NOTE_C6  1047
#define NOTE_CS6 1109
#define NOTE_D6  1175
#define NOTE_DS6 1245
#define NOTE_E6  1319
#define NOTE_F6  1397
#define NOTE_FS6 1480
#define NOTE_G6  1568
#define NOTE_GS6 1661
#define NOTE_A6  1760
#define NOTE_AS6 1865
#define NOTE_B6  1976
#define NOTE_C7  2093
#define NOTE_CS7 2217
#define NOTE_D7  2349
#define NOTE_DS7 2489
#define NOTE_E7  2637
#define NOTE_F7  2794
#define NOTE_FS7 2960
#define NOTE_G7  3136
#define NOTE_GS7 3322
#define NOTE_A7  3520
#define NOTE_AS7 3729
#define NOTE_B7  3951
#define NOTE_C8  4186
#define NOTE_CS8 4435
#define NOTE_D8  4699
#define NOTE_DS8 4978
```

(a) 카운트 다운 (b) 'GO' 표시 (c) 23초 경과

[그림 7-8] 실행 결과

Memo.

Chapter

08

테트리스

08 Chapter 테트리스

이 장에서는 [그림 8-1]과 같이 테트리스 게임을 구현하는 프로그램을 작성해보자.

단색 도트 매트릭스 　　　　 3색 도트 매트릭스

- 단색 도트 매트릭스 : 다음 블록(1~3행)과 지운 줄 수(4~8행) 표시
- 3색 도트 매트릭스 : 테트리스 게임 화면 표시
  (적색 : 떨어진 블록, 녹색 : 하강 중인 블록)

- D4(UP_SW) 연결 스위치 : 블록 회전
- D5(DOWN_SW) 연결 스위치 : 블록 하강
- D2(LEFT_SW) 연결 스위치 : 블록 왼쪽 이동
- D3(RIGHT_SW) 연결 스위치 : 블록 오른쪽 이동

[그림 8-1] 테트리스 게임

- **4x5 숫자 패턴**

단색 도트 매트릭스에 지운 줄 수를 표시하기 위해 [그림 8-2]와 같은 4x5 숫자 패턴을 작성하여 표시한다.

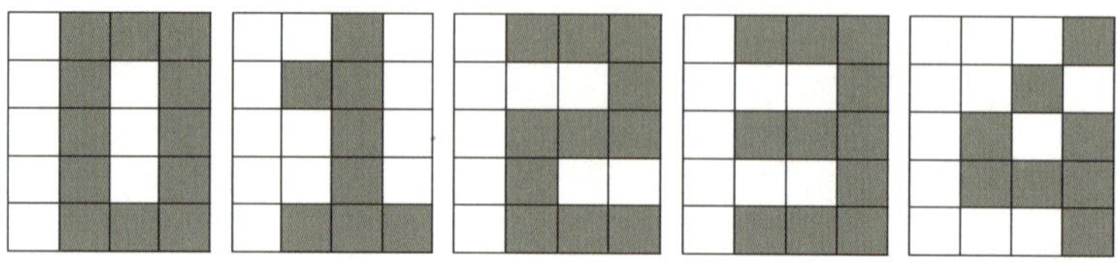

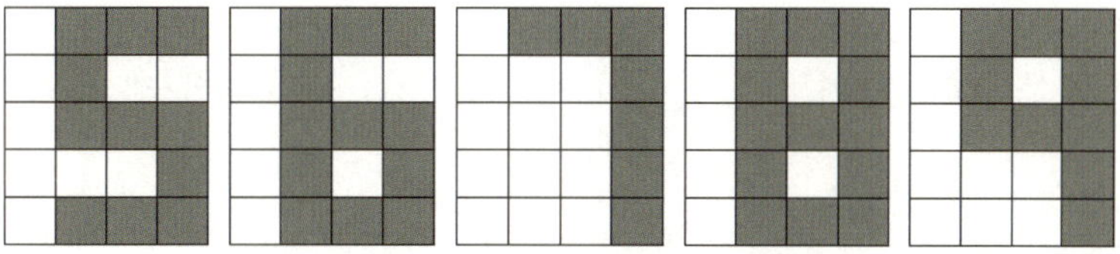

[그림 8-2] 4x5 숫자 패턴

- **기본 블록**

[그림 8-3]과 같은 3x3 크기의 8개 블록을 사용한다.

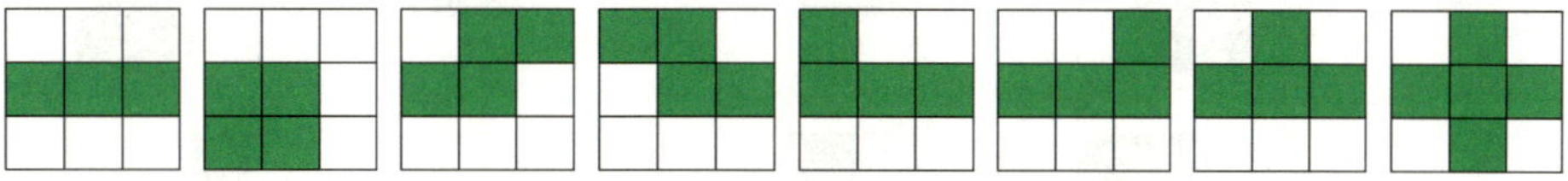

[그림 8-3] 8개 기본 블록

● 회전 블록

기본 블록들을 90도 단위로 회전시켜 생성한 3x3 크기의 32개 블록을 사용한다.

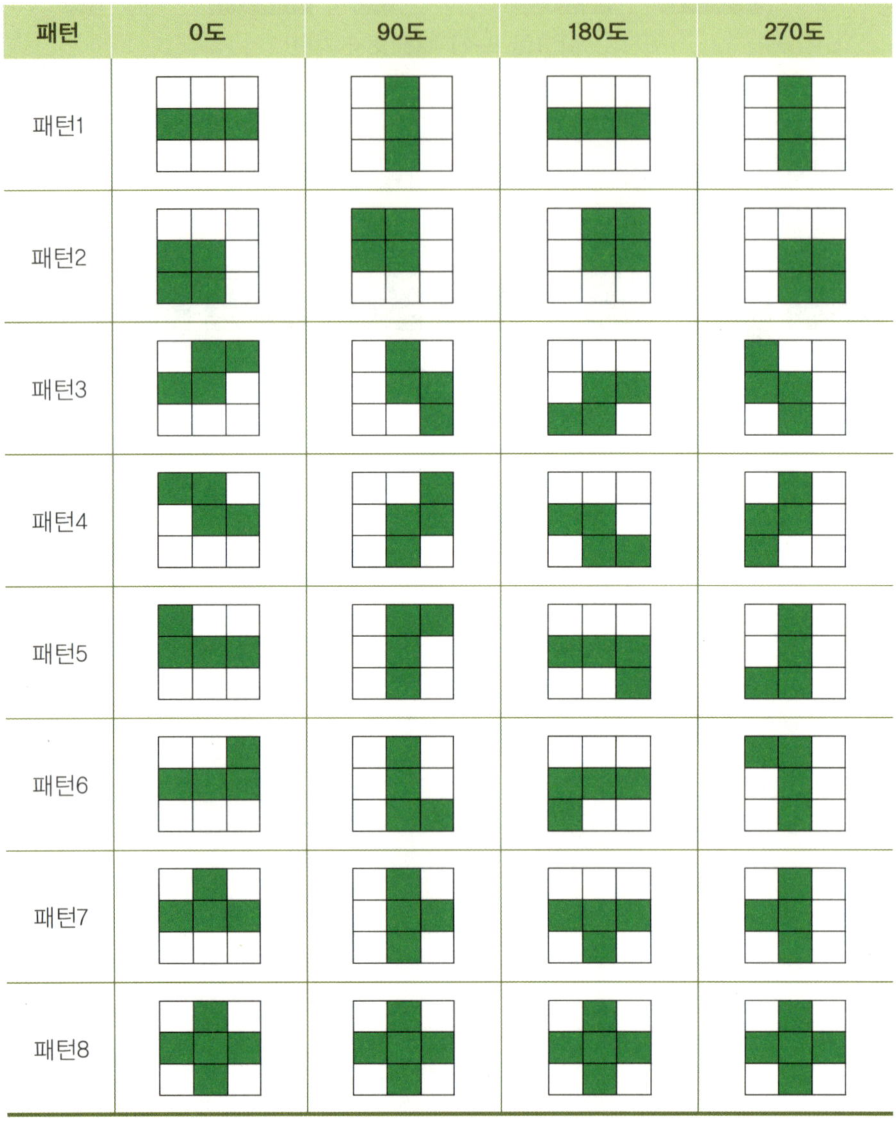

[그림 8-4] 회전 블록

● **외곽벽 설정**

도트 매트릭스 좌우 그리고 아래에 블록의 이동을 막기 위해 [그림 8-5]와 같이 외곽벽을 설정한다.

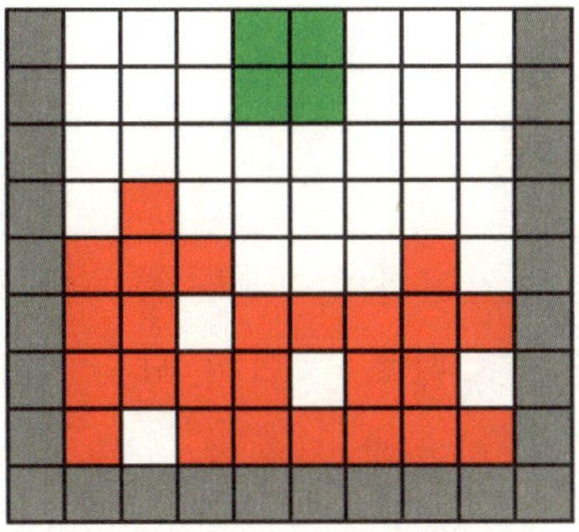

[그림 8-5] 벽 설정

● **떨어진 블록과 하강 블록 데이터 분리**

하강하여 더 이상 움직일 수 없는 블록과 하강 중인 이동 블록을 저장하는 배열을 다음과 같이 각각 별도로 정의하여 사용한다.

- dsp_block[9][10] : 하강을 마친 움직이지 않는 블록과 외곽벽 데이터 저장
- mov_block[9][10] : 하강 중인 블록 데이터 저장

표시할 때는 벽을 제외한 부분에 대해 움직이지 않는 블록은 적색으로, 하강 중인 블록은 녹색으로 합성하여 표시한다.

● **하강 블록 초기 위치**

하강 블록의 초기 위치는 [그림 8-6]과 같이 3x3 블록의 좌상귀 위치가 (3, 0)에 위치하도록 하고, 이 3x3 영역에 떨어진 블록이 하나라도 있는 경우에는 게임을 종료한다.

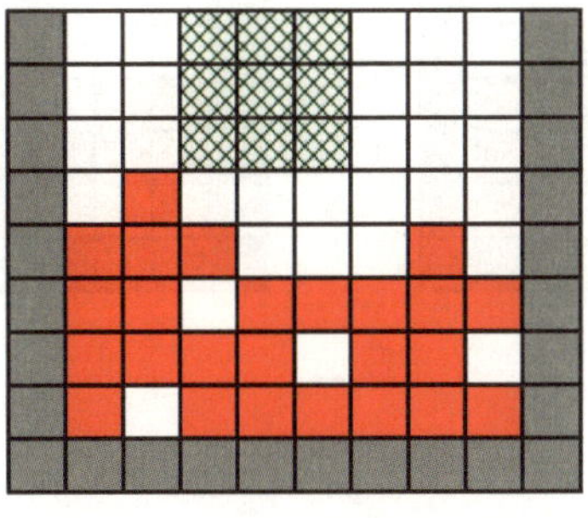

[그림 8-6] 하강 블록 초기 위치

- **하강 블록 자유 낙하**

스위치 조작 없이 하강 블록을 아래로 움직이는 이동 속도는 다음과 같은 수식에 따라 설정한다.

- 이동 블록의 이동 속도 : 50ms x t_limit (초기값 30)
- 10줄 지울 때마다 t_limit = t_limit - 2 (2씩 감소, 10 하한값)

- **다음 블록 설정**

다음 블록 설정은 2중으로 처리하며, 다음 블록은 현재 단색 도트 매트릭스에 표시되고 바로 다음에 사용될 블록을 의미한다. 그리고 다다음 블록은 단색 도트 매트릭스에 표시된 블록 다음에 사용할 블록 후보를 의미하며, 다음 블록이 사용된 시점에서 다다음 블록을 다음 블록으로 전환해 주어야 한다. 다다음 블록 설정에는 타이머1에 의해 50ms 마다 인터럽트가 발생하면 다다음 블록 번호를 1씩 증가하여 0~7의 값을 갖게 하고, 다음 블록이 사용되는 시점에서 다음 블록으로 바뀌게 된다. 만일 다다음 블록이 다음 블록으로 바뀌는 시점에서 이전의 블록과 같은 경우에는 다다음 블록 번호를 1 증가시켜 같은 블록이 연속해서 출력되지 않도록 한다.

- **떨어진 블록 지우기**

이동 블록(녹색)이 아래로 내려와 더 이상 이동할 수 없게 되면 정지 블록이 되고, 한 행에 블록이 모두 채워져 11111111의 값을 갖게 되면 그 행을 제거한다.

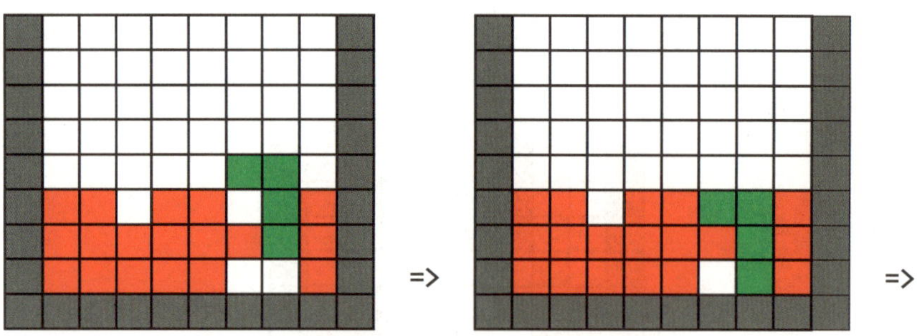

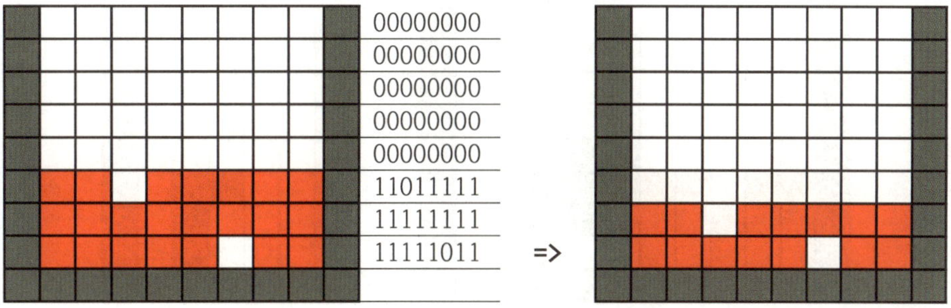

[그림 8-7] 떨어진 블록 지우기

- **하강 블록 이동 체크**

하강 중인 블록이 이동 방향으로 이동하는 경우 이동 블록 영역(3x3)에 대해 정지 블록과 이동 블록이 겹치는 부분이 있는지 조사하여 이동 가능 여부를 체크한다.

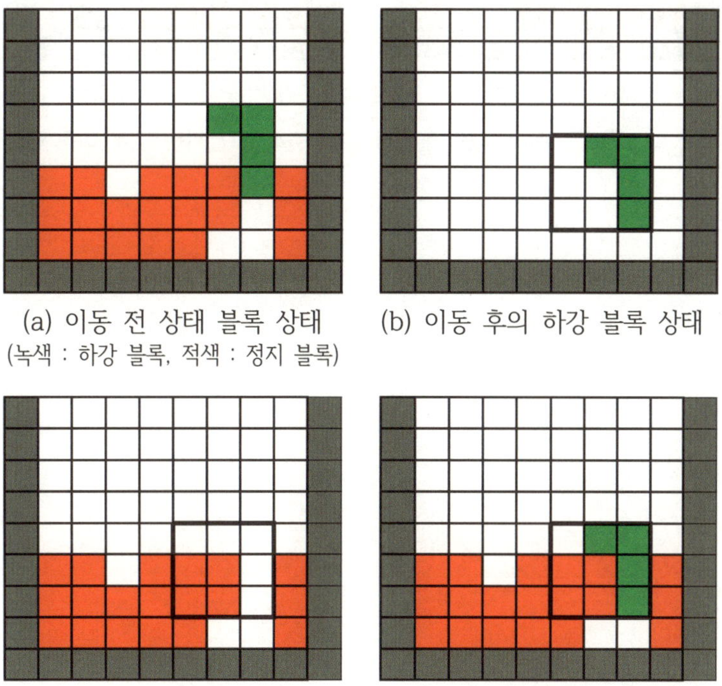

(a) 이동 전 상태 블록 상태
(녹색 : 하강 블록, 적색 : 정지 블록)

(b) 이동 후의 하강 블록 상태

(c) 정지 블록

(d) 이동 후 블록 겹치지 않음

[그림 8-8] 이동 후의 이동 블록과 정지 블록이 겹치지 않는 경우(이동 가능)

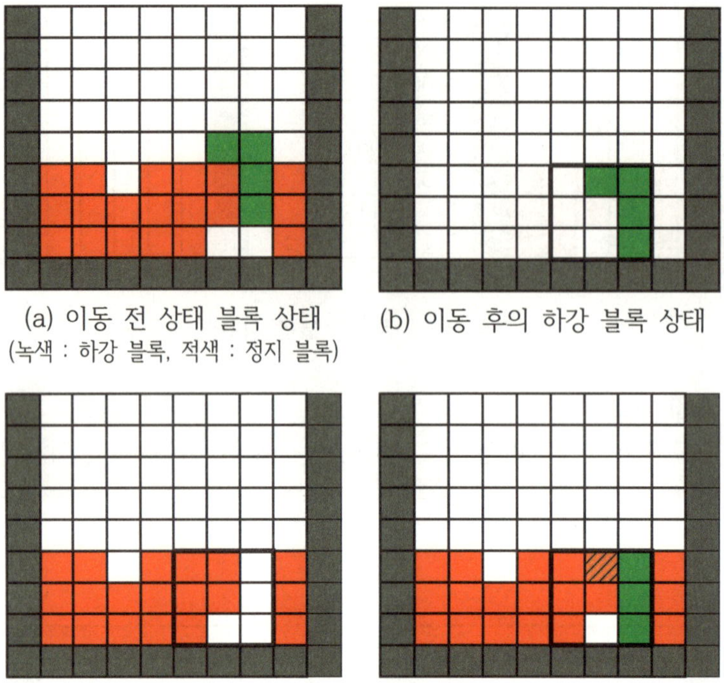

(a) 이동 전 상태 블록 상태
(녹색 : 하강 블록, 적색 : 정지 블록)

(b) 이동 후의 하강 블록 상태

(c) 정지 블록

(d) 이동 후 한 개의 블록 겹침

[그림 8-9] 이동 후의 이동 블록과 정지 블록이 겹치는 경우(이동 불가)

❶	`// tetris`
	`#include "Adafruit_LEDBackpack.h"`
	`#include <TimerOne.h>`
	
	`const int UP_SW = 4;          // UP 스위치 아두이노 연결핀`
	`const int DOWN_SW = 5;        // DOWN 스위치 아두이노 연결핀`
	`const int LEFT_SW = 2;        // LEFT 스위치 아두이노 연결핀`
	`const int RIGHT_SW = 3;       // RIGHT 스위치 아두이노 연결핀`

❷	`// 도트 매트릭스 객체 생성`
	`Adafruit_BicolorMatrix bicolor = Adafruit_BicolorMatrix();   // 3색 도트 매트릭스`
	`Adafruit_8x8matrix matrix = Adafruit_8x8matrix();           // 단색 도트 매트릭스`

❸	`static const byte PROGMEM`
	`    num_pat[10][5] ={                  // 클리어 라인 수 표시 4x5패턴(0~9)`
	`        {0x07,0x05,0x05,0x05,0x07},    // 0`
	`        {0x02,0x06,0x02,0x02,0x07},    // 1`
	`        {0x07,0x01,0x07,0x04,0x07},    // 2`
	`        {0x07,0x01,0x07,0x01,0x07},    // 3`
	`        {0x01,0x02,0x05,0x07,0x01},    // 4`
	`        {0x07,0x04,0x07,0x01,0x07},    // 5`
	`        {0x07,0x04,0x07,0x05,0x07},    // 6`
	`        {0x07,0x01,0x01,0x01,0x01},    // 7`
	`        {0x07,0x05,0x07,0x05,0x07},    // 8`
	`        {0x07,0x05,0x07,0x01,0x01}},   // 9`

❹	`    block[8][4][3][3] ={              // 블럭 패턴([종류][각도][행][열])`
	`        {{{0,0,0},{1,1,1},{0,0,0}},    // 0`
	`         {{0,1,0},{0,1,0},{0,1,0}},`
	`         {{0,0,0},{1,1,1},{0,0,0}},`
	`         {{0,1,0},{0,1,0},{0,1,0}}},`
	`        ~~~~~~~~~~~~~~~~~~~~~~~~~~~~~~~~`
	`        {{{0,1,0},{1,1,1},{0,1,0}},    // 7`
	`         {{0,1,0},{1,1,1},{0,1,0}},`
	`         {{0,1,0},{1,1,1},{0,1,0}},`
	`         {{0,1,0},{1,1,1},{0,1,0}}}};`

❺	`byte  nxt_blk[3];          // 다음 블럭 패턴 저장 배열(단색 도트 매트릭스 표시)`
	`byte  clr_line[5];         // 클리어 라인수 패턴 저장 배열(단색 도트 매트릭스 표시)`
	`byte  dot_rval[8];                 // 떨어진 블럭 저장 배열(3색 도트 매트릭스 표시)`
	`byte  dot_gval[8];                 // 떨어지는 블럭 저장 배열(3색 도트 매트릭스 표시)`
	`byte  play = 0;                    // 게임 시작(0:대기, 1:시작)`
	`byte  clear_line = 0;              // 현재 스테이지에서 지운 라인수`

❶	- I2C Adafruit Dot Matrix와 타이머1을 사용하기 위한 헤더 파일 - 4개 조작 스위치 아두이노 연결핀
❷	- 단색 컬러 8x8 도트 매트릭스 객체 생성 : matrix - 3색 8x8 도트 매트릭스 객체 생성 : bicolor
❸	- 숫자 0~9 표시 패턴(4x5)
❹	- 8개 블록 패턴별 회전 패턴(0도, 90도, 180도, 270도)
❺	**<사용자 변수>** - 다음 블록 패턴 저장 배열(단색 도트 매트릭스 표시) - 클리어시킨 라인 수 표시 패턴 저장 배열 - 떨어진 블록 저장 배열(3색 도트 매트릭스 적색 표시) - 떨어지는 블록 저장 배열(3색 도트 매트릭스 녹색 표시) - 게임 시작/정지 변수 - 클리어 라인 수

❶

```
byte   pat = 0;                          // 현재 블럭 패턴 번호
byte   next_pat = 0;                     // 다음 블럭 패턴 번호
byte   by = 0;                           // 하강 블럭 좌상 Y좌표
byte   bx = 3;                           // 하강 블럭 좌상 X좌표
byte   turn = 0;                         // 현재 블럭 패턴 회전 번호
byte   t_limit;                          // 블럭 이동 시간 조절
volatile byte  pat_cnt;          // 다음 블럭 패턴 번호 후보(타이머1 인터럽트에서 계속 갱신)
volatile byte  down_cnt;                 // 이동속도 카운터 변수

byte   mov_block[9][10];                 // 내려오고 있는 블럭 데이터 저장
byte   dsp_block[9][10];                 // 기본틀 + 내려온 블럭 데이터 저장
byte   old_sw[4], sw[4];                 // 스위치 상태 저장 변수
```

❷

```
void   anysw_disp(void);                 // "Press Any Switch" 표시
int   any_sw();                          // 시작을 위한 스위치 체크 함수
void game_play(void);                    // 게임 플레이
void stage_out();                        // 테트리스 기본틀(초기화면) 설정
void sw_check();                         // 스위치 입력 체크 함수
byte block_check(int ox, int oy);        // 떨어진 블럭과 움직이는 블럭 충돌 체크
                                         // ox : bx와의 차이값, oy : by와의 차이값
void   block_clear(void);                // 내려오는 블럭 데이터 저장 테이블 클리어
void   block_copy(void);                 // 내려오는 블럭 데이터 설정
void   line_erase(void);                 // 채워진 줄 제거하기
void block_rotate(void);                 // UP 스위치 처리 함수 : 블럭 회전
void block_down(void);                   // Down 스위치 처리 함수 : 블럭 한 줄 내리기
void block_left(void);                   // LEFT 스위치 처리 함수 : 블럭 왼쪽 이동
void block_right(void);                  // RIGHT 스위치 처리 함수 : 블럭 오른쪽 이동
void matrix_disp();                      // 단색 도트 매트릭스 표시(다음 블록, 클리어 라인수)
void block_disp();                       // 떨어진 블럭과 움직이는 블럭 합성하여 표시
void fail_disp(void);                    // "Fail !" 표시
```

❶	- 블록 현재, 다음 패턴 번호 - 블록 좌상귀 x, y 좌표, 블록 회전 번호(0~3) - 다음 블록 후보(타이머1에 인터럽트에서 자동적으로 계속 바뀐 후 결정) - 이동 속도 카운터 변수 - 내려오는 블록 저장 배열 - 기본 틀 + 내려온 블록 저장 배열 - 4개 스위치 이전, 현재 상태 저장 변수
❷	**<사용자 정의 함수>** - "Press Any Switch" 표시 함수 - 시작을 위한 스위치 입력 체크 함수 - 게임 진행 함수 - 테트리스 기본 틀 설정 함수 - 조작 스위치 입력 체크 함수 - 현재 내려오고 있는 블록에 인자로 건네지는 값만큼 x, y 방향으로 이동했을 때 떨어진 블록과 충돌하는지 체크하는 함수 - 내려오는 블록 저장 배열 클리어 함수 - 다음 블록을 내려오는 블록 저장 배열에 저장 함수 - 채워진 줄 제거 함수 - 블록 회전 함수 - 블록 한 줄 내리기 함수 - 블록 왼쪽 이동 처리 함수 - 블록 오른쪽 이동 처리 함수 - 다음 블록과 클리어 시킨 라인수 표시 함수(단색 도트 매트릭스) - 떨어진 블록과 내려오는 블록을 합성하여 표시하는 함수 - "Fail!" 표시 함수

❶	```
	// 초기설정 함수
	void setup()
	{
	 matrix.begin(0x71); // 단색 도트 매트릭스 초기화
	 bicolor.begin(0x70); // 3색 도트 매트릭스 초기화
	
	 pinMode(UP_SW, INPUT); // 4번핀 입력 방향 설정
	 pinMode(DOWN_SW, INPUT); // 5번핀 입력 방향 설정
	 pinMode(LEFT_SW, INPUT); // 2번핀 입력 방향 설정
	 pinMode(RIGHT_SW, INPUT); // 3번핀 입력 방향 설정
	
	 // 단색 도트 매트릭스 클리어
	 matrix.clear();
	 matrix.writeDisplay();
	
	 // 3색 도트 매트릭스 클리어
	 bicolor.clear();
	 bicolor.writeDisplay();
	
	 Timer1.initialize(50000); // 타이머1 인터럽트 주기 50ms 설정
	 Timer1.attachInterrupt(block_falling); // 타이머1 인터럽트 함수 설정
	}
	``

❷	```
	// 반복 실행 함수
	void loop()
	{
	 while(1){
	  anysw_disp(); // "Press Any Switch" 표시
	
	  while(any_sw() == 0){ // 스위치 눌려질 때까지 대기
	   pat = next_pat; // 새로 나올 블럭을 계속 변경.
	   next_pat = pat_cnt; // 다음 블럭은 다음 패턴 후보값으로
	   if(pat == next_pat) next_pat = (next_pat + 1) % 8;
	  }
	  game_play(); // 플레이 시작
	 }
	}
	``

❶	**<초기설정 함수>** - 단색, 3색 도트 매트릭스 초기화 및 클리어 - 4개 사용 스위치 연결핀 입력 방향 설정 - 타이머1 50ms 인터럽트 주기 및 인터럽트 함수 설정
❷	**<반복처리 함수>** - "Press Any Swtich" 표시 함수 호출 - 시작 스위치 입력 체크 함수 호출하여 스위치가 눌려질 때까지 첫 번째 내려올 패턴과 다음에 내려올 패턴 번호를 계속 갱신 - 시작 스위치가 눌려졌으면 게임 시작 함수 호출

❶	<pre>// "Press Any Switch !" 표시
	void anysw_disp(void)
	{
	        int x;
	
	        bicolor.setTextSize(1); // 글자 크기(6x8)
	        bicolor.setTextWrap(false); // 스크롤 표시 모드
	        bicolor.setTextColor(LED_GREEN); // 문자 녹색 표시
	
	        for(x = 0;x >= -114;x--){ // 문자열 이동시켜가며 표시
	                bicolor.clear(); // 도트 매트릭스 메모리 클리어
	                bicolor.setCursor(x,0); // 커서 (x, 0) 이동
	                bicolor.print("Press Any Switch !"); // (0,0)-(7,7) 부분 표시
	                bicolor.writeDisplay(); // 3색 도트 매트릭스 표시
	                delay(50);
	        }
	}</pre>

❷	<pre>// 시작을 위한 스위치 체크 함수
	// 하나의 스위치라도 눌려져 있으면 1의 값 리턴하며 게임 시작
	int any_sw()
	{
	        byte j;
	
	        for(j = LEFT_SW;j <= DOWN_SW;j++) { // 2번핀 ~ 5번핀 연결 스위치 입력 체크
	                if(digitalRead(j) == 0){ // 눌려졌는지 체크
	                        play = 1; // 게임 시작 변수 셋
	                        return(1); // 1 리턴
	                }
	        }
	        return(0); // 아무 스위치 입력 없으면 0 리턴
	}</pre>

❶	**<anysw_disp(void) 함수>** - 글자 크기 6x8, 스크롤 표시 모드, 문자 녹색 표시 설정 - "Press Any Swtich" 왼쪽으로 한 칸씩 이동시키면 표시
❷	**<anysw_sw() 함수>** - 아두이노 2번 핀~5번 핀에 연결된 스위치 상태 읽고, 어느 스위치라도 눌려졌으면 게임 시작 변수를 셋 한 후 1의 값 리턴 - 아무 스위치도 눌려지지 않았으면 0의 값 리턴

❶	<pre>// 게임 플레이
	void game_play(void)
	{
	 int check;
	
	 // 게임 변수 초기 설정
	 down_cnt = 0; // 이동속도 카운터 변수 클리어
	 t_limit = 30; // 한 라인 아래로 자동 이동시간 조절(50ms*t_limit)
	 clear_line = 0; // 클리어 라인수 리셋
	 bx = 3; // 움직이는 블럭 수평 위치
	 by = 0; // 움직이는 블럭 수직 위치
	 turn = 0; // 각도 0</pre>

❷	<pre> stage_out(); // 기본틀 dsp_block에 저장(3색 도트 매트릭스)
	 block_copy(); // pat 번째의 블럭 mov_block에 저장
	 block_disp(); // 떨어진 블럭과 움직이는 블럭 합성 표시
	 matrix_disp(); // 다음 블럭 패턴 표시를 위한 저장</pre>

❸	<pre> while(play){
	  while(down_cnt < t_limit) sw_check(); // 자동 이동(아래) 시간이 될 때까지
	      // 스위치 입력 체크
	
	  // 아래로 한줄 자동 이동
	  down_cnt = 0; // 이동속도 조절변수 리셋(32ms마다 +1)
	  check = block_check(0, 1); // 한 칸 아래 이동 가능한지 조사
	
	  if(check == 1){ // 한 칸 아래 이동 가능이면
	   block_clear(); // 현재 블럭 지우기
	   by = by + 1; // 움직이는 블럭 한줄 아래로 이동
	   block_copy(); // 블럭 복사
	   block_disp(); // 이동한 블럭 표시
	  }
	  else line_erase(); // 이동 불가능하면 움직이는 블럭 정지
	 }
	}</pre>

❶	**<game_play 함수>** - 이동속도 카운터 변수 클리어 - 한 라인 아래로 자동 이동시간 조절 변수 설정(50ms*t_limit) - 클리어 라인수 리셋 - 움직이는 블록 수평, 수직 위치 설정 - 움직이는 블록 회전 각도 0
❷	- 기본틀 3색 도트 매트릭스 표시 저장 배열에 설정 - 움직이는 블록 배열 저장 - 떨어진 블록과 움직이는 블록 합성 표시(3색 도트 매트릭스) - 다음 블록과 클리어 라인수 표시(단색 도트 매트릭스)
❸	- 블록을 아래로 한 칸 자동 이동할 시간이 될 때까지 스위치 입력 체크 함수 호출 **<한 칸 아래 자동 이동>** - 이동 속도 조절 변수 리셋 - 한 칸 아래로 이동 가능한지 체크하는 함수 호출 - 이동 가능하면 움직이는 블록을 저장하는 배열을 클리어 하고, 움직이는 블록이 놓여질 수직 위치를 한 칸 아래로 한 후 움직이는 블록을 배열에 저장하고 블록 화면 새로 표시 - 이동 가능하지 않으면 움직이는 블록을 떨어진 블록에 추가하고 지울 수 있는 라인이 있는지 체크하는 함수 호출 : line_erase()

❶	<pre>// 테트리스 기본틀(초기화면) 설정
	void stage_out()
	{
	        byte i, j;
	
	        // 떨어진 블럭 저장 배열과 움직이는 블럭 저장 배열 클리어
	        for(j = 0;j < 9;j++){
	                for(i = 0;i < 10;i++) {
	                        dsp_block[j][i] = 0;
	                        mov_block[j][i] = 0;
	                }
	        }
	
	        // 떨어진 블럭 저장 배열 보이지 않는 외곽 부분 블럭 설정
	        // 도트 매트릭스 왼쪽, 오른쪽, 아래쪽
	        for(j = 0;j < 9;j++){ // 왼쪽, 오른쪽
	                dsp_block[j][0] = 1;
	                dsp_block[j][9] = 1;
	        }
	        for(i = 0;i < 10;i++) dsp_block[8][i] = 1; // 아래쪽
	}</pre>

❷	<pre>// 스위치 입력 체크 함수
	void sw_check()
	{
	        byte j;
	
	        // 10ms 간격 두고 4개의 스위치 2번 읽기
	        for(j = LEFT_SW;j <= DOWN_SW;j++) old_sw[j - LEFT_SW] = digitalRead(j);
	        delay(10);
	        for(j = LEFT_SW;j <= DOWN_SW;j++) sw[j - LEFT_SW] = digitalRead(j);
	
	        // 스위치 눌려지는 순간 체크
	        if (old_sw[0] == HIGH && sw[0] == LOW) block_left(); // LEFT 스위치
	        else if (old_sw[1] == HIGH && sw[1] == LOW) block_right(); // RIGHT 스위치
	        else if (old_sw[2] == HIGH && sw[2] == LOW) block_rotate(); // UP 스위치
	        else if (old_sw[3] == HIGH && sw[3] == LOW) block_down(); // DOWN 스위치
	}</pre>

❶	**<stage_out() : 테트리스 게임 화면 기본 틀 설정 함수>** - 떨어진 블록 저장 배열과 움직이는 블록 저장 배열 클리어 - 떨어진 블록 저장 배열에 게임 화면 외곽 부분 틀 설정
❷	**<sw_check() : 스위치 입력 체크 함수>** - 10ms 간격 두고 4개의 스위치 상태 2회 읽고 저장 - 왼쪽(LEFT) 스위치가 눌려지는 순간이면 움직이는 블록 왼쪽 이동 함수 호출 - 오른쪽(RIGNT) 스위치가 눌려지는 순간이면 움직이는 블록 오른쪽 이동 함수 호출 - 회전(UP) 스위치가 눌려지는 순간이면 움직이는 블록 회전 함수 호출 - 아래 이동(DOWN) 스위치가 눌려지는 순간이면 블록 아래 이동 함수 호출

<table>
<tr><td>❶</td><td>

```
// 떨어진 블럭과 움직이는 블럭 충돌 체크
// ox : bx와의 차이값, oy : by와의 차이값
byte block_check(int ox, int oy)
{
    int  j, k, y, x;

    for(j = 0;j < 3;j++){
        y = j + by;
        for(k = 0;k < 3;k++){
            x = k + bx;
            // mov_block의 수평 ox 옆, 수직 oy 아랫부분의 data가
             // 모두 1인 부분이 있는지 조사
            if((mov_block[y][x] & dsp_block[y + oy][x + ox]) == 1) return(0);
        }
    }
    return(1);
}
```

</td></tr>
<tr><td>❷</td><td>

```
// 움직이는 블럭 저장 배열 클리어
void block_clear( )
{
      byte j, k;

      // 움직이는 블럭 저장 배열 모두 클리어
      for(j = 0;j < 9;j++){
            for(k = 0;k < 10;k++) mov_block[j][k] = 0;
      }
}
```

</td></tr>
<tr><td>❸</td><td>

```
// 선택된(pat) 블럭 -> 움직이는 블럭 저장 배열 m_block에 복사
void block_copy( )
{
      byte      j, k, x, y;

      // 선택된 3x3 블럭을 지정된 위치에 움직이는 블럭 저장 배열 m_block에 복사
      for(j = 0;j < 3;j++){
            y = j + by;
            for(k = 0;k < 3;k++){
                  x = k + bx;
                  mov_block[y][x] = pgm_read_byte(&block[pat][turn][j][k]);
            }
      }
}
```

</td></tr>
</table>

❶	**<block_check(int ox, int oy) : 움직이는 블록 충돌 체크 함수>** - 현재 블록 위치에서 (ox, oy) 만큼 이동했을 때 떨어진 블록들과 충돌하는지 체크하고, 충돌하면 0을 충돌하지 않으면 1의 값을 리턴
❷	**<block_clear() : 움직이는 블록 저장 배열 클리어 함수>** - 움직이는 블록 저장 배열 클리어
❸	**<block_copy() : 움직이는 블록 저장 배열 복사>** - 움직이는 블록을 블록의 위치에 놓이도록 움직이는 블록 저장 배열에 저장

❶

```
// 블럭이 바닥에 닿아 이동 불가한 경우, 이동 블럭 정지 처리
void line_erase(void)
{
	int  j, k, m, n, check;

	// 움직이는 블럭을 떨어진 블럭에 추가하기 위해 합성
	for(j = 0;j < 9;j++){
		for(k = 0;k < 10;k++)
			dsp_block[j][k] = dsp_block[j][k] | mov_block[j][k];
	}
	block_clear();                          // 움직이는 블럭 저장 배열 클리어
	block_disp();                           // 테트리스 화면 새로 표시
```

❷

```
	// 채워져 있는 줄 제거하기(위에서부터 한 줄씩 조사)
	for(j = 0;j < 8;j++){                   // 줄 번호(0 : 맨 위, 7 : 맨 아래)
		// 줄이 모두 채워져 있는지 조사
		// 모두 채워져 있으면 and값(또는 곱)은 1, 하나라도 비어 있으면 0
		n = 1;
		for(k = 1;k < 9;k++) n = n & dsp_block[j][k];

		if(n == 0) continue;            // 채워지지 않음

		// 채워진 j번째 줄 없애고 아래로 한 줄씩 이동처리
		for(m = j;m >= 1;m--){          // 윗 줄 아래로 당기기
			for(k = 1;k < 9;k++) dsp_block[m][k] = dsp_block[m-1][k];
		}
		for(k = 1;k < 9;k++) dsp_block[0][k] = 0        // 맨 윗줄 클리어

		// 클리어시킨(지운) 라인(행)수 +1(0~99 : 100넘으면 0부터 다시 시작)
		clear_line = (clear_line + 1) % 100;

		block_disp();                   // 새로운 블럭 상태 표시(3색)
		matrix_disp();                  // 제거 라인 수 표시(단색)

		if(clear_line != 0 && (clear_line % 10) == 0){ // 10줄 지우면 다음 단계 이동
			t_limit = t_limit - 2;          // 블럭 자동 이동 속도 증가
			if(t_limit <= 10) t_limit = 10; // 최대 속도(10 * 50ms)
		}
	}
```

❶	**<line_erase(void) : 움직이는 블록 저장 배열 복사>** - 움직이는 블록을 떨어진 블록 저장 배열에 저장 - 움직이는 블록 저장 배열 클리어하고, 게임 화면 새로 표시 : block_clear(), block_copy()
❷	- 맨 윗줄부터 한 줄씩 모든 칸이 채워진 줄이 있는지 체크(각 칸의 값을 and 연산하여 모든 칸이 채워져 있으면(모튼 칸 1의 값) 1이 되고, 하나라도 빈 칸(0의 값)이 있으면 and 연산의 결과값은 0이 된다.) <채워진 줄이 있는 경우> - 채워진 줄 위부터 아래로 한 칸씩 이동하도록 복사하고(채워진 줄은 자동으로 지워짐), 맨 윗줄은 클리어 - 클리어 시킨 라인수 +1 - 게임 화면과 클리어 시킨 라인수 새로 표시 : block_disp(), martix_disp() - 10줄 지울 때마다 블록 자동 이동 시간 감소(최저값 10)

❶	<pre> // 다음 블럭 설정
	    block_clear( ); // 움직이는 블럭 저장 배열 클리어
	    by = 0; // 움직이는 블럭의 y좌표
	    bx = 3; // 움직이는 블럭의 x좌표
	    turn = 0; // 블럭 기본형으로(회전 없음)
	    pat = next_pat; // 다음 패턴을 현재 패턴으로
	    next_pat = pat_cnt; // 다음 패턴에 새로운 값 저장
	
	    // 다음 패턴이 현재 패턴과 같으면 다음 패턴 번호를 +1한 패턴으로 갱신
	    if(pat == next_pat) next_pat = (next_pat + 1) % 8;
	
	    block_copy( ); // 새로운 움직이는 블럭 저장
	    block_disp(); // 게임 화면 다시 표시(3색)
	    matrix_disp(); // 다음 블럭 패턴 표시를 위한 저장(단색)
	
	    check = block_check(0, 0); // 새로 놓일 블럭 위치에 블럭이 없는지 조사
	    if(check == 0){ // 새로 놓일 블럭 위치에 블럭이 있으면
	        play = 0; // 종료
	        fail_disp(); // "Fail !" 표시
	        delay(2);
	        return;
	    }
	}</pre>

❶	**<움직이는 블록 새로 설정>** - 움직이는 블록 저장 배열 클리어 - 움직이는 블록의 수평, 수직 위치 설정(맨 위 중간) - 회전 각도 0으로 하고, 다음 패턴을 움직이는 패턴으로 지정 - 다음 패턴은 다음 패턴 후보값으로 갱신하고, 다음 패턴이 현재 패턴과 동일하면 다음 패턴을 +1한 패턴 번호로 갱신 - 움직이는 새 패턴 움직이는 블록 저장 배열에 복사 - 게임(블록) 화면 새로 표시 : 3색 도트 매트릭스 - 클리어 라인 수 및 다음 패턴 표시하는 화면 새로 표시 : 단색 도트 매트릭스 - 움직이는 새 블록이 놓일 자리에 떨어진 블록이 있는지 조사 : block_check(0, 0) - 이미 떨어진 블록들이 있으면 게임을 종료하고, "Fail"을 표시한 후 리턴 - 떨어진 블록이 없는 경우에는 게임 계속 진행

❶

```
// UP 스위치 처리 함수 : 블럭 회전
void block_rotate(void)
{
        byte check;

        block_clear();                      // 움직이는 블럭 저장 배열 클리어
        turn = (turn + 1) % 4;              // 블럭 90도 회전
        block_copy();                       // 회전시킨 블럭 데이터 블럭 저장 배열에 복사

        check = block_check(0, 0);          // 회전가능한지 조사

        if(check == 0){                     // 회전 불가
                block_clear();              // 새로운 블럭 데이터 클리어
                turn = (turn + 3) % 4;      // 블럭 270도 회전(원상 복귀)
                block_copy();               // 원래 움직이는 블럭 패턴 저장
        }
        else block_disp();                  // 회전된 움직이는 블럭 새로 표시
}
```

❷

```
// Down 스위치 처리 함수 : 블럭 한 줄 내리기
void block_down(void)
{
        byte check;

        check = block_check(0, 1);          // 아래 이동 가능한지 조사(아래 한 줄 내리기)

        if(check != 0){                     // 이동 가능하면 현재 블럭 이동
                block_clear();              // 현재 움직이는 블럭 데이터 클리어
                by = by + 1;                // 블럭 Y 좌표 +1
                block_copy();               // 이동된 위치에 움직이는 블럭 데이터 복사
                block_disp();               // 이동한 블럭 새로 표시
        }
        else line_erase();                  // 이동 가능하지 않으면 바닥 처리 함수 호출
}
```

❶	<block_rotate(void) : **블록 회전**> - 움직이는 블록 저장 배열 클리어 - 현재 움직이는 블록을 90도 회전한 패턴 번호 지정 - 회전시킨 블록을 움직이는 블록 저장 배열에 복사 - 떨어진 블록들과 충돌하는지 검사 : block_check() - 충돌하는 블록이 없는 경우에는 회전된 블록 표시 : block_disp() **<충돌하는 블록이 있는 경우>** - 움직이는 블록 저장 배열 클리어 : block_clear() - 움직이는 블록 회전 전의 각도로 복구 - 원래 움직이는 블록 패턴 저장 : block_cpy()
❷	<block_down(void) : **블록 한 줄 내리기**> - 움직이는 블록을 한 줄 내리기 가능한지 조사 : block_check() - 한 줄 내기기가 불가능한 경우에는 움직이는 블록을 고정시키는 함수 호출 : line_erase() **<한 줄 내리기가 가능한 경우>** - 움직이는 블록 저장 배열 클리어 - 움직이는 블록의 수직 좌표(좌상귀) +1 - 새 좌표에 움직이는 블록 저장 배열에 복사 : block_copy() - 이동한 블록 새로 표시

❶	<pre>// LEFT 스위치 처리 함수 : 블럭 왼쪽 이동
	void block_left(void)
	{
	        byte check;
	
	        check = block_check(-1, 0); // 왼쪽으로 이동이 가능한지 조사
	
	        if(check != 0){ // 이동 가능하면 현재 블럭 이동
	                block_clear(); // 현재 움직이는 블럭 데이터 클리어
	                bx = bx - 1; // 블럭 X 좌표 -1
	                block_copy(); // 이동된 위치에 움직이는 블럭 데이터 복사
	                block_disp(); // 이동한 블럭 새로 표시
	        }
	}</pre>

❷	<pre>// RIGHT 스위치 처리 함수 : 블럭 오른쪽 이동
	void block_right(void)
	{
	        byte check;
	
	        check = block_check(1, 0); // 오른쪽으로 이동이 가능한지 조사
	
	        if(check != 0){ // 이동 가능하면 현재 블럭 이동
	                block_clear(); // 현재 움직이는 블럭 데이터 클리어
	                bx = bx + 1; // 블럭 X 좌표 +1
	                block_copy(); // 이동된 위치에 움직이는 블럭 데이터 복사
	                block_disp(); // 이동한 블럭 새로 표시
	        }
	}</pre>

❶	<block_left(void) : **블록 왼쪽 이동 함수**> - 움직이는 블록을 왼쪽으로 한 칸 이동 가능한지 조사 : block_check() - 왼쪽 이동이 불가능한 경우에는 리턴 **<왼쪽 이동 가능한 경우>** - 움직이는 블록 저장 배열 클리어 - 움직이는 블록의 수평 좌표(좌상귀) -1 - 새 좌표에 움직이는 블록 저장 배열에 복사 : block_copy() - 이동한 블록 새로 표시
❷	<block_right(void) : **블록 오른쪽 이동 함수**> - 움직이는 블록을 오른쪽으로 한 칸 이동 가능한지 조사 : block_check() - 오른쪽 이동이 불가능한 경우에는 리턴 **<오른쪽 이동 가능한 경우>** - 움직이는 블록 저장 배열 클리어 - 움직이는 블록의 수평 좌표(좌상귀) +1 - 새 좌표에 움직이는 블록 저장 배열에 복사 : block_copy() - 이동한 블록 새로 표시

❶

```
// 단색 도트 매트릭스 표시
// 위 3행(0~2행) : 다음 패턴, 아래 5행 : 클리어 라인 수
void matrix_disp()
{
        byte  j, i, m10, m1, buf;

        // 클리어 라인수
        m10 = clear_line / 10;                                // 10자리
        m1 = clear_line % 10;                                 // 1자리
```

❷

```
        // 클리어 라인수 표시 패턴(5x8) 저장
        for(j = 0;j < 5;j++){
                buf = (pgm_read_byte(&num_pat[m10][j]) << 4); // 10자리 패턴(1열~4열)
                buf |=  (pgm_read_byte(&num_pat[m1][j]));     // 1자리 패턴 합성(5열~8열)
                clr_line[j] = buf;                            // 표시 배열에 저장
        }
```

❸

```
        // 다음 움직이는 블럭 패턴(3x3) 저장
        for(j = 0;j < 3;j++){
                nxt_blk[j] = 0;
                for(i = 0;i < 3;i++){
                        buf = pgm_read_byte(&block[next_pat][0][j][i]);
                        if(buf == 0) continue;
                        nxt_blk[j] = nxt_blk[j] | (1 << (7 - i));
                }
        }
```

❹

```
        // 단색 도트 매트릭스
        matrix.clear();                                       // 메모리 클리어
        matrix.setBrightness(1);                              // 밝기 1
        matrix.drawBitmap(5, 0, nxt_blk, 3, 3, LED_ON);       // 다음 블럭 표시(1행~3행)
        matrix.drawBitmap(0, 3, clr_line, 8, 5, LED_ON);      // 클리어 라인수 표시(4행~8행)
        matrix.writeDisplay();                                // 표시
}
```

❶	**<matrix_disp() : 단색 도트 매트릭스에 다음 블록 및 클리어 라인 수 표시>** - 클리어 라인수 10자리, 1자리 추출
❷	- 클리어 라인수 10자리 패턴(5x4)과 1자리 패턴 합성
❸	- 다음 블록을 3x3 배열에 저장
❹	**<단색 도트 매트릭스 표시>** - 메모리 클리어하고, 밝기 1 설정 - 다음 블록이 도트 매트릭스 위에서부터 3행에 오른쪽 정렬로 표시되도록 도트 매트릭스 메모리에 저장 - 위에서 합성된 클리어 라인수 패턴을 4행~8행에 표시되도록 도트 매트릭스 메모리에 저장

❶	<pre>// 떨어진 블럭 저장 배열과 움직이는 블럭 저장 배열 합성하여 표시
	void block_disp()
	{
	        byte i, j, rval, gval, shift;
	
	        for(j = 0;j < 8;j++){
	                rval = 0;
	                gval = 0;
	
	                // 행 단위로 적색 표시부분과 녹색 표시부분 데이터 추출
	                for(i = 1;i < 9;i++){
	                        shift = 8 - i;
	                        // 떨어진 블럭 적색 => 적색 표시 변수에 저장
	                        if(dsp_block[j][i] != 0) rval = rval
		(1 << shift);
		
		                        // 움직이는 블럭 => 녹색 표시 변수에 저장
		                        if(mov_block[j][i] != 0) gval = gval
			(1 << shift);
			                }
			                dot_rval[j] = rval; // 추출된 적색 표시 데이터 배열 저장
			                dot_gval[j] = gval; // 추출된 녹색 표시 데이터 배열 저장
			        }</pre>

❷	<pre> // 3색 도트 메트릭스 표시
	        bicolor.clear(); // 메모리 클리어
	        bicolor.setBrightness(1); // 밝기 1
	        bicolor.drawBitmap(0, 0, dot_rval, 8, 8, LED_RED); // 적색 표시 부분 저장
	        bicolor.drawBitmap(0, 0, dot_gval, 8, 8, LED_GREEN); // 녹색 표시 부분 저장
	        bicolor.writeDisplay(); // 표시
	}</pre>

❶	**<block_disp() : 3색 도트 매트릭스에 떨어진 블록과 떨어지는 블록 합성 표시>** - 떨어진 블록 적색 표시 배열에 저장 - 떨어지는 블록 녹색 표시 배열에 저장
❷	**<3색 도트 매트릭스 표시>** - 메모리 클리어하고, 밝기 1 설정 - 떨어진 블록 표시 배열의 데이터를 3색 도트 매트릭스 적색 표시 메모리에 저장 - 떨어지는 블록 표시 배열의 데이터를 3색 도트 매트릭스 녹색 표시 메모리에 저장

❶	<pre>// "Fail !" 표시
	void fail_disp(void)
	{
	 int x;
	
	 bicolor.setTextSize(1); // 문자 크기 6x8
	 bicolor.setTextWrap(false); // 스크롤 모드 표시
	 bicolor.setTextColor(LED_RED); // 적색 표시
	
	 // "Fail !" 왼쪽으로 스크롤 하면서 표시
	 for(x = 0;x >= -30;x--){
	  bicolor.clear(); // 3색 도트 매트릭스 메모리 클리어
	  bicolor.setCursor(x,0); // 커서 (x, 0) 이동
	  bicolor.print("Fail !"); // 커서 위치부터 문자열 위치시키고,
	    // (0,0)-(7,7) 부분만 표시
	  bicolor.writeDisplay(); // 3색 도트 매트릭스 표시
	  delay(100);
	 }
	}</pre>

❷	<pre>// 타이머/카운터1 인터럽트 처리함수(주기 : 50ms)
	void block_falling(void)
	{
	 down_cnt++; // 블럭이 떨어지는 시간 카운트
	 pat_cnt = (pat_cnt + 1) % 8; // 다음 블럭 후보 패턴 번호 갱신
	}</pre>

❶	**<fail_disp() : "Fail!" 표시 함수>** - 글자 크기 6x8, 스클롤 표시 모드, 적색 표시 - "Fail!" 왼쪽으로 한 칸씩 쉬프트 하면서 표시
❷	**<block_falling() : 타이머1 50ms 인터럽트 함수>** - 움직이는 블록 떨어지는 속도 조절변수 +1 - 다음 블록 후보 패턴 번호 갱신

```
// tetris
#include "Adafruit_LEDBackpack.h"
#include <TimerOne.h>

const int UP_SW = 4;                              // UP 스위치 아두이노 연결핀
const int DOWN_SW = 5;                            // DOWN 스위치 아두이노 연결핀
const int LEFT_SW = 2;                            // LEFT 스위치 아두이노 연결핀
const int RIGHT_SW = 3;                           // RIGHT 스위치 아두이노 연결핀

// 도트 매트릭스 객체 생성
Adafruit_BicolorMatrix bicolor = Adafruit_BicolorMatrix();    // 3색 도트 매트릭스
Adafruit_8x8matrix matrix = Adafruit_8x8matrix();             // 단색 도트 매트릭스

static const byte PROGMEM
    num_pat[10][5] ={                             // 클리어 라인 수 표시 4x5패턴(0~9)
        {0x07,0x05,0x05,0x05,0x07},               // 0
        {0x02,0x06,0x02,0x02,0x07},               // 1
        {0x07,0x01,0x07,0x04,0x07},               // 2
        {0x07,0x01,0x07,0x01,0x07},               // 3
        {0x01,0x02,0x05,0x07,0x01},               // 4
        {0x07,0x04,0x07,0x01,0x07},               // 5
        {0x07,0x04,0x07,0x05,0x07},               // 6
        {0x07,0x01,0x01,0x01,0x01},               // 7
        {0x07,0x05,0x07,0x05,0x07},               // 8
        {0x07,0x05,0x07,0x01,0x01}},              // 9

    block[8][4][3][3] ={                          // 블럭 패턴([종류][각도][행][열])
        {{{0,0,0},{1,1,1},{0,0,0}},               // 0
         {{0,1,0},{0,1,0},{0,1,0}},
         {{0,0,0},{1,1,1},{0,0,0}},
         {{0,1,0},{0,1,0},{0,1,0}}},

        {{{0,0,0},{1,1,0},{1,1,0}},               // 1
         {{1,1,0},{1,1,0},{0,0,0}},
         {{0,1,1},{0,1,1},{0,0,0}},
         {{0,0,0},{0,1,1},{0,1,1}}},

        {{{0,1,1},{1,1,0},{0,0,0}},               // 2
         {{0,1,0},{0,1,1},{0,0,1}},
         {{0,0,0},{0,1,1},{1,1,0}},
         {{1,0,0},{1,1,0},{0,1,0}}},

        {{{1,1,0},{0,1,1},{0,0,0}},               // 3
         {{0,0,1},{0,1,1},{0,1,0}},
         {{0,0,0},{1,1,0},{0,1,1}},
         {{0,1,0},{1,1,0},{1,0,0}}},

        {{{1,0,0},{1,1,1},{0,0,0}},               // 4
         {{0,1,1},{0,1,0},{0,1,0}},
```

```
        {{0,0,0},{1,1,1},{0,0,1}},
         {{0,1,0},{0,1,0},{1,1,0}}},

        {{{0,0,1},{1,1,1},{0,0,0}},                    // 5
         {{0,1,0},{0,1,0},{0,1,1}},
         {{0,0,0},{1,1,1},{1,0,0}},
         {{1,1,0},{0,1,0},{0,1,0}}},

        {{{0,1,0},{1,1,1},{0,0,0}},                    // 6
         {{0,1,0},{0,1,1},{0,1,0}},
         {{0,0,0},{1,1,1},{0,1,0}},
         {{0,1,0},{1,1,0},{0,1,0}}},

        {{{0,1,0},{1,1,1},{0,1,0}},                    // 7
         {{0,1,0},{1,1,1},{0,1,0}},
         {{0,1,0},{1,1,1},{0,1,0}},
         {{0,1,0},{1,1,1},{0,1,0}}}};

byte  nxt_blk[3];                    // 다음 블럭 패턴 저장 배열(단색 도트 매트릭스 표시)
byte  clr_line[5];                   // 클리어 라인수 패턴 저장 배열(단색 도트 매트릭스 표시)
byte  dot_rval[8];                   // 떨어진 블럭 저장 배열(3색 도트 매트릭스 표시)
byte  dot_gval[8];                   // 떨어지는 블럭 저장 배열(3색 도트 매트릭스 표시)
byte  play = 0;                      // 게임 시작(0:대기, 1:시작)
byte  clear_line = 0;                // 현재 스테이지에서 지운 라인수

byte  pat = 0;                       // 현재 블럭 패턴 번호
byte  next_pat = 0;                  // 다음 블럭 패턴 번호
byte  by = 0;                        // 블럭 좌상 Y좌표
byte  bx = 4;                        // 블럭 좌상 X좌표
byte  turn = 0;                      // 현재 블럭 패턴 회전 번호
byte  t_limit;                       // 블럭 이동 시간 조절
volatile byte  pat_cnt;              // 다음 블럭 패턴 번호 후보(타이머1 인터럽트에서 계속 갱신)
volatile byte  down_cnt;             // 이동속도 카운터 변수

byte  mov_block[9][10];              // 내려오고 있는 블럭 데이터 저장
byte  dsp_block[9][10];              // 기본틀 + 내려온 블럭 데이터 저장
byte  old_sw[4], sw[4];              // 스위치 상태 저장 변수

void  anysw_disp(void);              // "Press Any Switch" 표시
int  any_sw();                       // 시작을 위한 스위치 체크 함수
void game_play(void);                // 게임 플레이
void stage_out();                    // 테트리스 기본틀(초기화면) 설정
void sw_check();                     // 스위치 입력 체크 함수
byte block_check(int ox, int oy);    // 떨어진 블럭과 움직이는 블럭 충돌 체크
                                     // ox : bx와의 차이값, oy : by와의 차이값
void  block_clear(void);             // 내려오는 블럭 데이터 저장 테이블 클리어
void  block_copy(void);              // 내려오는 블럭 데이터 설정
void  line_erase(void);              // 채워진 줄 제거하기
void block_rotate(void);             // UP 스위치 처리 함수 : 블럭 회전
```

```
void block_down(void);                  // Down 스위치 처리 함수 : 블럭 한 줄 내리기
void block_left(void);                  // LEFT 스위치 처리 함수 : 블럭 왼쪽 이동
void block_right(void);                 // RIGHT 스위치 처리 함수 : 블럭 오른쪽 이동
void matrix_disp();                     // 단색 도트 매트릭스 표시(다음 블록, 클리어 라인수)
void block_disp();                      // 떨어진 블럭과 움직이는 블럭 합성하여 표시
void fail_disp(void);                   // "Fail !" 표시



// 초기설정 함수
void setup()
{
	matrix.begin(0x71);                 // 단색 도트 매트릭스 초기화
	bicolor.begin(0x70);                // 3색 도트 매트릭스 초기화

	pinMode(UP_SW, INPUT);              // 4번핀 입력 방향 설정
	pinMode(DOWN_SW, INPUT);            // 5번핀 입력 방향 설정
	pinMode(LEFT_SW, INPUT);            // 2번핀 입력 방향 설정
	pinMode(RIGHT_SW, INPUT);           // 3번핀 입력 방향 설정

	// 단색 도트 매트릭스 클리어
	matrix.clear();
	matrix.writeDisplay();

	// 3색 도트 매트릭스 클리어
	bicolor.clear();
	bicolor.writeDisplay();

	Timer1.initialize(50000);           // 타이머1 인터럽트 주기 50ms 설정
	Timer1.attachInterrupt(block_falling);  // 타이머1 인터럽트 함수 설정
}

// 반복 실행 함수
void loop()
{
	while(1){
		anysw_disp();                   // "Press Any Switch" 표시

		while(any_sw() == 0){           // 스위치 눌려질 때까지 대기
			pat = next_pat;             // 새로 나올 블럭을 계속 변경.
			next_pat = pat_cnt;         // 다음 블럭은 다음 패턴 후보값으로
			if(pat == next_pat) next_pat = (next_pat + 1) % 8;
		}
		game_play();                    // 플레이 시작
	}
}

// "Press Any Switch !" 표시
void anysw_disp(void)
```

```
{
	int  x;

	bicolor.setTextSize(1);				// 글자 크기(6x8)
	bicolor.setTextWrap(false);			// 스크롤 표시 모드
	bicolor.setTextColor(LED_GREEN);		// 문자 녹색 표시


	for(x = 0;x >= -114;x--){			// 문자열 이동시켜가며 표시
		bicolor.clear();			// 도트 매트릭스 메모리 클리어
		bicolor.setCursor(x,0);			// 커서 (x, 0) 이동
		bicolor.print("Press Any Switch !");	// (0,0)-(7,7) 부분 표시
		bicolor.writeDisplay();			// 3색 도트 매트릭스 표시
		delay(50);
	}
}

// 시작을 위한 스위치 체크 함수
// 하나의 스위치라도 눌려져 있으면 1의 값 리턴하며 게임 시작
int  any_sw()
{
	byte j;

	for(j = LEFT_SW;j <= DOWN_SW;j++) {		// 2번핀 ~ 5번핀 연결 스위치 입력 체크
		if(digitalRead(j) == 0){		// 눌려졌는지 체크
			play = 1;			// 게임 시작 변수 셋
			return(1);			// 1 리턴
		}
	}
	return(0);					// 아무 스위치 입력 없으면 0 리턴
}

// 게임 플레이
void game_play(void)
{
	int  check;

	// 게임 변수 초깃 설정
	down_cnt = 0;			// 이동속도 카운터 변수 클리어
	t_limit = 30;			// 한 라인 아래로 자동 이동시간 조절(50ms * t_limit)
	clear_line = 0;			// 클리어 라인수 리셋
	bx = 3;				// 움직이는 블럭 수평 위치
	by = 0;				// 움직이는 블럭 수직 위치
	turn = 0;			// 각도 0

	stage_out();			// 기본틀 dsp_block에 저장(3색 도트 매트릭스)
	block_copy();			// pat 번째의 블럭 mov_block에 저장
	block_disp();			// 떨어진 블럭과 움직이는 블럭 합성 표시
	matrix_disp();			// 다음 블럭 패턴 표시를 위한 저장
```

```
        while(play){
            while(down_cnt < t_limit) sw_check(); // 자동 이동(아래) 시간이 될 때까지
                                                  // 스위치 입력 체크

            // 아래로 한줄 자동 이동
            down_cnt = 0;                         // 이동속도 조절변수 리셋(32ms마다 +1)
            check = block_check(0, 1);            // 한 칸 아래 이동 가능한지 조사

            if(check == 1){                       // 한 칸 아래 이동 가능이면
                block_clear();                    // 현재 블럭 지우기
                by = by + 1;                      // 움직이는 블럭 한줄 아래로 이동
                block_copy();                     // 블럭 복사
                block_disp();                     // 이동한 블럭 표시
            }
            else line_erase();                    // 이동 불가능하면 움직이는 블럭 정지
        }
}

// 테트리스 기본틀(초기화면) 설정
void stage_out()
{
        byte i, j;

        // 떨어진 블럭 저장 배열과 움직이는 블럭 저장 배열 클리어
        for(j = 0;j < 9;j++){
            for(i = 0;i < 10;i++) {
                dsp_block[j][i] = 0;
                mov_block[j][i] = 0;
            }
        }

        // 떨어진 블럭 저장 배열 보이지 않는 외곽 부분 블럭 설정
        // 도트 매트릭스 왼쪽, 오른쪽, 아래쪽
        for(j = 0;j < 9;j++){                     // 왼쪽, 오른쪽
            dsp_block[j][0] = 1;
            dsp_block[j][9] = 1;
        }
        for(i = 0;i < 10;i++) dsp_block[8][i] = 1;   // 아래쪽
}

// 스위치 입력 체크 함수
void sw_check()
{
        byte  j;

        // 10ms 간격 두고 4개의 스위치 2번 읽기
        for(j = LEFT_SW;j <= DOWN_SW;j++) old_sw[j - LEFT_SW] = digitalRead(j);
        delay(10);
```

```
        for(j = LEFT_SW;j <= DOWN_SW;j++) sw[j - LEFT_SW] = digitalRead(j);

        // 스위치 눌려지는 순간 체크
        if (old_sw[0] == HIGH && sw[0] == LOW) block_left();            // LEFT 스위치
        else if (old_sw[1] == HIGH && sw[1] == LOW) block_right();      // RIGHT 스위치
        else if (old_sw[2] == HIGH && sw[2] == LOW) block_rotate();     // UP 스위치
        else if (old_sw[3] == HIGH && sw[3] == LOW) block_down();       // DOWN 스위치
}

// 떨어진 블럭과 움직이는 블럭 충돌 체크
// ox : bx와의 차이값, oy : by와의 차이값
byte block_check(int ox, int oy)
{
    int   j, k, y, x;

    for(j = 0;j < 3;j++){
        y = j + by;
        for(k = 0;k < 3;k++){
            x = k + bx;
            // mov_block의 수평 ox 열, 수직 oy 아랫부분의 data가 모두 1인 부분이 있는지 조사
            if((mov_block[y][x] & dsp_block[y + oy][x + ox]) == 1) return(0);
        }
    }
    return(1);
}

// 움직이는 블럭 저장 배열 클리어
void block_clear( )
{
        byte j, k;

        // 움직이는 블럭 저장 배열 모두 클리어
        for(j = 0;j < 9;j++){
                for(k = 0;k < 10;k++) mov_block[j][k] = 0;
        }
}

// 선택된(pat) 블럭 -> 움직이는 블럭 저장 배열 m_block에 복사
void block_copy( )
{
        byte       j, k, x, y;

        // 선택된 3x3 블럭을 지정된 위치에 움직이는 블럭 저장 배열 m_block에 복사
        for(j = 0;j < 3;j++){
                y = j + by;
                for(k = 0;k < 3;k++){
                        x = k + bx;
                        mov_block[y][x] = pgm_read_byte(&block[pat][turn][j][k]);
                }
```

```
        }
}

// 블럭이 바닥에 닿아 이동 불가한 경우, 이동 블럭 정지 처리
void line_erase(void)
{
        int   j, k, m, n, check;

        // 움직이는 블럭을 떨어진 블럭에 추가하기 위해 합성
        for(j = 0;j < 9;j++){
                for(k = 0;k < 10;k++)
                        dsp_block[j][k] = dsp_block[j][k] | mov_block[j][k];
        }
        block_clear();                                  // 움직이는 블럭 저장 배열 클리어
        block_disp();                                   // 테트리스 화면 새로 표시

        // 채워져 있는 줄 제거하기(위에서부터 한 줄씩 조사)
        for(j = 0;j < 8;j++){                           // 줄 번호(0 : 맨 위, 7 : 맨 아래)
                // 줄이 모두 채워져 있는지 조사
                // 모두 채워져 있으면 and값(또는 곱)은 1, 하나라도 비어 있으면 0
                n = 1;
                for(k = 1;k < 9;k++) n = n & dsp_block[j][k];

                if(n == 0) continue;                            // 채워지지 않음

                // 채워진 j번째 줄 없애고 아래로 한 줄씩 이동처리
                for(m = j;m >= 1;m--){                          // 윗 줄 아래로 당기기
                        for(k = 1;k < 9;k++) dsp_block[m][k] = dsp_block[m-1][k];
                }
                for(k = 1;k < 9;k++) dsp_block[0][k] = 0;       // 맨 윗줄 클리어

                // 클리어시킨(지운) 라인(행)수 +1(0~99 : 100넘으면 0부터 다시 시작)
                clear_line = (clear_line + 1) % 100;

                block_disp();                                   // 새로운 블럭 상태 표시(3색)
                matrix_disp();                                  // 제거 라인 수 표시(단색)

                if(clear_line != 0 && (clear_line % 10) == 0){  // 10줄 지우면 다음 단계로 이동
                        t_limit = t_limit - 2;                  // 블럭 자동 이동 속도 증가
                        if(t_limit <= 10) t_limit = 10;         // 최대 속도(10 * 50ms)
                }
        }

        // 다음 블럭 설정
        block_clear( );                                 // 움직이는 블럭 저장 배열 클리어
        by = 0;                                         // 움직이는 블럭의 y좌표
        bx = 3;                                         // 움직이는 블럭의 x좌표
        turn = 0;                                       // 블럭 기본형으로(회전 없음)
        pat = next_pat;                                 // 다음 패턴을 현재 패턴으로
```

```
    next_pat = pat_cnt;                             // 다음 패턴에 새로운 값 저장

    // 다음 패턴이 현재 패턴과 같으면 다음 패턴 번호를 +1한 패턴으로 갱신
    if(pat == next_pat) next_pat = (next_pat + 1) % 8;

    block_copy( );                                  // 새로운 움직이는 블럭 저장
    block_disp();                                   // 게임 화면 다시 표시(3색)
    matrix_disp();                                  // 다음 블럭 패턴 표시를 위한 저장(단색)

    check = block_check(0, 0);                      // 새로 놓일 블럭 위치에 블럭이 없는지 조사
    if(check == 0){                                 // 새로 놓일 블럭 위치에 블럭이 있으면
        play = 0;                                   // 종료
        fail_disp();                                // "Fail !" 표시
        delay(2);
        return;
    }
}

// UP 스위치 처리 함수 : 블럭 회전
void block_rotate(void)
{
    byte check;

    block_clear();                                  // 움직이는 블럭 저장 배열 클리어
    turn = (turn + 1) % 4;                          // 블럭 90도 회전
    block_copy();                                   // 회전시킨 블럭 데이터 블럭 저장 배열에 복사

    check = block_check(0, 0);                      // 회전가능한지 조사

    if(check == 0){                                 // 회전 불가
        block_clear();                              // 새로운 블럭 데이터 클리어
        turn = (turn + 3) % 4;                      // 블럭 270도 회전(원상 복귀)
        block_copy();                               // 원래 움직이는 블럭 패턴 저장
    }
    else block_disp();                              // 회전된 움직이는 블럭 새로 표시
}

// Down 스위치 처리 함수 : 블럭 한 줄 내리기
void block_down(void)
{
    byte check;

    check = block_check(0, 1);                      // 아래 이동 가능한지 조사(아래 한 줄 내리기)

    if(check != 0){                                 // 이동 가능하면 현재 블럭 이동
        block_clear();                              // 현재 움직이는 블럭 데이터 클리어
        by = by + 1;                                // 블럭 Y 좌표 +1
        block_copy();                               // 이동된 위치에 움직이는 블럭 데이터 복사
        block_disp();                               // 이동한 블럭 새로 표시
```

```
    }
    else line_erase();                          // 이동 가능하지 않으면 바닥 처리 함수 호출
}

// LEFT 스위치 처리 함수 : 블럭 왼쪽 이동
void block_left(void)
{
    byte  check;


    check = block_check(-1, 0);                 // 왼쪽으로 이동이 가능한지 조사

    if(check != 0){                             // 이동 가능하면 현재 블럭 이동
        block_clear();                          // 현재 움직이는 블럭 데이터 클리어
        bx = bx - 1;                            // 블럭 X 좌표 -1
        block_copy();                           // 이동된 위치에 움직이는 블럭 데이터 복사
        block_disp();                           // 이동한 블럭 새로 표시
    }
}

// RIGHT 스위치 처리 함수 : 블럭 오른쪽 이동
void block_right(void)
{
    byte check;

    check = block_check(1, 0);                  // 오른쪽으로 이동이 가능한지 조사

    if(check != 0){                             // 이동 가능하면 현재 블럭 이동
        block_clear();                          // 현재 움직이는 블럭 데이터 클리어
        bx = bx + 1;                            // 블럭 X 좌표 +1
        block_copy();                           // 이동된 위치에 움직이는 블럭 데이터 복사
        block_disp();                           // 이동한 블럭 새로 표시
    }
}

// 단색 도트 매트릭스 표시
// 위 3행(0~2행) : 다음 패턴, 아래 5행 : 클리어 라인 수
void matrix_disp()
{
    byte  j, i, m10, m1, buf;

    // 클리어 라인수
    m10 = clear_line / 10;                      // 10자리
    m1 = clear_line % 10;                       // 1자리

    // 클리어 라인수 표시 패턴(5x8) 저장
    for(j = 0;j < 5;j++){
        buf = (pgm_read_byte(&num_pat[m10][j]) << 4);   // 10자리 패턴(1열~4열)
        buf |=  (pgm_read_byte(&num_pat[m1][j]));       // 1자리 패턴 합성(5열~8열)
```

```
            clr_line[j] = buf;                                  // 표시 배열에 저장
        }

        // 다음 움직이는 블럭 패턴(3x3) 저장
        for(j = 0;j < 3;j++){
            nxt_blk[j] = 0;
            for(i = 0;i < 3;i++){
                buf = pgm_read_byte(&block[next_pat][0][j][i]);
                if(buf == 0) continue;
                nxt_blk[j] = nxt_blk[j] | (1 << (7 - i));
            }
        }

        matrix.clear();                                         // 단색 도트 매트릭스 메모리 클리어
        matrix.setBrightness(1);                                // 밝기 1
        matrix.drawBitmap(5, 0, nxt_blk, 3, 3, LED_ON);         // 다음 움직이는 블럭 표시(1행~3행)
        matrix.drawBitmap(0, 3, clr_line, 8, 5, LED_ON);        // 클리어 라인수 표시(4행~8행)
        matrix.writeDisplay();                                  // 표시
}

// 떨어진 블럭 저장 배열과 움직이는 블럭 저장 배열 합성하여 표시
void block_disp()
{
        byte  i, j, rval, gval, shift;

        for(j = 0;j < 8;j++){
            rval = 0;
            gval = 0;

            // 행 단위로 적색 표시부분과 녹색 표시부분 데이터 추출
            for(i = 1;i < 9;i++){
                shift = 8 - i;
                // 떨어진 블럭 적색 => 적색 표시 변수에 저장
                if(dsp_block[j][i] != 0) rval = rval | (1 << shift);

                // 움직이는 블럭 => 녹색 표시 변수에 저장
                if(mov_block[j][i] != 0) gval = gval | (1 << shift);
            }
            dot_rval[j] = rval;                                 // 추출된 적색 표시 데이터 배열 저장
            dot_gval[j] = gval;                                 // 추출된 녹색 표시 데이터 배열 저장
        }

        // 3색 도트 메트릭스 표시
        bicolor.clear();                                        // 메모리 클리어
        bicolor.setBrightness(1);                               // 밝기 1
        bicolor.drawBitmap(0, 0, dot_rval, 8, 8, LED_RED);      // 적색 표시 부분 저장
        bicolor.drawBitmap(0, 0, dot_gval, 8, 8, LED_GREEN);    // 녹색 표시 부분 저장
        bicolor.writeDisplay();                                 // 표시
}
```

```
// "Fail !" 표시
void fail_disp(void)
{
	int  x;

	bicolor.setTextSize(1);                        // 문자 크기 6x8
	bicolor.setTextWrap(false);                    // 스크롤 모드 표시
	bicolor.setTextColor(LED_RED);                 // 적색 표시

	// "Fail !" 왼쪽으로 스크롤 하면서 표시
	for(x = 0;x >= -30;x--){
		bicolor.clear();                   // 3색 도트 매트릭스 메모리 클리어
		bicolor.setCursor(x,0);            // 커서 (x, 0) 이동
		bicolor.print("Fail !");           // 커서 위치부터 문자열 위치시키고,
		                                   // (0,0)-(7,7) 부분만 표시
		bicolor.writeDisplay();            // 3색 도트 매트릭스 표시
		delay(100);
	}
}

// 타이머/카운터1 인터럽트 처리함수(주기 : 50ms)
void block_falling(void)
{
	down_cnt++;                                // 블럭이 떨어지는 시간 카운트
	pat_cnt = (pat_cnt + 1) % 8;               // 다음 블럭 후보 패턴 번호 갱신
}
```

[그림 8-10] 실행 결과

Chapter

09

지렁이 게임

09 Chapter 지렁이 게임

[그림 9-1]과 같이 먹이를 먹으면 마디가 하나씩 증가하는 지렁이 게임 프로그램을 작성해보자. 먹이는 먹을 때마다 새로운 위치에 랜덤하게 위치하도록 랜덤 함수를 이용하며, 아두이노 라이브러리에서는 2개의 랜덤 함수 randomSeed(seed)와 rand()가 지원된다.

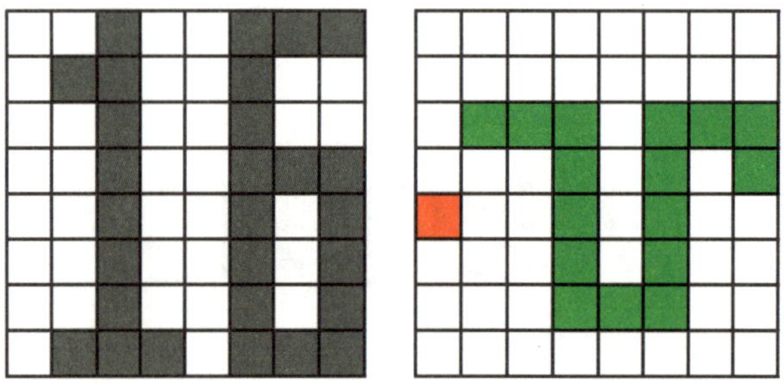

단색 도트 매트릭스(지렁이 길이) 3색 도트 매트릭스(지렁이, 먹이 표시)

단색 도트 매트릭스 : 지렁이 길이(4x8 숫자 패턴)
3색 도트 매트릭스 : 지렁이(녹색), 먹이(적색)

D4(UP_SW) 연결 스위치 : 지렁이 이동 방향 위로
D5(DOWN_SW) 연결 스위치 : 지렁이 이동 방향 아래로
D2(LEFT_SW) 연결 스위치 : 지렁이 이동 방향 왼쪽으로
D3(RIGHT_SW) 연결 스위치 : 지렁이 이동 방향 오른쪽으로

[그림 9-1] 지렁이 게임

프로그램 작성을 위한 전략을 간단히 기술하면 다음과 같다.

★ **지렁이 마디 좌표** : 지렁이가 움직이게 되면 머리 좌표는 새로 저장되고, 꼬리 좌표는 없어지게 되는데 이에 대한 알고리즘이 필요하다. 이에 대해 2가지 방법을 이용하여 구현해 보도록 한다.

★ **지렁이 이동** : 일정 시간이 경과되면 이동 방향으로 자동 이동하도록 하고, 지렁이 마디 수가 늘어나면 이동 속도를 점차 빠르게 하도록 처리한다.

★ **지렁이 이동 방향** : 스위치의 조작에 따라 상하좌우 4방향으로 이동 방향을 결정한다.

★ **충돌 체크** : 지렁이 이동할 때마다 머리 부분이 벽 또는 지렁이 몸에 부딪히는지 체크하고, 충돌이 있는 경우에는 종료하도록 한다.

9.1 알고리즘1(지렁이 마디 좌표 저장법)

각 마디의 좌표가 저장된 상태에서 지렁이가 움직이면 [그림 9-2]와 같이 먼저 위치에서 꼬리 좌표를 저장한 배열에 새로운 머리의 좌표를 저장하고, 이러한 과정을 계속 반복 처리한다. 그리고, 먹이를 먹게 되면 길이를 하나 증가시키고, 꼬리 부분 좌표가 배열 앞부분에 저장되도록 재정렬하여 다시 저장한다.

● 마디 좌표 저장

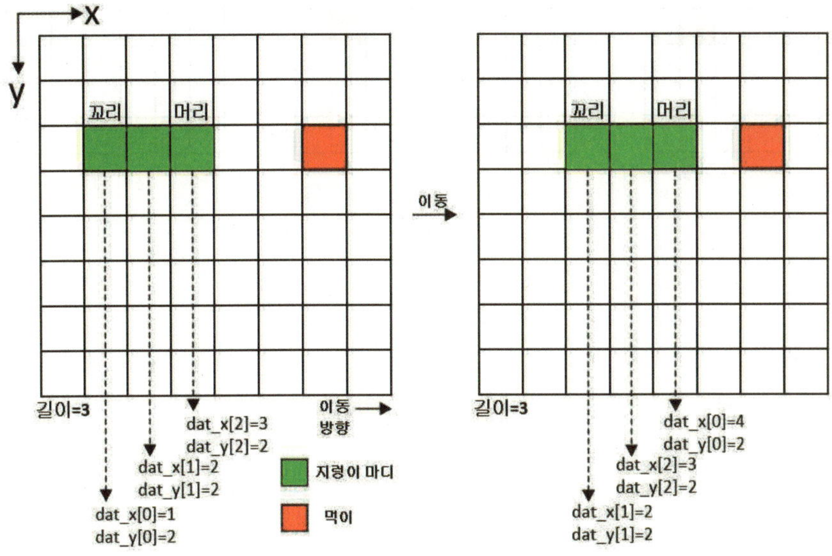

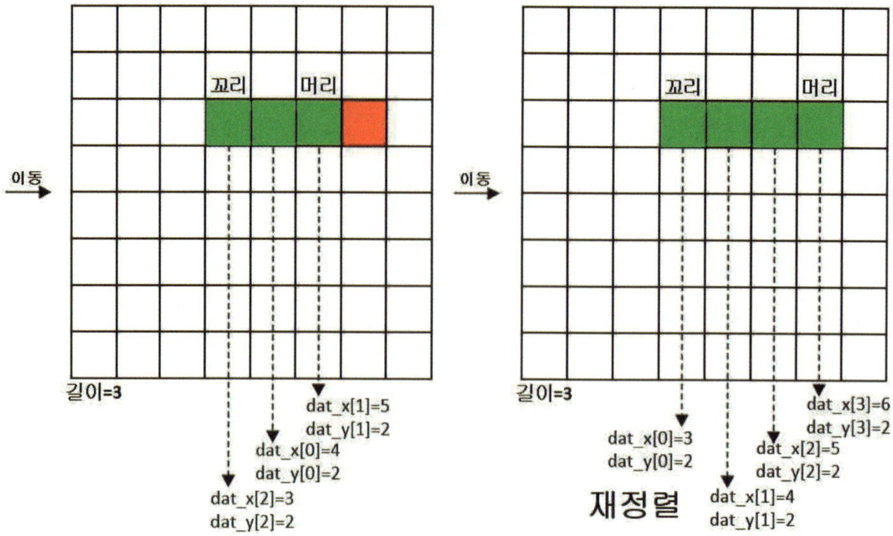

[그림 9-2] 지렁이 마디 좌표 저장
(dat_x[], dat_y[] : 지렁이 마디 좌표 저장 배열)

- **게임 종료**

① 머리 부분이 이동하면서 벽을 넘어서는 경우에는 게임을 종료한다.

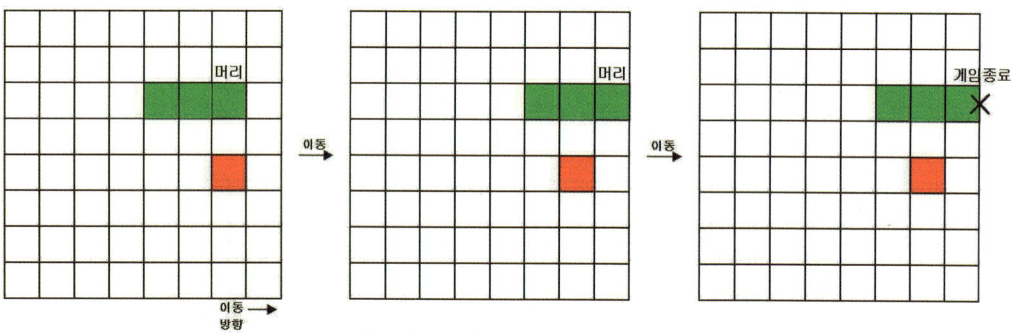

[그림 9-3] 벽을 넘는 경우

② 머리 부분이 몸의 일부에 부딪히는 경우에는 게임을 종료한다.
(머리의 새로운 좌표에서 LED가 on인 경우)

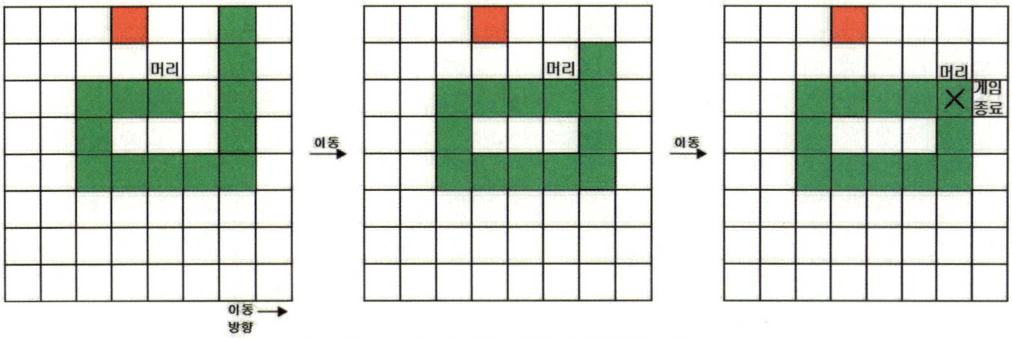

[그림 9-4] 머리와 몸이 충돌하는 경우

- **먹이 위치 랜덤 발생**
  - 시작할 때의 타이머/카운터1 값 TCNT1을 이용하여 랜덤 시드 발생 : srand(TCNT1)
  - 먹이 위치 랜덤 발생 : rand() % 8로 좌표 0~7의 값을 구함

- **게임 초기 상태**
  - 지렁이 마디와 이동 방향 : 3마디 좌상귀 위치, 이동 방향 오른쪽
  - 먹이 초기 위치 : (6, 6)

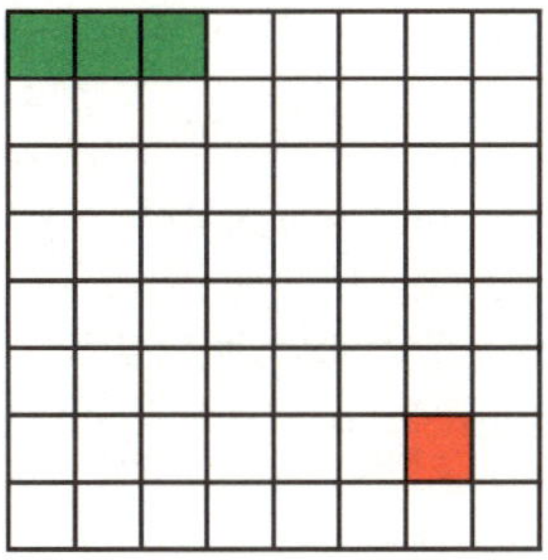

[그림 9-5] 게임 초기 화면

❶	// worm1
	#include "Adafruit_LEDBackpack.h"
	#include <TimerOne.h>
	
	#define UP 1 // 지렁이 움직이는 방향 위
	#define DOWN 2 // 지렁이 움직이는 방향 아래
	#define LEFT 3 // 지렁이 움직이는 방향 왼쪽
	#define RIGHT 4 // 지렁이 움직이는 방향 오른쪽
	
	const int up_sw = 4; // Up 스위치 연결핀
	const int down_sw = 5; // Down 스위치 연결핀
	const int left_sw = 2; // Left 스위치 연결핀
	const int right_sw = 3; // Right 스위치 연결핀

❷	// 도트 매트릭스 객체 생성
	Adafruit_BicolorMatrix bicolor = Adafruit_BicolorMatrix(); // 3색
	Adafruit_8x8matrix matrix = Adafruit_8x8matrix(); // 단색

❸	static const byte PROGMEM num_pat[10][8] = // 0~9 숫자 패턴(4x8) {{0x07,0x05,0x05,0x05,0x05,0x05,0x05,0x07}, // 0 {0x02,0x06,0x02,0x02,0x02,0x02,0x02,0x07}, // 1 {0x07,0x01,0x01,0x07,0x04,0x04,0x04,0x07}, // 2 {0x07,0x01,0x01,0x07,0x01,0x01,0x01,0x07}, // 3 {0x01,0x02,0x04,0x05,0x05,0x07,0x01,0x01}, // 4 {0x07,0x04,0x04,0x07,0x01,0x01,0x01,0x07}, // 5 {0x07,0x04,0x04,0x07,0x05,0x05,0x05,0x07}, // 6 {0x07,0x01,0x01,0x01,0x01,0x01,0x01,0x01}, // 7 {0x07,0x05,0x05,0x07,0x05,0x05,0x05,0x07}, // 8 {0x07,0x05,0x05,0x07,0x01,0x01,0x01,0x01}}; // 9

❹	byte w_init[3][2] = {{0, 0}, {1, 0}, {2, 0}}; // 지렁이 시작 마디 좌표
	
	byte o_x, o_y; // 먹이 x, y 좌표
	byte len = 0; // 지렁이 마디 수
	byte kk; // 꼬리 배열 번호(새로운 머리 좌표 저장할 배열 번호)
	byte lent_time; // 지렁이 길이에 따른 이동 기준 시간
	byte move_chk; // 지렁이 이동 변수(1 : 이동 처리)
	
	volatile byte st = 0; // 동작(1)/정지(0) 변수
	volatile byte dir; // 지렁이 이동 방향
	volatile byte tcnt = 0; // 1ms 카운터 변수
	volatile byte h_x, h_y; // 머리 x, y 좌표

❶	- I2C Adafruit Dot Matrix 사용을 위한 헤더 파일 - 지렁이 이동 방향 심볼 정의 - 4개 조작 스위치 아두이노 연결핀
❷	- 단일 컬러 8x8 도트 매트릭스 객체 생성 : matrix - 3컬러 8x8 도트 매트릭스 객체 생성 : bicolor
❸	- 0~9 숫자 표시 패턴(4x8)
❹	**<사용 변수>** - 지렁이 시작 3마디 좌표 - 먹이 좌표, 지렁이 마디수, 꼬리 배열 번호 - 지렁이 길이에 따른 자동 이동 시간 변수 - 지렁이 이동 실행 변수(1이면 이동 처리) - 게임 동작(1)/정지(0) 변수, 지렁이 이동 방향 - 1ms 단위 카운터 변수, 지렁이 머리 x, y 좌표

❶	<pre>byte dot_red[8][8]; // 도트 매트릭스 먹이 저장 배열(R성분)
	byte dot_green[8][8]; // 도트 매트릭스 몸체 저장 배열(G성분)
	byte dot_gbmp[8]; // 몸체 표시 배열
	byte dot_rbmp[8]; // 먹이 표시 배열
	byte w_x[64], w_y[64]; // 마디 좌표 저장 배열˙ 변수
	byte buf_x[64], buf_y[64]; // 마디 좌표 일시 저장 작업 배열 변수
	byte dot_val[8]; // 도트매트릭스에 길이 표시를 위한 배열</pre>

❷	<pre>void worm_disp(void); // "Worm Game" 출력
	void start_disp(void); // "Press Right Switch R" 출력
	void end_disp(void); // "END" 출력
	void worm_init(void); // 게임 시작을 위한 초기설정
	void sw_input(void); // 스위치 입력 처리
	void bicolor_disp(void); // 게임 화면 표시(3색 도트 매트릭스)
	void len_disp(void); // 길이 표시(단색 도트 매트릭스)</pre>

❸	<pre>// 초기 설정 함수
	void setup()
	{
	      matrix.begin(0x71); // 단색 도트 매트릭스 초기화
	      bicolor.begin(0x70); // 3색 도트 매트릭스 초기화
	
	      pinMode(up_sw, INPUT); // UP 스위치 입력 방향 설정
	      pinMode(down_sw, INPUT); // DOWN 스위치 입력 방향 설정
	      pinMode(left_sw, INPUT); // LEFT 스위치 입력 방향 설정
	      pinMode(right_sw, INPUT); // RIGHT 스위치 입력 방향 설정
	
	      Timer1.initialize(3000); // 3ms 인터럽트 주기
	      Timer1.attachInterrupt(move_time); // 인터럽트 함수 move_time() 설정
	
	      worm_disp(); // "Worm Game" 3색 도트 매트릭스 표시
	}</pre>

❶	- 먹이 및 몸체 데이터 저장 배열 - 몸체 및 먹이 표시 배열 - 지렁이 마디 좌표 저장 배열 - 작업용 마디 좌표 일시 저장 배열 - 지렁이 길이 표시 배열
❷	**<사용자 정의 함수>** - "Worm Game" 표시 함수 - "Press Right Switch R" 표시 함수 - "END" 출력 표시 함수 - 게임 시작을 위한 초기설정 함수 - 스위치 입력 처리 함수 - 게임 화면 표시(3색 도트 매트릭스) 함수 - 길이 표시(단색 도트 매트릭스) 함수
❸	**<초기설정 함수>** - 단색, 3색 도트 매트릭스 초기화 및 클리어 - 4개 조작 스위치 입력 방향 설정 - 타이머1 3ms 인터럽트 주기 및 인터럽트 함수 설정 - "Worm Game" 표시

❶

```
// 반복 처리 함수
void loop()
{
	start_disp();                          // "Press Right SW R" 3색 도트 매트릭스 표시
	dir = RIGHT;                           // 지렁이 이동방향 오른쪽 설정

	while(1){
		if(digitalRead(right_sw) == LOW) break; // Right스위치가 눌려질 때까지 대기
	}

	worm_init();                           // 지렁이 게임 시작 상태 설정

	st = 1;                                // 게임 진행
	srand(TCNT1);                          // TCNT1값 랜덤 seed값으로 이용

	while(st){                             // 종료 상태가 될 때까지 실행
		sw_input();                          // 스위치 입력 체크
		if(move_chk == 1) worm_move();       // 지렁이 이동
	}

	end_disp();                            // "END" 표시
	delay(2000);                           // 2초 대기
}
```

❷

```
// 도트매트릭스 "Worm Game" 출력 표시
void worm_disp(void)
{
	int  x;

	bicolor.setTextWrap(false);            // 문자들이 스크롤 표시되도록 설정
	bicolor.setTextSize(1);                // 글자 크기 6x8
	bicolor.setTextColor(LED_GREEN);       // 녹색 표시

	for(x = 7;x >= -48;x--){               // 왼쪽으로 이동하면서 표시
		bicolor.clear();                     // 도트 매트릭스 메모리 클리어
		bicolor.setCursor(x,0);              // 커서 (x, 0) 위치
		bicolor.print("Worm Game");          // "Worm Game" 표시
		bicolor.writeDisplay();              // 3색 도트 매트릭스 표시
		delay(100);
	}
}
```

❶	**<반복처리 함수>** - "Press Right SW R" 표시 함수 호출 - 지렁이 이동방향 초기값 오른쪽으로 설정 - Right 스위치가 눌려질 때까지 대기 - 지렁이 게임 시작 함수 호출하고, 게임 시작 변수 셋 - 타이머1 레지스터 TCNT1을 랜덤 씨드(seed)값을 설정 - 게임 시작 변수가 1인 동안 스위치 입력 체크 함수와 지렁이 이동 함수 호출 - 게임 시작 변수가 0이면 "END" 표시하고, 2초 후 처음부터 단시 반복 실행
❷	**<worm_disp(void) 도트매트릭스 "Worm Game" 출력 표시 함수>** - 스크롤 표시 모드, 글자 크기 6x8, 글자 색 녹색 설정 - "Worm Game" 왼쪽으로 한 칸씩 스크롤하면서 표시

❶	```
	// 도트매트릭스 "Press Right SW R" 출력 표시
	void start_disp(void)
	{
	        int x;
	
	        bicolor.setTextWrap(false); // 문자들이 스크롤 표시되도록 설정
	        bicolor.setTextSize(1); // 글자 크기 6x8
	        bicolor.setTextColor(LED_GREEN); // 녹색 표시
	
	        for(x = 7;x >= -88;x--){ // 왼쪽으로 이동하면서 표시
	                bicolor.clear(); // 도트 매트릭스 메모리 클리어
	                bicolor.setCursor(x,0); // 커서 (x, 0) 위치
	                bicolor.print("Press Right SW R"); // "Press Right SW R" 표시
	                bicolor.writeDisplay(); // 3색 도트 매트릭스 표시
	                delay(100);
	        }
	}
	``

❷	```
	// 도트매트릭스 "END" 출력 표시
	void end_disp(void)
	{
	      int i, j, x;
	
	        bicolor.setTextWrap(false); // 문자들이 스크롤 표시되도록 설정
	        bicolor.setTextSize(1); // 글자 크기 6x8
	        bicolor.setTextColor(LED_GREEN); // 녹색 표시
	
	        for(x = 7;x >= -24;x--) { // 왼쪽으로 이동하면서 표시
	                bicolor.clear(); // 도트 매트릭스 메모리 클리어
	                bicolor.setCursor(x,0); // 커서 (x, 0) 위치
	                bicolor.print("END!"); // "END!" 표시
	                bicolor.writeDisplay(); // 3색 도트 매트릭스 표시
	                delay(100);
	        }
	}
	``

❶	**<start_disp(void) : "Press Right SW R" 출력 표시 함수>** - 스크롤 표시 모드, 글자 크기 6x8, 글자 색 녹색 설정 - "Press Right SW R" 왼쪽으로 한 칸씩 스크롤하면서 표시
❷	**<end_disp(void) : "END!" 출력 표시 함수>** - 스크롤 표시 모드, 글자 크기 6x8, 글자 색 녹색 설정 - "END!" 왼쪽으로 한 칸씩 스크롤하면서 표시

❶
```
// 게임 초기 상태 설정
void worm_init(void)
{
	int i, j, x, y;

	// 게임 화면(3색 도트 매트릭스) 표시 값 클리어
	for(j = 0;j < 8;j++){
		for(i = 0;i < 8;i++){
			dot_green[j][i] = 0;		// 녹색 표시 값 클리어
			dot_red[j][i] = 0;		// 적색 표시 값 클리어
		}
	}

	// 지렁이 초기 상태의 마디 좌표 설정(길이 3)
	for(i = 0;i < 3;i++){
		x = w_init[i][0];
		y = w_init[i][1];
		w_x[i] = x;			// 마디 x좌표
		w_y[i] = y;			// 마디 y좌표

		dot_green[y][x] = 1;		// 녹색 LED on(지렁이 몸체)
	}
```
❷
```
	h_x = w_init[2][0];			// 머리 x 좌표
	h_y = w_init[2][1];			// 머리 y 좌표

	len = 3;				// 길이 3
	kk = 0;					// 꼬리 배열 번호

	o_x = 6;				// 초기 먹이 위치
	o_y = 6;

	dot_red[o_y][o_x] = 1;			// 먹이 적색 표시
	lent_time = 500 - len * 5;		// 지렁이 이동 시간(길이에 비례하여 짧아지도록)

	len_disp();				// 길이 표시

	bicolor_disp();				// 게임 화면 표시
}
```

❶	**<void worm_init(void) 게임 초기 상태 설정 함수>** - 녹색 표시 값(지렁이 몸체), 적색 표시 값(먹이) 저장 배열 클리어 - 지렁이 초기 상태 3마디 좌표 녹색 표시 배열에 저장
❷	- 지렁이 머리 x, y 좌표 설정 - 길이 3, 지렁이 좌표 저장 배열에서 꼬리 배열 번호(index) 설정 - 먹이 초기 위치 설정 - 먹이 적색 표시 배열에 저장 - 지렁이 이동 시간 설정 - 길이 표시 함수와 게임 화면 표시 함수 호출

❶

```
// 스위치 입력 처리
void sw_input()
{
        byte up, down, left, right;

        // 4개 조작 스위치 읽기
        up = digitalRead(up_sw);                              // UP 스위치
        down = digitalRead(down_sw);                          // DOWN 스위치
        left = digitalRead(left_sw);                          // LEFT 스위치
        right = digitalRead(right_sw);                        // RIGHT 스위치

        // 현재 이동 방향과 눌려진 스위치가 반대 방향이 아닌지 체크하면서 방향 설정
        if(dir != DOWN && up == 0) dir = UP;                  // 이동 방향 위로
        else if(dir != UP && down == 0) dir = DOWN;           // 이동 방향 아래로
        else if(dir != RIGHT && left == 0) dir = LEFT;        // 이동 방향 왼쪽으로
        else if(dir != LEFT && right == 0) dir = RIGHT;       // 이동 방향 오른쪽으로
}
```

❶	**<sw_input() : 스위치 입력 체크 함수>** - 4개 조작 스위치 상태 읽기 - 이동 방향과 반대 방향의 조작 스위치가 눌려졌는지 체크(이동 방향의 반대 방향으로 전환 불가하므로 확인 필요) - 이동 방향이 아래 방향이 아니고 UP 스위치가 눌려졌으면 이동 방향을 UP 방향으로 갱신 - 이동 방향이 위 방향이 아니고 DOWN 스위치가 눌려졌으면 이동 방향을 DOWN 방향으로 갱신 - 이동 방향이 오른쪽 방향이 아니고 LEFT 스위치가 눌려졌으면 이동 방향을 LEFT 방향으로 갱신 - 이동 방향이 왼쪽 방향이 아니고 RIGHT 스위치가 눌려졌으면 이동 방향을 RIGHT 방향으로 갱신

❶

```
// 타이머/카운터1(3ms 인터럽트 주기)
void move_time(void)
{
	if(st == 0) return;                  // 게임 종료 상태이면 리턴

	// 게임 진행속도에 맞춰 지렁이 이동방행으로 1칸 이동 처리
	tcnt++;                              // 게임 진행속도 조절 카운터
	if(tcnt < lent_time) return;         // 이동기준시간이 될 때까지 리턴

	tcnt = 0;                            // 게임 진행속도 조절 카운터 리세
	move_chk = 1;                        // 지렁이 이동 변수 셋

	if(dir == UP) {                      // 이동방향 = 위이면
		if(h_y > 0) h_y--;               // 머리 Y좌표 1감소
		else st = 0;                     // 윗쪽 벽 충돌 게임종료
	}
	else if(dir == DOWN){                // 이동방향 = 아래 ?
		if(h_y < 7) h_y++;               // 머리 Y좌표 1증가
		else st = 0;                     // 아래쪽 벽 충돌 게임종료
	}
	else if(dir == LEFT){                // 이동방향 = 왼쪽 ?
		if(h_x > 0) h_x--;               // 머리 X좌표 1감소
		else st = 0;                     // 왼쪽 벽 충돌 게임종료
	}
	else {                               // 이동방향 = 오른쪽 ?
		if(h_x < 7) h_x++;               // 머리 X좌표 1증가
		else st = 0;                     // 오른쪽 벽 충돌 게임종료
	}
}
```

❶

<move_time() : 타이머1 3ms 주기 인터럽트 함수>

- 게임 종료 상태이면 리턴
- 3ms 단위 카운터 변수 +1
- 3ms 단위 카운터 변수가 이동 기준 시간 값보다 작으면 리턴

<3ms 단위 카운터 변수가 이동 기준 시간 값보다 큰 경우>

- 3ms 단위 카운터 변수 리셋
- 지렁이 이동 변수 셋(이 함수 종료 후 지렁이 이동 처리 함수 실행)
- 지렁이 이동 방향이 위쪽이고 머리 수직 좌표가 맨 위가 아니면 머리 수직 좌표를 -1 하고, 그렇지 않으면 게임 종료 상태 설정
- 지렁이 이동 방향이 아래쪽이고 머리 수직 좌표가 맨 아래가 아니면 머리 수직 좌표를 +1 하고, 그렇지 않으면 게임 종료 상태 설정.
- 지렁이 이동 방향이 왼쪽이고 머리 수평 좌표가 맨 좌측이 아니면 머리 수평 좌표를 -1 하고, 그렇지 않으면 게임 종료 상태 설정
- 지렁이 이동 방향이 오른쪽이고 머리 수평 좌표가 맨 우측이 아니면 머리 수평 좌표를 +1 하고, 그렇지 않으면 게임 종료 상태 설정

❶

```
// 지렁이 이동 처리 함수
void worm_move()
{
        int bx, by, i;

        move_chk = 0;                                   // 지렁이 이동 변수 리셋
        if(st == 0) return;                             // 게임 종료 상태이면 리턴

        if(o_x == h_x && o_y == h_y){                   // 먹이좌표 = 새로운 머리좌표
                // 지렁이 마디 좌표 재정렬(꼬리 좌표를 배열 처음에 오도록)
                for(i = 0;i < len;i++){
                        buf_x[i] = w_x[kk];
                        buf_y[i] = w_y[kk];
                        kk = (kk + 1) % len;
                }

                // 재정렬된 좌표 저장 변수에 저장
                for(i = 0;i < len;i++){
                        w_x[i] = buf_x[i];
                        w_y[i] = buf_y[i];
                }

                // 새 머리 부분에 먹이 좌표 저장
                w_x[len] = h_x;
                w_y[len] = h_y;

                kk = 0;                                 // 꼬리 부분 배열 선두로 설정
                len = len + 1;                          // 길이 1증가
                len_disp();                             // 길이 단색 도트 매트릭스 표시

               // 길이에 따라 점점 빠르게 이동 기준 시간 설정
                if(len < 50) lent_time = 500 - len * 5;

                dot_red[o_y][o_x] = 0;                  // 현재 먹이 제거
                dot_green[h_y][h_x] = 1;                //  먹이 부분 추가

                bicolor.drawPixel(o_x, o_y, LED_OFF);    // 도트 매트릭스 먹이 부분 클리어
                bicolor.drawPixel(h_x, h_y, LED_GREEN); // 먹이 부분 지렁이 몸으로 표시
```

❶	**<worm_move() : 지렁이 이동 처리 함수>** - 지렁이 이동 변수 리셋 - 게임 종료상태이면 리턴(게임 종료는 타이머1 인터럽트에서 자동 처리되므로 체크 필요) **<먹이 좌표와 새 머리 좌표가 일치하는 경우 : 먹이 먹음>** - 꼬리 좌표가 좌표 저장 배열에서 맨 처음에 오도록 재정렬 - 새 머리 부분에 먹이 좌표 설정 - 꼬리 배열 번호 0 설정 - 지렁이 길이 +1 하고, 길이 표시 함수 호출 - 길이에 따라 이동 시간이 빨라지도록 새로 설정 - 먹이 저장 배열에서 현재 먹이 제거하고, 지렁이 몸체 저장 배열에는 추가 - 도트 매트릭스에서 현재 먹이 표시 적색 LED OFF 시키고, 지렁이 몸체 표시 녹색 LED ON

❶

```
            // 새 먹이 발생
            while(1){
                // 먹이 위치 랜덤 발생
                o_x = rand() % 8;
                o_y = rand() % 8;

                // 먹이 발생 위치에 지렁이 몸이 있으면 다시 발생
                if(dot_green[o_y][o_x] != 0) continue;

                dot_red[o_y][o_x] = 1;                      // 먹이 위치 저장
                bicolor.drawPixel(o_x, o_y, LED_RED);       // 먹이 위치 적색 표시
                break;
            }
        }
```

❷

```
        else {              // 지렁이 단순 이동(먹이 먹지 않은 이동)
            bx = w_x[kk];                           // 꼬리 좌표 백업
            by = w_y[kk];

            w_x[kk] = h_x;                          // 현재의 머리좌표 kk번째 배열에 저장
            w_y[kk] = h_y;
            dot_green[by][bx] = 0;                  // 현재 꼬리부분 저장 클리어
            bicolor.drawPixel(bx, by, LED_OFF);     // 표시 클리어

            kk= (kk + 1) % len;                     // 새로운 꼬리부분 배열 번호 갱신

            if(dot_green[h_y][h_x] == 1) st = 0;    // 새 머리 부분에 몸이 있으면 게임종료
            else {
                dot_green[h_y][h_x] = 1;                    // 새 머리 부분 저장
                bicolor.drawPixel(h_x, h_y, LED_GREEN);     // 새 머리 부분 표시
            }
        }
        bicolor.writeDisplay();                     // 3색 도트 매트릭스 표시
    }
```

❶	- 지렁이 몸이 없는 위치에 새 먹이가 위치할 때까지 먹이 수평, 수직 위치 랜덤 발생 - 먹이 저장 배열에서 먹이 위치 값 셋 - 도트 매트릭스에 먹이 적색 표시
❷	**<먹이 좌표와 새 머리 좌표가 일치하지 않는 경우 : 단순 이동>** - 꼬리 좌표 백업(나중에 도트 매트릭스에서 지우기 위해) - 꼬지 좌표 저장한 배열 위치에 새 머리 좌표 저장 - 3색 도트 매트릭스에서 꼬리 좌표 녹색 LED OFF - 꼬리 배열 번호 갱신 - 새 머리 부분에 몸이 있으면 게임 종료하고, 그렇지 않으면 새 머리 부분 저장 배열 위치의 값 셋한 후 도트 매트릭스에서 녹색 LED ON - 3색 도트 매트릭스 표시

❶	<pre>// 3색 도트 매트릭스 표시 배열 표시
	void bicolor_disp()
	{
	    byte i, j;
	
	    // 지렁이 녹색 저장 8x8 배열 -> 8x1 표시 배열로 변환 저장
	    for(j = 0;j < 8;j++){
	        dot_gbmp[j] = 0;
	        for(i = 0;i < 8;i++)
	            if(dot_green[j][i] == 1) dot_gbmp[j] |= (1 << (7 - i));
	    }
	
	    // 먹이 적색 저장 8x8 배열 -> 8x1 표시 배열로 변환 저장
	    for(j = 0;j < 8;j++){
	        dot_rbmp[j] = 0;
	        for(i = 0;i < 8;i++)
	            if(dot_red[j][i] == 1) dot_rbmp[j] |= (1 << (7 - i));
	    }</pre>

❷	<pre> // 3색 도트 매트릭스
	    bicolor.clear(); // 메모리 클리어
	    bicolor.drawBitmap(0, 0, dot_gbmp, 8, 8, LED_GREEN); // 지렁이 녹색 메모리 저장
	    bicolor.drawBitmap(0, 0, dot_rbmp, 8, 8, LED_RED); // 먹이 적색 메모리 저장
	    bicolor.writeDisplay(); // 표시
	}</pre>

❶	**<bicolor_disp() : 3색 도트 매트릭스 표시 배열 표시 함수>** - 지렁이 몸체 저장 8x8 배열을 8x1 표시 배열로 변환 - 먹이 저장 8x8 배열을 8x1 표시 배열로 변환
❷	**<3색 도트 매트릭스 표시>** - 메모리 클리어 - 지렁이 녹색 메모리 저장 - 먹이 적색 메모리 저장 - 표시

❶

```
// 단색 도트 매트릭스 길이 표시
void len_disp()
{
	byte m10, m1, m;

	m10 = len / 10;
	m1 = len % 10;

	// 길이 10자리와 1자리 패턴 합성하여 표시 배열 저장
	for(m = 0;m < 8;m++)
		dot_val[m] = (pgm_read_byte(&num_pat[m10][m]) << 4) |
		                              pgm_read_byte(&num_pat[m1][m]);

	// 단색 도트 매트릭스
	matrix.clear();                                    // 메모리 클리어
	matrix.drawBitmap(0, 0, dot_val, 8, 8, LED_ON);    // 표시 배열 메모리 저장
	matrix.writeDisplay();                             // 도트 매트릭스 표시
}
```

❶

<len_disp() : 단색 도트 매트릭스 지렁이 길이 표시 함수>

- 지렁이 길이 10자리, 1자리 추출
- 10자리와 1자리 패턴 합성 배열 저장
- 도트 매트릭스 메모리 클리어
- 표시 배열 메모리 저장
- 도트 매트릭스 표시

```
// worm1
#include "Adafruit_LEDBackpack.h"
#include <TimerOne.h>

#define UP          1                   // 지렁이 움직이는 방향 위
#define DOWN        2                   // 지렁이 움직이는 방향 아래
#define LEFT        3                   // 지렁이 움직이는 방향 왼쪽
#define RIGHT       4                   // 지렁이 움직이는 방향 오른쪽

const int up_sw =  4;                   // Up 스위치 연결핀
const int down_sw =  5;                 // Down 스위치 연결핀
const int left_sw =  2;                 // Left 스위치 연결핀
const int right_sw =  3;                // Right 스위치 연결핀

// 도트 매트릭스 객체 생성
Adafruit_BicolorMatrix bicolor = Adafruit_BicolorMatrix();    // 3색
Adafruit_8x8matrix matrix = Adafruit_8x8matrix();             // 단색

static const byte PROGMEM
  num_pat[10][8] =                                            // 0~9 숫자 패턴(4x8)
   {{0x07,0x05,0x05,0x05,0x05,0x05,0x05,0x07},                // 0
    {0x02,0x06,0x02,0x02,0x02,0x02,0x02,0x07},                // 1
    {0x07,0x01,0x01,0x07,0x04,0x04,0x04,0x07},                // 2
    {0x07,0x01,0x01,0x07,0x01,0x01,0x01,0x07},                // 3
    {0x01,0x02,0x04,0x05,0x05,0x07,0x01,0x01},                // 4
    {0x07,0x04,0x04,0x07,0x01,0x01,0x01,0x07},                // 5
    {0x07,0x04,0x04,0x07,0x05,0x05,0x05,0x07},                // 6
    {0x07,0x01,0x01,0x01,0x01,0x01,0x01,0x01},                // 7
    {0x07,0x05,0x05,0x07,0x05,0x05,0x05,0x07},                // 8
    {0x07,0x05,0x05,0x07,0x01,0x01,0x01,0x01}};               // 9

byte  w_init[3][2] = {{0, 0}, {1, 0}, {2, 0}};         // 지렁이 시작 마디 좌표

byte  o_x, o_y;                         // 먹이 x, y 좌표
byte  len = 0;                          // 지렁이 마디 수
byte  kk;                               // 꼬리 배열 번호(새로운 머리 좌표 저장할 배열 번호)
byte  lent_time;                        // 지렁이 길이에 따른 이동 기준 시간
byte  move_chk;                         // 지렁이 이동 변수(1 : 이동 처리)

volatile byte  st = 0;                  // 동작(1)/정지(0) 변수
volatile byte  dir;                     // 지렁이 이동 방향
volatile byte  tcnt = 0;                // 1ms 카운터 변수
volatile byte  h_x, h_y;                // 머리 x, y 좌표

byte  dot_red[8][8];                    // 도트매트릭스 먹이 저장 배열(R성분)
byte  dot_green[8][8];                  // 도트매트릭스 몸체 저장 배열(G성분)
byte  dot_gbmp[8];                      // 몸체 표시 배열
byte  dot_rbmp[8];                      // 먹이 표시 배열
byte  w_x[64], w_y[64];                 // 마디 좌표 저장 배열 변수
```

```
byte  buf_x[64], buf_y[64];             // 마디 좌표 일시 저장 작업 배열 변수
byte  dot_val[8];                       // 도트매트릭스에 길이 표시를 위한 배열

void  worm_disp(void);                  // "Worm Game"  출력
void  start_disp(void);                 // "Press Right Switch R" 출력
void  end_disp(void);                   // "END" 출력
void  worm_init(void);                  // 게임 시작을 위한 초기설정
void  sw_input(void);                   // 스위치 입력 처리
void  bicolor_disp(void);               // 게임 화면 표시(3색 도트 매트릭스)
void  len_disp(void);                   // 길이 표시(단색 도트 매트릭스)

// 초기 설정 함수
void setup()
{
      matrix.begin(0x71);                         // 단색 도트 매트릭스 초기화
      bicolor.begin(0x70);                        // 3색 도트 매트릭스 초기화

      pinMode(up_sw, INPUT);                      // UP 스위치 입력 방향 설정
      pinMode(down_sw, INPUT);                    // DOWN 스위치 입력 방향 설정
      pinMode(left_sw, INPUT);                    // LEFT 스위치 입력 방향 설정
      pinMode(right_sw, INPUT);                   // RIGHT  스위치 입력 방향 설정

      Timer1.initialize(3000);                    // 3ms 인터럽트 주기
      Timer1.attachInterrupt(move_time);          // 인터럽트 함수 move_time() 설정

      worm_disp();                                // "Worm Game" 3색 도트 매트릭스 표시
}

// 반복 처리 함수
void loop()
{
      start_disp();                               // "Press Right SW R" 3색 도트 매트릭스 표시

      dir = RIGHT;                                // 지렁이 이동방향 오른쪽 설정

      while(1){
            if(digitalRead(right_sw) == LOW) break;  // 오른쪽 스위치가 눌려질 때까지 대기
      }

      worm_init();                                // 지렁이 게임 시작 상태 설정

      st = 1;                                     // 게임 진행
      srand(TCNT1);                               // TCNT1값 랜덤 seed값으로 이용

      while(st){                                  // 종료 상태가 될 때까지 실행
            sw_input();                           // 스위치 입력 체크
            if(move_chk == 1) worm_move();        // 지렁이 이동
      }
```

```
        end_disp();                          // "END" 표시
        delay(2000);                         // 2초 대기
}

 // 도트매트릭스 "Worm Game" 출력 표시
void worm_disp(void)
{
        int   x;

        bicolor.setTextWrap(false);          // 문자들이 스크롤 표시되도록 설정
        bicolor.setTextSize(1);              // 글자 크기 6x8
        bicolor.setTextColor(LED_GREEN);     // 녹색 표시

        for(x = 7;x >= -48;x--){             // 왼쪽으로 이동하면서 표시
                bicolor.clear();             // 도트 매트릭스 메모리 클리어
                bicolor.setCursor(x,0);      // 커서 (x, 0) 위치
                bicolor.print("Worm Game");  // "Worm Game" 표시
                bicolor.writeDisplay();      // 3색 도트 매트릭스 표시
                delay(100);
        }
}

 // 도트매트릭스 "Press Right SW R" 출력 표시
void start_disp(void)
{
        int   x;

        bicolor.setTextWrap(false);          // 문자들이 스크롤 표시되도록 설정
        bicolor.setTextSize(1);              // 글자 크기 6x8
        bicolor.setTextColor(LED_GREEN);     // 녹색 표시

        for(x = 7;x >= -88;x--){             // 왼쪽으로 이동하면서 표시
                bicolor.clear();             // 도트 매트릭스 메모리 클리어
                bicolor.setCursor(x,0);      // 커서 (x, 0) 위치
                bicolor.print("Press Right SW R");   // "Press Right SW R" 표시
                bicolor.writeDisplay();      // 3색 도트 매트릭스 표시
                delay(100);
        }
}

// 도트매트릭스 "END" 출력 표시
void end_disp(void)
{
     int     i, j, x;

        bicolor.setTextWrap(false);          // 문자들이 스크롤 표시되도록 설정
        bicolor.setTextSize(1);              // 글자 크기 6x8
        bicolor.setTextColor(LED_GREEN);     // 녹색 표시
```

```
        for(x = 7;x >= -24;x--) {                        // 왼쪽으로 이동하면서 표시
                bicolor.clear();                         // 도트 매트릭스 메모리 클리어
                bicolor.setCursor(x,0);                  // 커서 (x, 0) 위치
                bicolor.print("END!");                   // "END!" 표시
                bicolor.writeDisplay();                  // 3색 도트 매트릭스 표시
                delay(100);
        }
}

// 게임 초기 상태 설정
void worm_init(void)
{
        int i, j, x, y;

        // 게임 화면(3색 도트 매트릭스) 표시값 클리어
        for(j = 0;j < 8;j++){
                for(i = 0;i < 8;i++){
                        dot_green[j][i] = 0;             // 녹색 표시값 클리어
                        dot_red[j][i] = 0;               // 적색 표시값 클리어
                }
        }

        // 지렁이 초기 상태의 마디 좌표 설정(길이 3)
        for(i = 0;i < 3;i++){
                x = w_init[i][0];
                y = w_init[i][1];
                w_x[i] = x;                              // 마디 x좌표
                w_y[i] = y;                              // 마디 y좌표

                dot_green[y][x] = 1;                     // 녹색 LED on(지렁이 몸체)
        }

        h_x = w_init[2][0];                              // 머리 x 좌표
        h_y = w_init[2][1];                              // 머리 y 좌표

        len = 3;                                         // 길이 3
        kk = 0;                                          // 꼬리 배열 번호

        o_x = 6;                                         // 초기 먹이 위치
        o_y = 6;

        dot_red[o_y][o_x] = 1;                           // 먹이 적색 표시
        lent_time = 500 - len * 5;                       // 지렁이 이동 시간(길이에 비례하여 짧아지도록)

        len_disp();                                      // 길이 표시

        bicolor_disp();                                  // 게임 화면 표시
}
```

```
// 스위치 입력 처리
void sw_input()
{
	byte up, down, left, right;

	// 4개 조작 스위치 읽기
	up = digitalRead(up_sw);                          // UP 스위치
	down = digitalRead(down_sw);                      // DOWN 스위치
	left = digitalRead(left_sw);                      // LEFT 스위치
	right = digitalRead(right_sw);                    // RIGHT 스위치

	// 현재 이동 방향과 눌려진 스위치가 반대 방향이 아닌지 체크하면서 방향 설정
	if(dir != DOWN && up == 0) dir = UP;              // 이동 방향 위로
	else if(dir != UP && down == 0) dir = DOWN;       // 이동 방향 아래로
	else if(dir != RIGHT && left == 0) dir = LEFT;    // 이동 방향 왼쪽으로
	else if(dir != LEFT && right == 0) dir = RIGHT;   // 이동 방향 오른쪽으로
}


// 타이머/카운터1(3ms 인터럽트 주기)
void move_time(void)
{
	if(st == 0) return;                               // 게임 종료 상태이면 리턴

	// 게임 진행속도에 맞춰 지렁이 이동방행으로 1칸 이동 처리
	tcnt++;                                           // 게임 진행속도 조절 카운터
	if(tcnt < lent_time) return;                      // 이동기준시간이 될 때까지 리턴

	tcnt = 0;                                         // 게임 진행속도 조절 카운터 리세
	move_chk = 1;                                     // 지렁이 이동 변수 셋

	if(dir == UP) {                                   // 이동방향 = 위이면
		if(h_y > 0) h_y--;                            // 머리 Y좌표 1감소
		else st = 0;                                  // 윗쪽 벽 충돌 게임종료
	}
	else if(dir == DOWN){                             // 이동방향 = 아래 ?
		if(h_y < 7) h_y++;                            // 머리 Y좌표 1증가
		else st = 0;                                  // 아래쪽 벽 충돌 게임종료
	}
	else if(dir == LEFT){                             // 이동방향 = 왼쪽 ?
		if(h_x > 0) h_x--;                            // 머리 X좌표 1감소
		else st = 0;                                  // 왼쪽 벽 충돌 게임종료
	}
	else {                                            // 이동방향 = 오른쪽 ?
		if(h_x < 7) h_x++;                            // 머리 X좌표 1증가
		else st = 0;                                  // 오른쪽 벽 충돌 게임종료
	}
}
```

```
// 지렁이 이동 처리 함수
void worm_move()
{
	int bx, by, i;

	move_chk = 0;                                    // 지렁이 이동 변수 리셋
	if(st == 0) return;                              // 게임 종료 상태이면 리턴

	if(o_x == h_x && o_y == h_y){                    // 먹이좌표 = 새로운 머리좌표
		// 지렁이 마디 좌표 재정렬(꼬리 좌표를 배열 처음에 오도록)
		for(i = 0;i < len;i++){
			buf_x[i] = w_x[kk];
			buf_y[i] = w_y[kk];
			kk = (kk + 1) % len;
		}

		// 재정렬된 좌표 저장 변수에 저장
		for(i = 0;i < len;i++){
			w_x[i] = buf_x[i];
			w_y[i] = buf_y[i];
		}

		// 새 머리 부분에 먹이 좌표 저장
		w_x[len] = h_x;
		w_y[len] = h_y;

		kk = 0;                                      // 꼬리 부분 배열 선두로 설정
		len = len + 1;                               // 길이 1증가
		len_disp();                                  // 길이 단색 도트 매트릭스 표시

		// 길이에 따라 점점 빠르게 이동 기준 시간 설정
		if(len < 50) lent_time = 500 - len * 5;

		dot_red[o_y][o_x] = 0;                       // 현재 먹이 제거
		dot_green[h_y][h_x] = 1;                     //  먹이 부분 추가

		bicolor.drawPixel(o_x, o_y, LED_OFF);        // 도트 매트릭스 먹이 부분 클리어
		bicolor.drawPixel(h_x, h_y, LED_GREEN);      // 먹이 부분 지렁이 몸으로 표시

		// 새 먹이 발생
		while(1){
			// 먹이 위치 랜덤 발생
			o_x = rand() % 8;
			o_y = rand() % 8;

			// 먹이 발생 위치에 지렁이 몸이 있으면 다시 발생
			if(dot_green[o_y][o_x] != 0) continue;

			dot_red[o_y][o_x] = 1;                   // 먹이 위치 저장
```

```
                bicolor.drawPixel(o_x, o_y, LED_RED);     // 먹이 위치 적색 표시
                break;
            }
        }
        else {              // 지렁이 단순 이동(먹이 먹지 않은 이동)
            bx = w_x[kk];                                  // 꼬리 좌표 백업
            by = w_y[kk];

            w_x[kk] = h_x;                                 // 현재의 머리좌표 kk번째 배열에 저장
            w_y[kk] = h_y;
            dot_green[by][bx] = 0;                         // 현재 꼬리부분 저장 클리어
            bicolor.drawPixel(bx, by, LED_OFF);            // 표시 클리어

            kk= (kk + 1) % len;                            // 새로운 꼬리부분 배열 번호 갱신

            if(dot_green[h_y][h_x] == 1) st = 0;           // 새 머리 부분에 몸이 있으면 게임 종료
            else {
                dot_green[h_y][h_x] = 1;                   // 새 머리 부분 저장
                bicolor.drawPixel(h_x, h_y, LED_GREEN);    // 새 머리 부분 표시
            }
        }
        bicolor.writeDisplay();                            // 3색 도트 매트릭스 표시
}

// 3색 도트 매트릭스 표시 배열 표시
void bicolor_disp()
{
        byte  i, j;

        // 지렁이 녹색 저장 8x8 배열 -> 8x1 표시 배열로 변환 저장
        for(j = 0;j < 8;j++){
            dot_gbmp[j] = 0;
            for(i = 0;i < 8;i++)
                if(dot_green[j][i] == 1) dot_gbmp[j] |= (1 << (7 - i));
        }

        // 먹이 적색 저장 8x8 배열 -> 8x1 표시 배열로 변환 저장
        for(j = 0;j < 8;j++){
            dot_rbmp[j] = 0;
            for(i = 0;i < 8;i++)
                if(dot_red[j][i] == 1) dot_rbmp[j] |= (1 << (7 - i));
        }

        // 3색 도트 매트릭스
        bicolor.clear();                                           // 메모리 클리어
        bicolor.drawBitmap(0, 0, dot_gbmp, 8, 8, LED_GREEN);       // 지렁이 녹색 메모리 저장
        bicolor.drawBitmap(0, 0, dot_rbmp, 8, 8, LED_RED);         // 먹이 적색 메모리 저장
        bicolor.writeDisplay();                                    // 표시
}
```

```
// 단색 도트 매트릭스 길이 표시
void len_disp()
{
	byte m10, m1, m;

	m10 = len / 10;
	m1 = len % 10;

	// 길이 10자리와 1자리 패턴 합성하여 표시 배열 저장
	for(m = 0;m < 8;m++)
		dot_val[m] = (pgm_read_byte(&num_pat[m10][m]) << 4) |
		                                   pgm_read_byte(&num_pat[m1][m]);

	// 단색 도트 매트릭스
	matrix.clear();                                      // 메모리 클리어
	matrix.drawBitmap(0, 0, dot_val, 8, 8, LED_ON);      // 표시 배열 메모리 저장
	matrix.writeDisplay();                               // 도트 매트릭스 표시
}
```

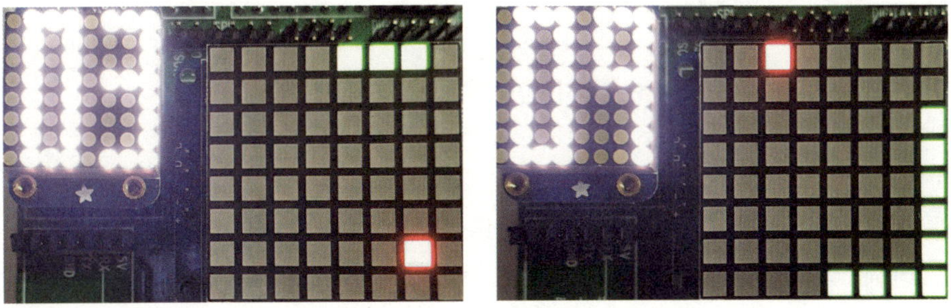

[그림 9-6] 실행 결과

9.2 알고리즘2(지렁이 마디 번호 저장법)

지렁이 마디의 좌표를 저장하지 않고 지렁이 저장 배열에 마디 번호를 저장하는 방법이다. 지렁이의 마디 번호가 [그림 9-7a]와 같은 상태에서 한 칸 이동하게 되면 [그림 9-7b]와 같이 꼬리의 마디 번호 3이 새 머리의 마디 번호가 되며, 이 상태에서 또 한 칸 이동하게 되면 똑같이 꼬리 마디 번호 2가 새 머리의 마디 번호가 되어 [그림 9-7c]와 같은 상태가 된다.

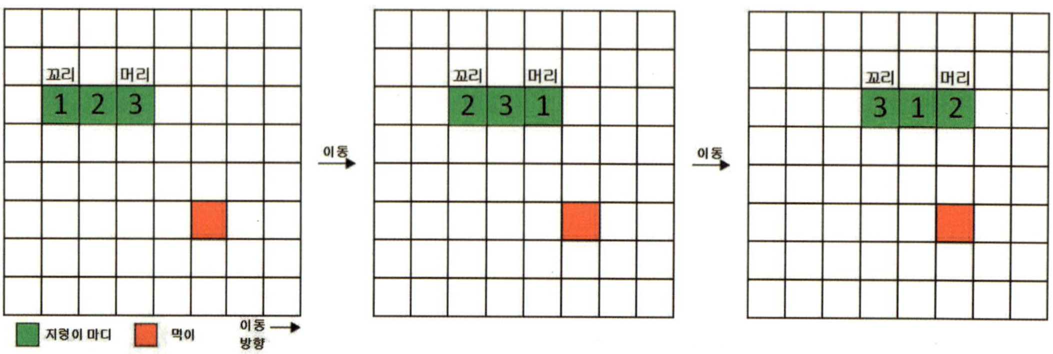

(a) 이동 전 (b) 1칸 이동 (c) 1칸 이동

[그림 9-7] 지렁이 마디 번호 저장법(이동)

이번에는 지렁이가 먹이를 먹기 전의 상태에서 먹이를 먹었을 때 마디 번호가 어떻게 바뀌는지 생각해보자. 지렁이의 마디 번호가 [그림 9-8a]와 같은 상태에서 먹이를 먹게 되면 먹이 위치에 (현재 머리 번호 + 1)의 값을 넣어 새로운 머리의 마디 번호로 한다. 그리고 새로운 머리 마디 번호보다 작은 마디 번호들은 그대로 두고, 새로운 머리 마디 번호와 같거나 큰 마디 번호들은 +1한 값을 새로운 마디 번호로 한다. 따라서, [그림 9-8]의 경우에는 새로운 머리의 마디 번호가 6이 되고 6 이상의 값을 갖는 마디가 없어 그대로의 마디 번호를 갖게 된다. 반면에 [그림 9-9]의 경우에는 새로운 머리의 마디 번호가 3(현재 머리 번호 2 + 1)이 되고, 3보다 작은 1, 2번 마디는 그대로의 값을 갖게 되고 3이상인 마디 부분은 +1이 되어 4, 5, 6의 값을 갖게 된다.

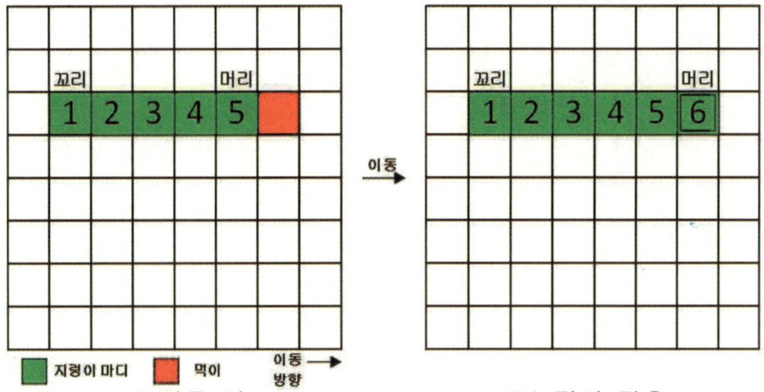

(a) 이동 전 (b) 먹이 먹음

[그림 9-8] 지렁이 마디 번호 저장법(먹이 먹음 : case 1)

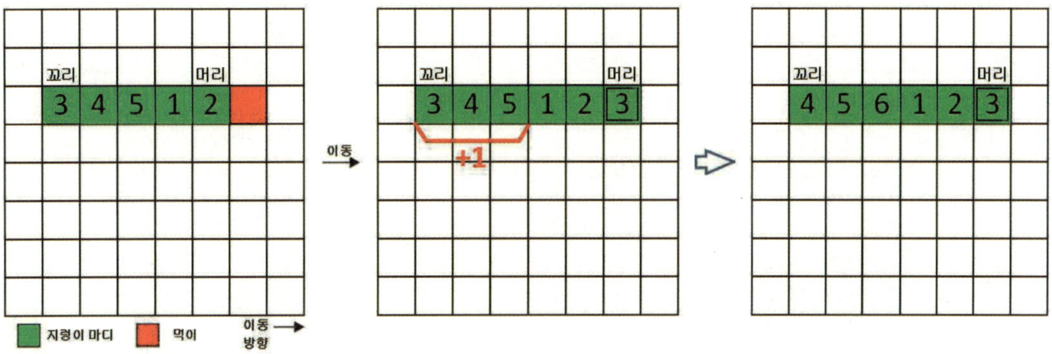

(a) 이동 전 (b) 먹이 먹음 (c) 마디 번호 갱신

[그림 9-9] 지렁이 마디 번호 저장법(먹이 먹음 : case 2)

❶	```
	#include "Adafruit_LEDBackpack.h"
	#include <TimerOne.h>
	
	#define UP 1 // 지렁이 움직이는 방향 위
	#define DOWN 2 // 지렁이 움직이는 방향 아래
	#define LEFT 3 // 지렁이 움직이는 방향 왼쪽
	#define RIGHT 4 // 지렁이 움직이는 방향 오른쪽
	
	const int up_sw = 4; // Up 스위치 연결핀
	const int down_sw = 5; // Down 스위치 연결핀
	const int left_sw = 2; // Left 스위치 연결핀
	const int right_sw = 3; // Right 스위치 연결핀
	``

```
#include "Adafruit_LEDBackpack.h"
#include <TimerOne.h>

#define UP       1                    // 지렁이 움직이는 방향 위
#define DOWN     2                    // 지렁이 움직이는 방향 아래
#define LEFT     3                    // 지렁이 움직이는 방향 왼쪽
#define RIGHT    4                    // 지렁이 움직이는 방향 오른쪽

const int up_sw =  4;                 // Up 스위치 연결핀
const int down_sw =  5;               // Down 스위치 연결핀
const int left_sw =  2;               // Left 스위치 연결핀
const int right_sw =  3;              // Right 스위치 연결핀
```

❷

```
// 도트 매트릭스 객체 생성
Adafruit_BicolorMatrix bicolor = Adafruit_BicolorMatrix();    // 3색
Adafruit_8x8matrix matrix = Adafruit_8x8matrix();             // 단색
```

❸

```
static const byte PROGMEM
  num_pat[10][8] =                                            // 0~9 숫자 패턴(4x8)
   {{0x07,0x05,0x05,0x05,0x05,0x05,0x05,0x07},                 // 0
    {0x02,0x06,0x02,0x02,0x02,0x02,0x02,0x07},                 // 1
    {0x07,0x01,0x01,0x07,0x04,0x04,0x04,0x07},                 // 2
    {0x07,0x01,0x01,0x07,0x01,0x01,0x01,0x07},                 // 3
    {0x01,0x02,0x04,0x05,0x05,0x07,0x01,0x01},                 // 4
    {0x07,0x04,0x04,0x07,0x01,0x01,0x01,0x07},                 // 5
    {0x07,0x04,0x04,0x07,0x05,0x05,0x05,0x07},                 // 6
    {0x07,0x01,0x01,0x01,0x01,0x01,0x01,0x01},                 // 7
    {0x07,0x05,0x05,0x07,0x05,0x05,0x05,0x07},                 // 8
    {0x07,0x05,0x05,0x07,0x01,0x01,0x01,0x01}}       ;         // 9
```

❹

```
byte  w_init[3][2] = {{0, 0}, {1, 0}, {2, 0}};      // 지렁이 시작 마디 좌표

byte  o_x, o_y;                                     // 먹이 x, y 좌표
byte  len = 0;                                      // 지렁이 마디 수
byte  lent_time;                                    // 지렁이 길이에 따른 이동 기준 시간
byte  move_chk;                                     // 지렁이 이동 변수(1 : 이동 처리)
byte  head_no, tail_no;                             // 머리 번호, 꼬리 번호(1~마디 길이)

volatile byte  st = 0;                              // 동작(1)/정지(0) 변수
volatile byte  dir;                                 // 지렁이 이동 방향
volatile byte  tcnt = 0;                            // 1ms 카운터 변수
volatile byte  h_x, h_y;                            // 머리 x, y 좌표
```

❶	- I2C Adafruit Dot Matrix과 타이머1 사용을 위한 헤더 파일 - 지렁이 이동 방향 심볼 정의 - 4개 조작 스위치 아두이노 연결핀
❷	- 단일 컬러 8x8 도트 매트릭스 객체 생성 : matrix - 3컬러 8x8 도트 매트릭스 객체 생성 : bicolor
❸	- 0~9 숫자 표시 패턴(4x8)
❹	**<사용 변수>** - 지렁이 시작 3마디 좌표 - 먹이 좌표, 지렁이 마디수 - 지렁이 길이에 따른 자동 이동 시간 변수 - 지렁이 이동 실행 변수(1이면 이동 처리) - 머리 번호, 꼬리 번호 - 게임 동작(1)/정지(0) 변수, 지렁이 이동 방향 - 1ms 단위 카운터 변수, 지렁이 머리 x, y 좌표

❶	<pre>byte dot_red[8][8]; // 3색 도트 매트릭스 먹이 저장 배열(R성분)
	byte dot_green[8][8]; // 3색 도트 매트릭스 몸체 저장 배열(G성분)
	byte dot_gbmp[8]; // 몸체 표시 배열
	byte dot_rbmp[8]; // 먹이 표시 배열
	byte dot_val[8]; // 도트매트릭스에 길이 표시를 위한 배열</pre>

❷	<pre>void worm_disp(void); // "Worm Game" 출력
	void start_disp(void); // "Press Right Switch R" 출력
	void end_disp(void); // "END" 출력
	void worm_init(void); // 게임 시작을 위한 초기설정
	void sw_input(void); // 스위치 입력 처리
	void bicolor_disp(void); // 게임 화면 표시(3색 도트 매트릭스)
	void len_disp(void); // 길이 표시(단색 도트 매트릭스)</pre>

❸	<pre>// 초기 설정 함수
	void setup()
	{
	      matrix.begin(0x71); // 단색 도트 매트릭스 초기화
	      bicolor.begin(0x70); // 3색 도트 매트릭스 초기화
	
	      pinMode(up_sw, INPUT); // UP 스위치 입력 방향 설정
	      pinMode(down_sw, INPUT); // DOWN 스위치 입력 방향 설정
	      pinMode(left_sw, INPUT); // LEFT 스위치 입력 방향 설정
	      pinMode(right_sw, INPUT); // RIGHT 스위치 입력 방향 설정
	
	      Timer1.initialize(3000); // 3ms 인터럽트 주기
	      Timer1.attachInterrupt(move_time); // 인터럽트 함수 move_time() 설정
	
	      worm_disp(); // "Worm Game" 3색 도트 매트릭스 표시
	}</pre>

❶	- 먹이 및 몸체 데이터 저장 배열 - 몸체 및 먹이 표시 배열 - 지렁이 마디 좌표 저장 배열 - 작업용 마디 좌표 일시 저장 배열 - 지렁이 길이 표시 배열
❷	**<사용자 정의 함수>** - "Worm Game" 표시 함수 - "Press Right Switch R" 표시 함수 - "END" 출력 표시 함수 - 게임 시작을 위한 초기설정 함수 - 스위치 입력 처리 함수 - 게임 화면 표시(3색 도트 매트릭스) 함수 - 길이 표시(단색 도트 매트릭스) 함수
❸	**<초기설정 함수>** - 단색, 3색 도트 매트릭스 초기화 및 클리어 - 4개 조작 스위치 입력 방향 설정 - 타이머1 3ms 인터럽트 주기 및 인터럽트 함수 설정 - "Worm Game" 표시

❶

```
// 반복 처리 함수
void loop()
{
	len = 0;
	len_disp();

	start_disp();			// "Press Right SW R" 3색 도트 매트릭스 표시
	dir = RIGHT;			// 지렁이 이동방향 오른쪽 설정

	while(1){
		if(digitalRead(right_sw) == LOW) break; // Right스위치가 눌려질 때까지 대기
	}

	worm_init();				// 지렁이 게임 시작 상태 설정

	st = 1;					// 게임 진행
	srand(TCNT1);				// TCNT1값 랜덤 seed값으로 이용

	while(st){				// 종료 상태가 될 때까지 실행
		sw_input();			// 스위치 입력 체크
		if(move_chk == 1) worm_move();	// 지렁이 이동
	}

	end_disp();				// "END" 표시
	delay(2000);				// 2초 대기
}
```

❷

```
// 도트매트릭스 "Worm Game" 출력 표시
void worm_disp(void)
{
	int  x;

	bicolor.setTextWrap(false);		// 문자들이 스크롤 표시되도록 설정
	bicolor.setTextSize(1);			// 글자 크기 6x8
	bicolor.setTextColor(LED_GREEN);	// 녹색 표시

	for(x = 7;x >= -48;x--){		// 왼쪽으로 이동하면서 표시
		bicolor.clear();		// 도트 매트릭스 메모리 클리어
		bicolor.setCursor(x,0);		// 커서 (x, 0) 위치
		bicolor.print("Worm Game");	// "Worm Game" 표시
		bicolor.writeDisplay();		// 3색 도트 매트릭스 표시
		delay(100);
	}
}
```

❶	**<반복처리 함수>** - 지렁이 길이 리셋, 지렁이 길이 표시 함수 호출 - "Press Right SW R" 표시 함수 호출하고, 지렁이 이동방향 초기값 오른쪽으로 설정 - Right 스위치가 눌려질 때까지 대기 - 지렁이 게임 시작 함수 호출하고, 게임 시작 변수 셋 - 타이머1 레지스터 TCNT1을 랜덤 씨드(seed)으로 설정 - 게임 시작 변수가 1인 동안 스위치 입력 체크 함수와 지렁이 이동 함수 호출 - 게임 시작 변수가 0이면 "END" 표시하고, 2초 후 처음부터 단시 반복 실행
❷	**<worm_disp(void) 도트매트릭스 "Worm Game" 출력 표시 함수>** - 스크롤 표시 모드, 글자 크기 6x8, 글자 색 녹색 설정 - "Worm Game" 왼쪽으로 한 칸씩 스크롤하면서 표시

❶	<pre>// 도트매트릭스 "Press Right SW R" 출력 표시
	void start_disp(void)
	{
	        int x;
	
	        bicolor.setTextWrap(false); // 문자들이 스크롤 표시되도록 설정
	        bicolor.setTextSize(1); // 글자 크기 6x8
	        bicolor.setTextColor(LED_GREEN); // 녹색 표시
	
	        for(x = 7;x >= -88;x--){ // 왼쪽으로 이동하면서 표시
	                bicolor.clear(); // 도트 매트릭스 메모리 클리어
	                bicolor.setCursor(x,0); // 커서 (x, 0) 위치
	                bicolor.print("Press Right SW R"); // "Press Right SW R" 표시
	                bicolor.writeDisplay(); // 3색 도트 매트릭스 표시
	                delay(100);
	        }
	}</pre>

❷	<pre>// 도트매트릭스 "END" 출력 표시
	void end_disp(void)
	{
	        int x;
	
	        bicolor.setTextWrap(false); // 문자들이 스크롤 표시되도록 설정
	        bicolor.setTextSize(1); // 글자 크기 6x8
	        bicolor.setTextColor(LED_GREEN); // 녹색 표시
	
	        for(x = 7;x >= -24;x--) { // 왼쪽으로 이동하면서 표시
	                bicolor.clear(); // 도트 매트릭스 메모리 클리어
	                bicolor.setCursor(x,0); // 커서 (x, 0) 위치
	                bicolor.print("END!"); // "END!" 표시
	                bicolor.writeDisplay(); // 3색 도트 매트릭스 표시
	                delay(100);
	        }
	}</pre>

❶	**<start_disp(void) : "Press Right SW R" 출력 표시 함수>** - 스크롤 표시 모드, 글자 크기 6x8, 글자 색 녹색 설정 - "Press Right SW R" 왼쪽으로 한 칸씩 스크롤하면서 표시
❷	**<end_disp(void) : "END!" 출력 표시 함수>** - 스크롤 표시 모드, 글자 크기 6x8, 글자 색 녹색 설정 - "END!" 왼쪽으로 한 칸씩 스크롤하면서 표시

❶	<pre>// 게임 초기 상태 설정
	void worm_init(void)
	{
	        byte i, j, x, y;
	
	        // 게임 화면(3색 도트 매트릭스) 표시값 클리어
	        for(j = 0;j < 8;j++){
	                for(i = 0;i < 8;i++){
	                        dot_green[j][i] = 0; // 녹색 표시값 클리어(지렁이 몸체)
	                        dot_red[j][i] = 0; // 적색 표시값 클리어(먹이)
	                }
	        }
	
	        // 지렁이 초기 상태의 마디 좌표 설정(길이 3)
	        len = 0;
	        for(i = 0;i < 3;i++){
	                x = w_init[i][0];
	                y = w_init[i][1];
	
	                dot_green[y][x] = ++len; // 녹색 LED on(지렁이 몸체)
	        }</pre>

❷	<pre> h_x = w_init[2][0]; // 머리 x 좌표
	        h_y = w_init[2][1]; // 머리 y 좌표
	
	        tail_no = 1; // 꼬리 번호
	        head_no = 3; // 머리 번호
	
	        o_x = 6; // 초기 먹이 위치
	        o_y = 6;
	
	        dot_red[o_y][o_x] = 1; // 먹이 적색 표시
	        lent_time = 500 - len * 5; // 지렁이 이동 시간(길이에 비례하여 짧아지도록)
	
	        len_disp(); // 길이 표시
	        bicolor_disp(); // 게임 화면 표시
	}</pre>

❶	**<void worm_init(void) 게임 초기 상태 설정 함수>** - 녹색 표시 값(지렁이 몸체), 적색 표시 값(먹이) 저장 배열 클리어 - 지렁이 초기 상태 3마디 좌표 녹색 저장 배열에 1~3 마디 번호 저장 (지렁이 길이 값 1씩 증가시켜가며)
❷	- 지렁이 머리 x, y 좌표 설정 - 꼬리 번호, 머리 번호 초기값 설정 - 먹이 초기 위치 설정 - 먹이 적색 표시 배열에 저장 - 지렁이 이동 시간 설정 - 길이 표시 함수와 게임 화면 표시 함수 호출

❶	```
	// 스위치 입력 처리
	void sw_input()
	{
	        byte up, down, left, right;
	
	        // 4개 조작 스위치 읽기
	        up = digitalRead(up_sw); // UP 스위치
	        down = digitalRead(down_sw); // DOWN 스위치
	        left = digitalRead(left_sw); // LEFT 스위치
	        right = digitalRead(right_sw); // RIGHT 스위치
	
	        // 현재 이동 방향과 눌려진 스위치가 반대 방향이 아닌지 체크하면서 방향 설정
	        if(dir != DOWN && up == 0) dir = UP; // 이동 방향 위로
	        else if(dir != UP && down == 0) dir = DOWN; // 이동 방향 아래로
	        else if(dir != RIGHT && left == 0) dir = LEFT; // 이동 방향 왼쪽으로
	        else if(dir != LEFT && right == 0) dir = RIGHT; // 이동 방향 오른쪽으로
	}
	``

```
// 스위치 입력 처리
void sw_input()
{
        byte up, down, left, right;

        // 4개 조작 스위치 읽기
        up = digitalRead(up_sw);                          // UP 스위치
        down = digitalRead(down_sw);                      // DOWN 스위치
        left = digitalRead(left_sw);                      // LEFT 스위치
        right = digitalRead(right_sw);                    // RIGHT 스위치

        // 현재 이동 방향과 눌려진 스위치가 반대 방향이 아닌지 체크하면서 방향 설정
        if(dir != DOWN && up == 0) dir = UP;              // 이동 방향 위로
        else if(dir != UP && down == 0) dir = DOWN;       // 이동 방향 아래로
        else if(dir != RIGHT && left == 0) dir = LEFT;    // 이동 방향 왼쪽으로
        else if(dir != LEFT && right == 0) dir = RIGHT;   // 이동 방향 오른쪽으로
}
```

❶

<sw_input() : 스위치 입력 체크 함수>

- 4개 조작 스위치 상태 읽기
- 이동 방향과 반대 방향의 조작 스위치가 눌려졌는지 체크(이동 방향의 반대 방향으로 전환 불가하므로 확인 필요)
- 이동 방향이 아래 방향이 아니고 UP 스위치가 눌려졌으면 이동 방향을 UP 방향으로 갱신
- 이동 방향이 위 방향이 아니고 DOWN 스위치가 눌려졌으면 이동 방향을 DOWN 방향으로 갱신
- 이동 방향이 오른쪽 방향이 아니고 LEFT 스위치가 눌려졌으면 이동 방향을 LEFT 방향으로 갱신
- 이동 방향이 왼쪽 방향이 아니고 RIGHT 스위치가 눌려졌으면 이동 방향을 RIGHT 방향으로 갱신

```
// 타이머/카운터1(3ms 인터럽트 주기)
void move_time(void)
{
	if(st == 0) return;			// 게임 종료 상태이면 리턴

	// 게임 진행속도에 맞춰 지렁이 이동방행으로 1칸 이동 처리
	tcnt++;					// 게임 진행속도 조절 카운터
	if(tcnt < lent_time) return;		// 이동기준시간이 될 때까지 리턴

	tcnt = 0;				// 게임 진행속도 조절 카운터 리셋
	move_chk = 1;				// 지렁이 이동 변수 셋

	if(dir == UP) {				// 이동방향 = 위이면
		if(h_y > 0) h_y--;		// 머리 Y좌표 1감소
		else st = 0;			// 윗쪽 벽 충돌 게임종료
	}
	else if(dir == DOWN){			// 이동방향 = 아래이면
		if(h_y < 7) h_y++;		// 머리 Y좌표 1증가
		else st = 0;			// 아래쪽 벽 충돌 게임종료
	}
	else if(dir == LEFT){			// 이동방향 = 왼쪽이면
		if(h_x > 0) h_x--;		// 머리 X좌표 1감소
		else st = 0;			// 왼쪽 벽 충돌 게임종료
	}
	else {					// 이동방향 = 오른쪽이면
		if(h_x < 7) h_x++;		// 머리 X좌표 1증가
		else st = 0;			// 오른쪽 벽 충돌 게임종료
	}
}
```
❶

❶

<move_time() : 타이머1 3ms 주기 인터럽트 함수>
- 게임 종료 상태이면 리턴
- 3ms 단위 카운터 변수 +1
- 3ms 단위 카운터 변수가 이동 기준 시간 값보다 작으면 리턴

<3ms 단위 카운터 변수가 이동 기준 시간 값보다 큰 경우>
- 3ms 단위 카운터 변수 리셋
- 지렁이 이동 변수 셋(이 함수 종료 후 지렁이 이동 처리 함수 실행)
- 지렁이 이동 방향이 위쪽이고 머리 수직 좌표가 맨 위가 아니면 머리 수직 좌표를 -1 하고, 그렇지 않으면 게임 종료 상태 설정
- 지렁이 이동 방향이 아래쪽이고 머리 수직 좌표가 맨 아래가 아니면 머리 수직 좌표를 +1 하고, 그렇지 않으면 게임 종료 상태 설정
- 지렁이 이동 방향이 왼쪽이고 머리 수평 좌표가 맨 좌측이 아니면 머리 수평 좌표를 -1 하고, 그렇지 않으면 게임 종료 상태 설정
- 지렁이 이동 방향이 오른쪽이고 머리 수평 좌표가 맨 우측이 아니면 머리 수평 좌표를 +1 하고, 그렇지 않으면 게임 종료 상태 설정

❶

```
// 지렁이 이동 처리 함수
void worm_move()
{
	byte  m, n;

	move_chk = 0;                                    // 지렁이 이동 변수 리셋
	if(st == 0) return;                              // 게임 종료 상태이면 리턴

	if(o_x == h_x && o_y == h_y){                    // 먹이좌표 = 새로운 머리좌표
		//    새 head_no' = head_no + 1  : 먹이 위치
		//    heda_no 부터 꼬리쪽으로 가면서 1의 값부분까지는 그대로
		//    1다음 부터 꼬리 부분까지는 마디번호를 +1 갱신
		//  (예) 1 2 3 4 5 먹          3 4 5  1 2 먹
		//       1 2 3 4 5 6           4 5 6  1 2 3
		//////////////////////////////////////////////////////
		head_no++;                                   // 머리 번호 갱신

		for(m = 0;m < 8;m++){                        // 마디 번호 갱신(>= head_no)
			for(n = 0;n < 8;n++){
				if(dot_green[m][n] != 0 &&
					dot_green[m][n] >= head_no)  dot_green[m][n]++;
			}
		}

		len = len + 1;                               // 길이 1증가
		len_disp();

		if(len < 50) lent_time = 500 - len * 5;      // 지렁이 이동 시간 갱신

		dot_red[o_y][o_x] = 0;                       // 현재 먹이 제거
		dot_green[h_y][h_x] = head_no;               // 머리 부분 추가
		tail_no = (head_no % len) + 1;               // 꼬리 번호 갱신
```

❶

<worm_move() : 지렁이 이동 처리 함수>

- 지렁이 이동 변수 리셋
- 게임 종료상태이면 리턴(게임 종료는 타이머1 인터럽트에서 자동 처리되므로 체크 필요)

<먹이 좌표와 새 머리 좌표가 일치하는 경우 : 먹이 먹음>

- 머리 번호 +1
- 마디 번호보다 크거나 같은 마디 번호 +1
- 지렁이 길이 +1 하고, 길이 표시 함수 호출
- 길이에 따라 이동 시간이 빨라지도록 새로 설정(길이가 50보다 작을 때만)
- 먹이 저장 배열에서 현재 먹이 제거하고, 지렁이 몸체 저장 배열에는 추가
- 도트 매트릭스에서 현재 먹이 표시 적색 LED OFF 시키고, 지렁이 몸체 표시 녹색 LED ON

❶

```
        // 새 먹이 발생
        // 지렁이 마디가 없는 위치에 먹이가 위치할 때까지
        while(1){
            o_x = rand() % 8;
            o_y = rand() % 8;
            if(dot_green[o_y][o_x] != 0) continue;      // 지렁이 없는 위치에

            dot_red[o_y][o_x] = 1;                      // 먹이 위치 배열 저장
            break;
        }
    }
```

❷

```
    else {          // 지렁이 단순 이동(먹이 먹지 않은 이동)
        //  새 head_no' = tail_no
        //  새 tail_no' = head_no' % len + 1
        //     1 2 3 4 5    이동 방향 오른쪽
        //       2 3 4 5 1  : 새 head_no' = 1(tail_no)
        //                  : 새 tail_no' = (1 % 5) + 1 = 2

        if(dot_green[h_y][h_x] != 0) {          // 몸부분과 충돌 체크
            st = 0;                             // 몸부분과 충돌
            return;
        }

        // 꼬리 제거
        for(m = 0;m < 8;m++){
            for(n = 0;n < 8;n++){
                if(dot_green[m][n] == tail_no) {    // 이전 꼬리 부분 제거
                    dot_green[m][n] = 0;
                    break;
                }
            }
        }
        head_no = tail_no;                      // 머리 번호 = 꼬리 번호로 갱신
        dot_green[h_y][h_x] = head_no;          // 새 머리 부분 추가
        tail_no = (head_no % len) + 1;          // 꼬리 번호 갱신
    }

    bicolor_disp();                             // 게임 화면 표시
}
```

❶	- 지렁이 몸이 없는 위치에 새 먹이가 위치할 때까지 먹이 수평, 수직 위치 랜덤 발생 - 먹이 저장 배열에서 먹이 위치 값 셋 - 도트 매트릭스에 먹이 적색 표시
❷	**<먹이 좌표와 새 머리 좌표가 일치하지 않는 경우 : 단순 이동>** - 새 머리 부분에 몸이 있으면 게임 시작 변수 리셋하고 리턴 - 이전 꼬리 제거(녹색 저장 배열에서 꼬리 번호를 갖는 부분 리셋) - 머리 번호에 꼬리 번호 설정 - 새 머리 부분 저장 배열 위치의 값에 머리 번호 값 설정 - 꼬리 번호 = (머리 번호 % len) + 1 설정 - 3색 도트 매트릭스 표시

❶	`// 게임 화면 표시(3색 도트 매트릭스)`
	`void bicolor_disp()`
	`{`
	`        byte  i, j;`
	
	`        // 녹색 저장 8x8 배열 -> 8x1 표시 배열로 변환 저장`
	`        for(j = 0;j < 8;j++){`
	`                dot_gbmp[j] = 0;`
	`                for(i = 0;i < 8;i++)`
	`                        if(dot_green[j][i] != 0) dot_gbmp[j] |= (1 << (7 - i));`
	`        }`
	
	`        // 적색 저장 8x8 배열 -> 8x1 표시 배열로 변환 저장`
	`        for(j = 0;j < 8;j++){`
	`                dot_rbmp[j] = 0;`
	`                for(i = 0;i < 8;i++)`
	`                        if(dot_red[j][i] != 0) dot_rbmp[j] |= (1 << (7 - i));`
	`        }`

❷	`        // 3색 도트 매트릭스`
	`        bicolor.clear();                                         // 메모리 클리어`
	`        bicolor.drawBitmap(0, 0, dot_gbmp, 8, 8, LED_GREEN); // 지렁이 녹색 메모리 저장`
	`        bicolor.drawBitmap(0, 0, dot_rbmp, 8, 8, LED_RED);   // 먹이 적색 메모리 저장`
	`        bicolor.writeDisplay();                                  // 표시`
	`}`

❶	**<bicolor_disp() : 3색 도트 매트릭스 표시 배열 표시 함수>** - 지렁이 몸체 저장 8x8 배열을 8x1 표시 배열로 변환 - 먹이 저장 8x8 배열을 8x1 표시 배열로 변환
❷	**<3색 도트 매트릭스 표시>** - 메모리 클리어 - 지렁이 녹색 메모리 저장 - 먹이 적색 메모리 저장 - 표시

❶	<pre>// 단색 도트 매트릭스 길이 표시
	void len_disp()
	{
	        byte m10, m1, m;
	
	        m10 = len / 10;
	        m1 = len % 10;
	
	        // 길이 10자리와 1자리 패턴 합성하여 표시 배열 저장
	        for(m = 0;m < 8;m++)
	                dot_val[m] = (pgm_read_byte(&num_pat[m10][m]) << 4) |
	                                pgm_read_byte(&num_pat[m1][m]);
	
	        // 단색 도트 매트릭스
	        matrix.clear(); // 메모리 클리어
	        matrix.drawBitmap(0, 0, dot_val, 8, 8, LED_ON); // 표시 배열 메모리 저장
	        matrix.writeDisplay(); // 도트 매트릭스 표시
	}</pre>

❶	**<len_disp() : 단색 도트 매트릭스 지렁이 길이 표시 함수>** - 지렁이 길이 10자리, 1자리 추출 - 10자리와 1자리 패턴 합성 배열 저장 - 도트 매트릭스 메모리 클리어 - 표시 배열 메모리 저장 - 도트 매트릭스 표시

```
// worm2
//-----------------------------------------------------------------
// 알고리즘2
// 지렁이 : dot_worm[8][8], 먹이 : dot_food[8][8] 저장
// 지렁이 마디 : 번호(1~마디 길이)로 표시
// head_no, tail_no, len :    tail_no = head_no % len + 1
//   1 2 3 4 5 : 꼬리쪽부터 1부터 번호 부여
//
//<마디 번호 갱신>
//1. 이동
//   새 head_no' = tail_no
//   새 tail_no' = head_no' % len + 1
//       1 2 3 4 5     이동 방향 오른쪽
//         2 3 4 5 1   : 새 head_no' = 1(tail_no)
//                     : 새 tail_no' = 1 % 5 + 1 = 2
//
//2. 먹이 먹음
//     새 head_no' = head_no + 1  : 먹이 위치
//     새 tail_no' = head_no' % len + 1
//     heda_no 부터 꼬리쪽으로 가면서 1의 값부분까지는 그대로
//     1다음 부터 꼬리 부분까지는 마디번호를 +1 갱신
//  (예)  1 2 3 4 5 먹            3 4 5  1 2 먹
//          1 2 3 4 5 6            4 5 6  1 2 3
//-----------------------------------------------------------------
#include "Adafruit_LEDBackpack.h"
#include <TimerOne.h>

#define UP          1                          // 지렁이 움직이는 방향 위
#define DOWN        2                          // 지렁이 움직이는 방향 아래
#define LEFT        3                          // 지렁이 움직이는 방향 왼쪽
#define RIGHT       4                          // 지렁이 움직이는 방향 오른쪽

const int up_sw =  4;                          // Up 스위치 연결핀
const int down_sw =  5;                        // Down 스위치 연결핀
const int left_sw =  2;                        // Left 스위치 연결핀
const int right_sw =  3;                       // Right 스위치 연결핀

// 도트 매트릭스 객체 생성
Adafruit_BicolorMatrix bicolor = Adafruit_BicolorMatrix();     // 3색
Adafruit_8x8matrix matrix = Adafruit_8x8matrix();              // 단색

static const byte PROGMEM
  num_pat[10][8] =                                             // 0~9 숫자 패턴(4x8)
   {{0x07,0x05,0x05,0x05,0x05,0x05,0x05,0x07},                 // 0
    {0x02,0x06,0x02,0x02,0x02,0x02,0x02,0x07},                 // 1
    {0x07,0x01,0x01,0x07,0x04,0x04,0x04,0x07},                 // 2
    {0x07,0x01,0x01,0x07,0x01,0x01,0x01,0x07},                 // 3
    {0x01,0x02,0x04,0x05,0x05,0x07,0x01,0x01},                 // 4
    {0x07,0x04,0x04,0x07,0x01,0x01,0x01,0x07},                 // 5
```

```
    {0x07,0x04,0x04,0x07,0x05,0x05,0x05,0x07},              // 6
    {0x07,0x01,0x01,0x01,0x01,0x01,0x01,0x01},              // 7
    {0x07,0x05,0x05,0x07,0x05,0x05,0x05,0x07},              // 8
    {0x07,0x05,0x05,0x07,0x01,0x01,0x01,0x01}};             // 9

byte  w_init[3][2] = {{0, 0}, {1, 0}, {2, 0}};              // 지렁이 시작 마디 좌표

byte  o_x, o_y;                          // 먹이 x, y 좌표
byte  len = 0;                           // 지렁이 마디 수
byte  lent_time;                         // 지렁이 길이에 따른 이동 기준 시간
byte  move_chk;                          // 지렁이 이동 변수(1 : 이동 처리)
byte  head_no, tail_no;                  // 머리 번호, 꼬리 번호(1~마디 길이)

volatile byte  st = 0;                   // 동작(1)/정지(0) 변수
volatile byte  dir;                      // 지렁이 이동 방향
volatile byte  tcnt = 0;                 // 1ms 카운터 변수
volatile byte  h_x, h_y;                 // 머리 x, y 좌표

byte  dot_red[8][8];                     // 3색 도트 매트릭스 먹이 저장 배열(R성분)
byte  dot_green[8][8];                   // 3색 도트 매트릭스 몸체 저장 배열(G성분)
byte  dot_gbmp[8];                       // 몸체 표시 배열
byte  dot_rbmp[8];                       // 먹이 표시 배열
byte  dot_val[8];                        // 도트매트릭스에 길이 표시를 위한 배열

void  worm_disp(void);                   // "Worm Game"  출력
void  start_disp(void);                  // "Press Right Switch R" 출력
void  end_disp(void);                    // "END" 출력
void  worm_init(void);                   // 게임 시작을 위한 초기설정
void  sw_input(void);                    // 스위치 입력 처리
void  bicolor_disp(void);                // 게임 화면 표시(3색 도트 매트릭스)
void  len_disp(void);                    // 길이 표시(단색 도트 매트릭스)

// 초기 설정 함수
void setup()
{
      matrix.begin(0x71);                // 단색 도트 매트릭스 초기화
      bicolor.begin(0x70);               // 3색 도트 매트릭스 초기화

      pinMode(up_sw, INPUT);             // UP 스위치 입력 방향 설정
      pinMode(down_sw, INPUT);           // DOWN 스위치 입력 방향 설정
      pinMode(left_sw, INPUT);           // LEFT 스위치 입력 방향 설정
      pinMode(right_sw, INPUT);          // RIGHT  스위치 입력 방향 설정

      Timer1.initialize(3000);           // 3ms 인터럽트 주기
      Timer1.attachInterrupt(move_time); // 인터럽트 함수 move_time() 설정

      worm_disp();                       // "Worm Game" 3색 도트 매트릭스 표시
}
```

```
// 반복 처리 함수
void loop()
{
	len = 0;
	len_disp();

	start_disp();	// "Press Right SW R" 3색 도트 매트릭스 표시
	dir = RIGHT;	// 지렁이 이동방향 오른쪽 설정

	while(1){
		if(digitalRead(right_sw) == LOW) break;	// Right스위치가 눌려질 때까지 대기
	}

	worm_init();	// 지렁이 게임 시작 상태 설정

	st = 1;	// 게임 진행
	srand(TCNT1);	// TCNT1값 랜덤 seed값으로 이용

	while(st){	// 종료 상태가 될 때까지 실행
		sw_input();	// 스위치 입력 체크
		if(move_chk == 1) worm_move();	// 지렁이 이동
	}

	end_disp();	// "END" 표시
	delay(2000);	// 2초 대기
}

// 도트매트릭스 "Worm Game" 출력 표시
void worm_disp(void)
{
	int  x;

	bicolor.setTextWrap(false);	// 문자들이 스크롤 표시되도록 설정
	bicolor.setTextSize(1);	// 글자 크기 6x8
	bicolor.setTextColor(LED_GREEN);	// 녹색 표시

	for(x = 7;x >= -48;x--){	// 왼쪽으로 이동하면서 표시
		bicolor.clear();	// 도트 매트릭스 메모리 클리어
		bicolor.setCursor(x,0);	// 커서 (x, 0) 위치
		bicolor.print("Worm Game");	// "Worm Game" 표시
		bicolor.writeDisplay();	// 3색 도트 매트릭스 표시
		delay(100);
	}
}

// 도트매트릭스 "Press Right SW R" 출력 표시
void start_disp(void)
{
	int  x;
```

```
    bicolor.setTextWrap(false);                    // 문자들이 스크롤 표시되도록 설정
    bicolor.setTextSize(1);                        // 글자 크기 6x8
    bicolor.setTextColor(LED_GREEN);               // 녹색 표시

    for(x = 7;x >= -88;x--){                       // 왼쪽으로 이동하면서 표시
        bicolor.clear();                           // 도트 매트릭스 메모리 클리어
        bicolor.setCursor(x,0);                    // 커서 (x, 0) 위치
        bicolor.print("Press Right SW R");         // "Press Right SW R" 표시
        bicolor.writeDisplay();                    // 3색 도트 매트릭스 표시
        delay(100);
    }
}

// 도트매트릭스 "END" 출력 표시
void end_disp(void)
{
    int x;

    bicolor.setTextWrap(false);                    // 문자들이 스크롤 표시되도록 설정
    bicolor.setTextSize(1);                        // 글자 크기 6x8
    bicolor.setTextColor(LED_GREEN);               // 녹색 표시

    for(x = 7;x >= -24;x--) {                      // 왼쪽으로 이동하면서 표시
        bicolor.clear();                           // 도트 매트릭스 메모리 클리어
        bicolor.setCursor(x,0);                    // 커서 (x, 0) 위치
        bicolor.print("END!");                     // "END!" 표시
        bicolor.writeDisplay();                    // 3색 도트 매트릭스 표시
        delay(100);
    }
}

// 게임 초기 상태 설정
void worm_init(void)
{
    byte  i, j, x, y;

    // 게임 화면(3색 도트 매트릭스) 표시값 클리어
    for(j = 0;j < 8;j++){
        for(i = 0;i < 8;i++){
            dot_green[j][i] = 0;                   // 녹색 표시값 클리어(지렁이 몸체)
            dot_red[j][i] = 0;                     // 적색 표시값 클리어(먹이)
        }
    }

    // 지렁이 초기 상태의 마디 좌표 설정(길이 3)
    len = 0;
    for(i = 0;i < 3;i++){
        x = w_init[i][0];
```

```
            y = w_init[i][1];

            dot_green[y][x] = ++len;                // 녹색 LED on(지렁이 몸체)
        }
        h_x = w_init[2][0];                         // 머리 x 좌표
        h_y = w_init[2][1];                         // 머리 y 좌표

        tail_no = 1;                                // 꼬리 번호
        head_no = 3;                                // 머리 번호

        o_x = 6;                                    // 초기 먹이 위치
        o_y = 6;

        dot_red[o_y][o_x] = 1;                      // 먹이 적색 표시
        lent_time = 500 - len * 5;                  // 지렁이 이동 시간(길이에 비례하여 짧아지도록)

        len_disp();                                 // 길이 표시
        bicolor_disp();                             // 게임 화면 표시
}

// 스위치 입력 처리
void sw_input()
{
        byte up, down, left, right;

        // 4개 조작 스위치 읽기
        up = digitalRead(up_sw);                                // UP 스위치
        down = digitalRead(down_sw);                            // DOWN 스위치
        left = digitalRead(left_sw);                            // LEFT 스위치
        right = digitalRead(right_sw);                          // RIGHT 스위치

        // 현재 이동 방향과 눌려진 스위치가 반대 방향이 아닌지 체크하면서 방향 설정
        if(dir != DOWN && up == 0) dir = UP;                    // 이동 방향 위로
        else if(dir != UP && down == 0) dir = DOWN;             // 이동 방향 아래로
        else if(dir != RIGHT && left == 0) dir = LEFT;          // 이동 방향 왼쪽으로
        else if(dir != LEFT && right == 0) dir = RIGHT;         // 이동 방향 오른쪽으로
}


// 타이머/카운터1(3ms 인터럽트 주기)
void move_time(void)
{
        if(st == 0) return;                         // 게임 종료 상태이면 리턴

        // 게임 진행속도에 맞춰 지렁이 이동방향으로 1칸 이동 처리
        tcnt++;                                     // 게임 진행속도 조절 카운터
        if(tcnt < lent_time) return;                // 이동기준시간이 될 때까지 리턴

        tcnt = 0;                                   // 게임 진행속도 조절 카운터 리셋
```

```
        move_chk = 1;                                   // 지렁이 이동 변수 셋

        if(dir == UP) {                                 // 이동방향 = 위이면
                if(h_y > 0) h_y--;                      // 머리 Y좌표 1감소
                else st = 0;                            // 윗쪽 벽 충돌 게임종료
        }
        else if(dir == DOWN){                           // 이동방향 = 아래이면
                if(h_y < 7) h_y++;                      // 머리 Y좌표 1증가
                else st = 0;                            // 아래쪽 벽 충돌 게임종료
        }
        else if(dir == LEFT){                           // 이동방향 = 왼쪽이면
                if(h_x > 0) h_x--;                      // 머리 X좌표 1감소
                else st = 0;                            // 왼쪽 벽 충돌 게임종료
        }
        else {                                          // 이동방향 = 오른쪽이면
                if(h_x < 7) h_x++;                      // 머리 X좌표 1증가
                else st = 0;                            // 오른쪽 벽 충돌 게임종료
        }
}

// 지렁이 이동 처리 함수
void worm_move()
{
        byte   m, n;

        move_chk = 0;                                   // 지렁이 이동 변수 리셋
        if(st == 0) return;                             // 게임 종료 상태이면 리턴

        if(o_x == h_x && o_y == h_y){                   // 먹이좌표 = 새로운 머리좌표
                //    새 head_no' = head_no + 1  : 먹이 위치
                //    heda_no 부터 꼬리쪽으로 가면서 1의 값부분까지는 그대로
                //    1다음 부터 꼬리 부분까지는 마디번호를 +1 갱신
                //  (예) 1 2 3 4 5 먹          3 4 5  1 2 먹
                //        1 2 3 4 5 6           4 5 6  1 2 3
                ////////////////////////////////////////////////////////
                head_no++;                                      // 머리 번호 갱신

                for(m = 0;m < 8;m++){                           // 마디 번호 갱신(>= head_no)
                        for(n = 0;n < 8;n++){
                                if(dot_green[m][n] != 0 &&
                                        dot_green[m][n] >= head_no)  dot_green[m][n]++;
                        }
                }

                len = len + 1;                                  // 길이 1증가
                len_disp();                                     // 길이 새로 표시

                if(len < 50) lent_time = 500 - len * 5;         // 지렁이 이동 시간 갱신
```

```
            dot_red[o_y][o_x] = 0;                              // 현재 먹이 제거
            dot_green[h_y][h_x] = head_no;                      //  머리 부분 추가
            tail_no = (head_no % len) + 1;                      // 꼬리 번호 갱신

            // 새 먹이 발생
            // 지렁이 마디가 없는 위치에 먹이가 위치할 때까지
            while(1){
                o_x = rand() % 8;
                o_y = rand() % 8;
                if(dot_green[o_y][o_x] != 0) continue;          // 지렁이 없는 위치에

                dot_red[o_y][o_x] = 1;                          // 먹이 위치 배열 저장
                break;
            }
        }
        else {              // 지렁이 단순 이동(먹이 먹지 않은 이동)
            //  새 head_no' = tail_no
            //  새 tail_no' = head_no' % len + 1
            //      1 2 3 4 5     이동 방향 오른쪽
            //        2 3 4 5 1    : 새 head_no' = 1(tail_no)
            //                     : 새 tail_no' = (1 % 5) + 1 = 2

            if(dot_green[h_y][h_x] != 0) {                      // 몸부분과 충돌 체크
                st = 0;                                         // 몸부분과 충돌
                return;
            }

            // 꼬리 제거
            for(m = 0;m < 8;m++){
                for(n = 0;n < 8;n++){
                    if(dot_green[m][n] == tail_no) {            // 이전 꼬리 부분 제거
                        dot_green[m][n] = 0;
                        break;
                    }
                }
            }
            head_no = tail_no;                                  // 머리 번호 꼬리 번호로 갱신
            dot_green[h_y][h_x] = head_no;                      // 새 머리 부분 추가
            tail_no = (head_no % len) + 1;                      // 꼬리 번호 갱신
        }

        bicolor_disp();                                         // 게임 화면 표시
}

// 게임 화면 표시(3색 도트 매트릭스)
void bicolor_disp()
{
        byte  i, j;
```

```
    // 녹색 저장 8x8 배열 -> 8x1 표시 배열로 변환 저장
    for(j = 0;j < 8;j++){
        dot_gbmp[j] = 0;
        for(i = 0;i < 8;i++)
            if(dot_green[j][i] != 0) dot_gbmp[j] |= (1 << (7 - i));
    }

    // 적색 저장 8x8 배열 -> 8x1 표시 배열로 변환 저장
    for(j = 0;j < 8;j++){
        dot_rbmp[j] = 0;
        for(i = 0;i < 8;i++)
            if(dot_red[j][i] != 0) dot_rbmp[j] |= (1 << (7 - i));
    }

    // 3색 도트 매트릭스
    bicolor.clear();                                          // 메모리 클리어
    bicolor.drawBitmap(0, 0, dot_gbmp, 8, 8, LED_GREEN);      // 지렁이 녹색 메모리 저장
    bicolor.drawBitmap(0, 0, dot_rbmp, 8, 8, LED_RED);        // 먹이 적색 메모리 저장
    bicolor.writeDisplay();                                   // 표시
}

// 단색 도트 매트릭스 길이 표시
void len_disp()
{
    byte m10, m1, m;

    m10 = len / 10;
    m1 = len % 10;

    // 길이 10자리와 1자리 패턴 합성하여 표시 배열 저장
    for(m = 0;m < 8;m++)
        dot_val[m] = (pgm_read_byte(&num_pat[m10][m]) << 4) |
                                        pgm_read_byte(&num_pat[m1][m]);

    // 단색 도트 매트릭스
    matrix.clear();                                           // 메모리 클리어
    matrix.drawBitmap(0, 0, dot_val, 8, 8, LED_ON);           // 표시 배열 메모리 저장
    matrix.writeDisplay();                                    // 도트 매트릭스 표시
}
```

Memo.

Chapter

10

LED를 밝혀라

Chapter 10 LED를 밝혀라

황색 이동 LED가 빈칸(흰색 부분)을 한 번씩만 지나가도록 이동시키는 게임이며, 황색 이동 LED가 지나간 곳은 적색으로 표시된다. 이렇게 황색 이동 LED를 움직여 모든 빈칸을 한 번씩 통과하게 되면 게임이 종료되고 다음 게임으로 진행하게 된다. 황색 이동 LED는 녹색 부분(벽)을 지나갈 수 없으며, 황색 LED가 이동하게 되면 먼저 황색 위치의 칸은 적색으로 바뀌고 새로 이동한 칸은 황색으로 표시된다. 이동했던 칸(적색)은 기본적으로 지나갈 수 없으며, 바로 전에 이동했던 칸으로만 한 칸씩 되돌아갈 수 있다. 따라서 황색 이동 LED는 LED가 꺼져 있는 빈칸 또는 바로 이전의 위치로만 이동할 수 있게 된다. [그림 10-1]은 게임에서 도트 매트릭스에 표시하는 내용과 사용 스위치의 기능을 나타내며, [그림 10-2]는 게임 시작화면에서 황색 LED가 이동하면서 빈칸이 적색으로 채워져 가는 과정을 보여준다. 그리고 [그림 10-3]은 25개 스테이지의 초기화면을 보여준다.

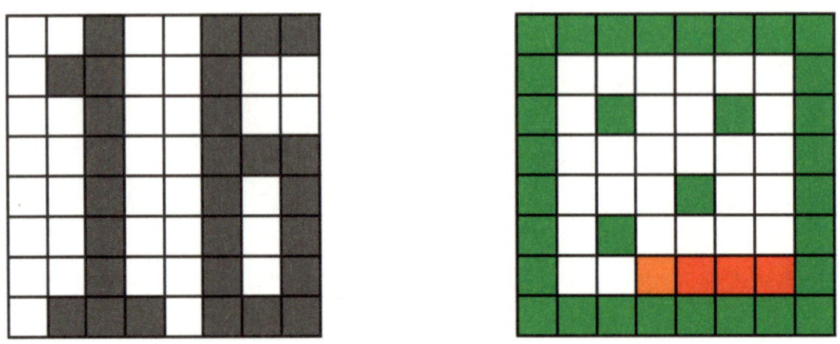

단색 도트 매트릭스 3색 도트 매트릭스(게임 화면)

- 단색 도트 매트릭스 : 스테이지 번호(4x8 숫자 패턴)
- 3색 도트 매트릭스 : 벽(녹색), 이동 LED(황색), 이동한 경로(적색)

- D4(UP_SW) 연결 스위치 : 위로 이동
- D5(DOWN_SW) 연결 스위치 : 아래로 이동
- D2(LEFT_SW) 연결 스위치 : 왼쪽 이동
- D3(RIGHT_SW) 연결 스위치 : 오른쪽 이동

[그림 10-1] LED를 밝혀라 게임

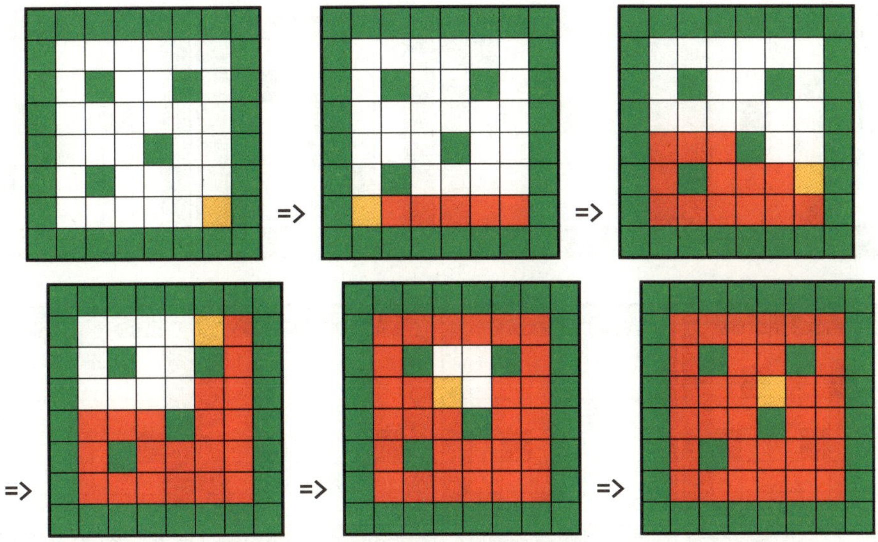

[그림 10-2] LED를 밝혀라 게임 과정

- **게임 스테이지 초기 화면**

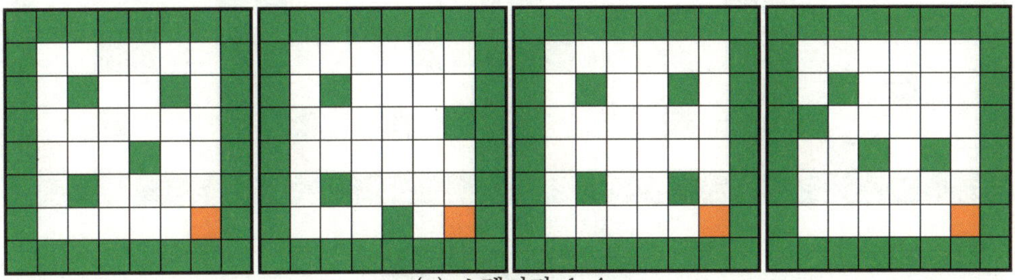

(a) 스테이지 1~4

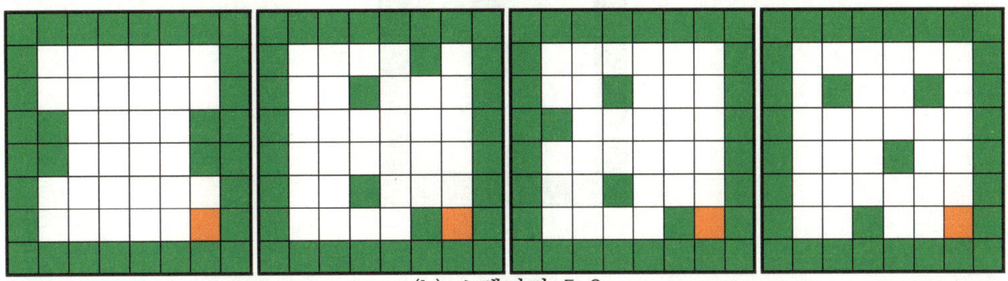

(b) 스테이지 5~8

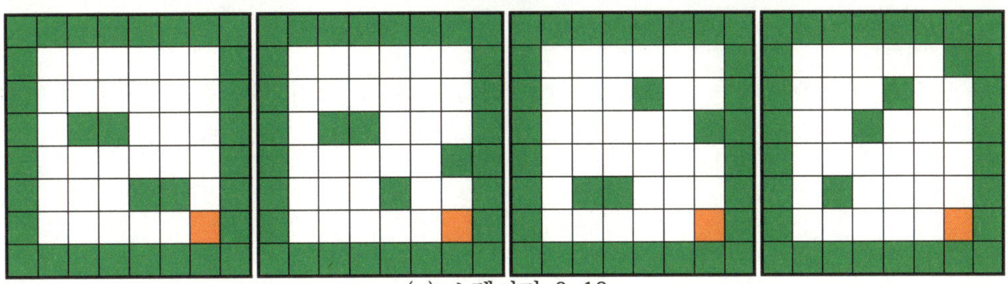

(c) 스테이지 9~12

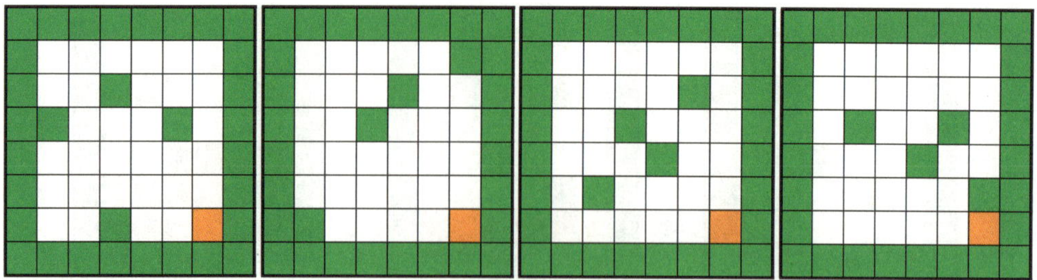

(d) 스테이지 13~16

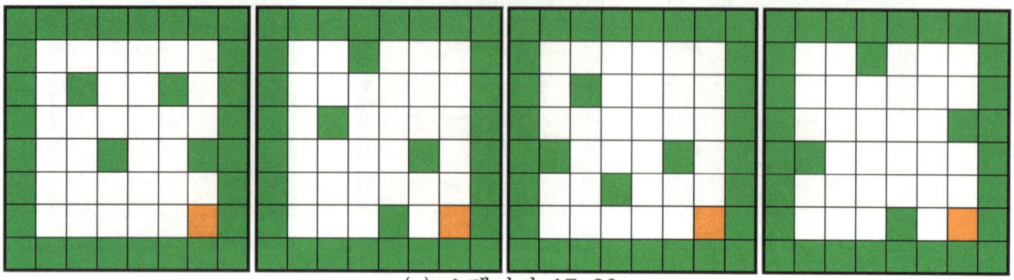

(e) 스테이지 17~20

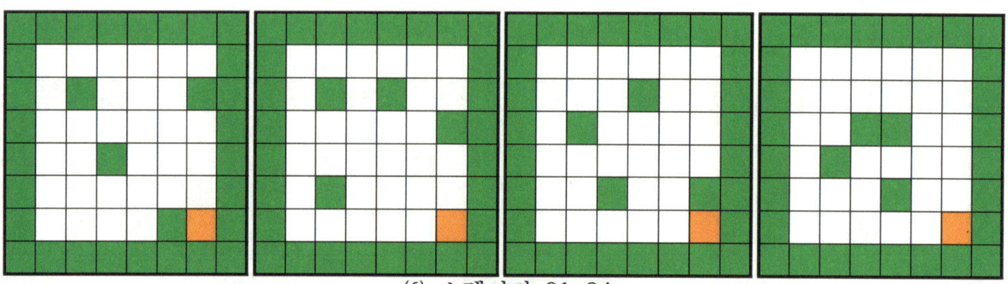

(f) 스테이지 21~24

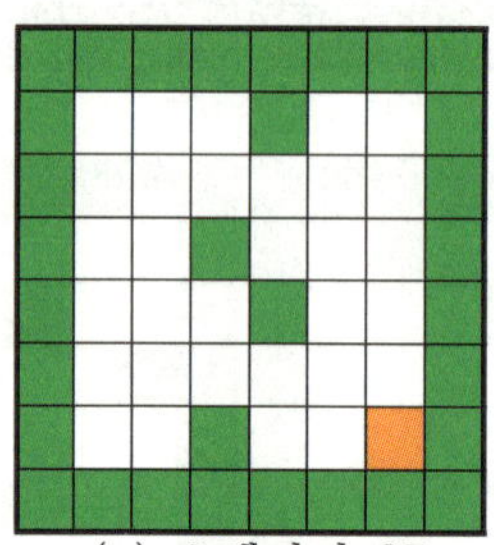

(g) 스테이지 25

[그림 10-3] 25개 스테이지 초기화면

- **이동 궤적**

  황색 이동 LED가 이동할 때마다 이동 좌표와 좌표 저장 개수를 저장하고, 이동한 경로를 역으로 이동할 때는 저장된 이동 좌표와 일치할 때만 이동하도록 한다.

- **종료 확인**

3색 도트 매트릭스의 적색과 녹색을 표시하는 배열의 값을 조사하여 모든 위치에서 둘 중의 하나라도 표시된 상태이면 종료한다. 반면에 적색과 녹색 어느 색도 표시되지 않은 곳이 한 곳이라도 있으면 아직 종료 상태가 아닌 것으로 판정한다.

<table>
<tr><td>❶</td><td><pre>#include "Adafruit_LEDBackpack.h"

#define PAT_NO   25   // 게임 화면 수</pre></td></tr>
<tr><td>❷</td><td><pre>const int UP_SW = 4;   // UP 스위치 아두이노 연결핀
const int DOWN_SW = 5;   // DOWN 스위치 아두이노 연결핀
const int LEFT_SW = 2;   // LEFT 스위치 아두이노 연결핀
const int RIGHT_SW = 3;   // RIGTH 스위치 아두이노 연결핀</pre></td></tr>
<tr><td>❸</td><td><pre>// 도트 매트릭스 객체 생성
Adafruit_BicolorMatrix bicolor = Adafruit_BicolorMatrix();   // 3색
Adafruit_8x8matrix matrix = Adafruit_8x8matrix();   // 단색</pre></td></tr>
<tr><td>❹</td><td><pre>static const byte PROGMEM
   num_pat[10][8] =   // 단색 도트 매트릭스 0~9 숫자 표시 패턴
      {{0x07,0x05,0x05,0x05,0x05,0x05,0x05,0x07},   // 0
        {0x02,0x06,0x02,0x02,0x02,0x02,0x02,0x07},   // 1
        {0x07,0x01,0x01,0x07,0x04,0x04,0x04,0x07},   // 2
        {0x07,0x01,0x01,0x07,0x01,0x01,0x01,0x07},   // 3
        {0x01,0x02,0x04,0x05,0x05,0x07,0x01,0x01},   // 4
        {0x07,0x04,0x04,0x07,0x01,0x01,0x01,0x07},   // 5
        {0x07,0x04,0x04,0x07,0x05,0x05,0x05,0x07},   // 6
        {0x07,0x01,0x01,0x01,0x01,0x01,0x01,0x01},   // 7
        {0x07,0x05,0x05,0x07,0x05,0x05,0x05,0x07},   // 8
        {0x07,0x05,0x05,0x07,0x01,0x01,0x01,0x01}},   // 9</pre></td></tr>
<tr><td>❺</td><td><pre>   basic[PAT_NO][8] =   // 게임 화면 데이터
      {{0xFF,0x81,0xA5,0x81,0x89,0xA1,0x81,0xFF},
        {0xFF,0x81,0xA1,0x83,0x81,0xA1,0x89,0xFF},
        {0xFF,0x81,0xA5,0x81,0x81,0xA5,0x81,0xFF},
        {0xFF,0x81,0xA1,0xC1,0x95,0x81,0x81,0xFF},
        {0xFF,0x81,0x81,0xC3,0xC3,0x81,0x81,0xFF},
        ~~~~~~
        {0xFF,0x81,0x89,0xA1,0x81,0x93,0x81,0xFF},
        {0xFF,0x81,0x81,0x99,0xA1,0x89,0x81,0xFF},
        {0xFF,0x89,0x81,0x91,0x89,0x81,0x91,0xFF}},

start_green[8] = {0x00,0x00,0x00,0x00,0x00,0x00,0x02,0x00};   // 이동 LED 우하귀</pre></td></tr>
</table>
        ~~~~~~

❶	- I2C Adafruit Dot Matrix 사용을 위한 헤더 파일 - 게임 화면수 심볼 정의
❷	- 4개 조작 스위치 아두이노 연결핀
❸	- 단색 8x8 도트 매트릭스 객체 생성 : matrix - 3색 컬러 8x8 도트 매트릭스 객체 생성 : bicolor
❹	- 단색 도트 매트릭스 표시를 위한 0~9 숫자 패턴 (4x8)
❺	- 25개 게임 화면 데이터(3색 도트 매트릭스) - 이동 LED 저장 배열(우하귀만 ON이 되게끔 설정)

❶
```
byte  dot_rval[8][8], dot_gval[8][8];       // 녹색, 적색 표시 데이터 저장 배열
byte  w_x[36], w_y[36];                     // 이동 LED 궤적 좌표 저장 배열
byte  w_no;                                 // 이동 LED 궤적 좌표 저장 개수 변수
byte  old_sw[4], sw[4];                     // 스위치 상태 저장 변수
byte  mx, my;                               // 이동 LED 좌표
byte  p_no = 0;                             // 플레이 스테이지 번호
```

❷
```
byte  sw_check(void);                       // 스위치 입력 처리 함수
byte  all_led_on(void);                     // 도트 매트릭스 모든 LED ON 체크 함수
void  stage_disp(void);                     // 스테이지 표시(8x8 Dot matrix)
```

❸
```
// 초기 설정 함수
void setup()
{
        bicolor.begin(0x70);                // 3색 도트 매트릭스 초기화
        matrix.begin(0x71);                 // 단색 도트 매트릭스 초기화

        pinMode(UP_SW, INPUT);              // UP 스위치 입력 방향 설정
        pinMode(DOWN_SW, INPUT);            // DOWN 스위치 입력 방향 설정
        pinMode(LEFT_SW, INPUT);            // LEFT 스위치 입력 방향 설정
        pinMode(RIGHT_SW, INPUT);           // RIGHT 스위치 입력 방향 설정
}
```

❶	- 녹색, 적색 표시 데이터 저장 배열, - 이동 LED 궤적 좌표 저장 배열 및 궤적 좌표 저장 개수 변수 - 스위치 상태 저장 변수, 이동 LED 좌표, 플레이 스테이지 번호
❷	**<사용자 정의 함수>** - 스위치 입력 처리 함수 - 모든 LED ON 체크 함수 - 게임화면 도트 매트릭스 표시 함수
❸	**<초기설정 함수>** - 단색, 3색 도트 매트릭스 초기화 및 클리어 - 4개 조작 스위치 입력 방향 설정

```
// 반복 처리 함수
void loop()
{
        byte  j, i, sw_no, chk, fx, fy, b_no, tmp;

        while(1){
```

❶

```
                bicolor.clear();                        // 3색 도트 매트릭스 클리어
                bicolor.setBrightness(1);               // 밝기 설정
                bicolor.writeDisplay();                 // 표시

                matrix.clear();                         // 단색 도트 매트릭스 클리어
                matrix.setBrightness(1);                // 밝기 설정
                matrix.writeDisplay();                  // 표시

                stage_disp();                   // 플레이 스테이지 번호 표시(단색 도트 매트릭스)
```

❷

```
                // p_no 게임 화면 메모리 저장
                bicolor.drawBitmap(0, 0, basic[p_no], 8, 8, LED_GREEN);

                // 이동 LED 우하귀(6,6)에 황색 표시 저장
                bicolor.drawBitmap(0, 0, start_green, 8, 8, LED_YELLOW);
                bicolor.writeDisplay();                 // 플레이 화면 표시
```

❸

```
                // 8x1 게임 화면 패턴 -> 8x8 적색 LED 저장 배열 저장
                for(j = 0;j < 8;j++){
                        for(i = 0;i < 8;i++){
                                // p_no 패턴 j행 i열 위치값 추출
                                tmp = pgm_read_byte(&basic[p_no][j]);
                                tmp = (tmp << i) & 0x80;

                                // 추출값 녹색 LED 배열에 저장
                                if(tmp != 0) dot_gval[j][i] = 1;
                                else dot_gval[j][i] = 0;

                                dot_rval[j][i] = 0;             // 적색 LED 클리어(이동 LED 부분 클리어)
                        }
                }
```

❹

```
                dot_rval[6][6] = 1;                     // 이동 LED 초기 위치(6, 6) 적색 LED ON
                mx = 6;                                 // 이동 LED x좌표
                my = 6;                                 // 이동 LED y좌표

                // 초기 이동 LED 좌표 저장 배열에 저장
                w_x[0] = mx;                            // 이동 LED x좌표 저장 배열에 저장
                w_y[0] = my;                            // 이동 LED y좌표 저장 배열에 저장
                w_no = 1;                               // 이동 LED 좌표 저장 갯수
```

❶	**<반복처리 함수>** - 3색 도트 매트릭스 메모리 클리어, 밝기 1 설정 - 단색 도트 매트릭스 메모리 클리어, 밝기 1 설정 - 스테이지 번호 표시 함수 호출 : stage_disp()
❷	- 스테이지 번호 게임 화면 3색 도트 매트릭스 녹색 메모리 저장 - 이동 LED 우하귀 주황색 메모리 저장 - 게임 화면 표시
❸	- 게임 화면 패턴(8x1) 녹색 패턴 저장 배열(8x8)에 저장 - 적색 LED 저장 배열 모두 클리어
❹	- 적색 저장 배열에서 이동 LED 초기 위치의 값 셋 - 이동 LED x, y 좌표 초기 설정 - 이동 LED x, y 좌표를 좌표 저장 배열에 저장하고, 이동(적색) LED 개수 1 설정

❶	<pre>while(1){
	    sw_no = sw_check(); // 스위치 입력 처리 함수 호출
	    if(sw_no == 0) continue; // 스위치 입력 없으면 while문 처음으로
	
	    fx = mx; // 현재 이동 LED x좌표 백업
	    fy = my; // 현재 이동 LED y좌표 백업
	
	    // 스위치 입력에 따라 이동 LED 새 좌표 계산
	    if(sw_no == 1) fx--; // 왼쪽 스위치 ON이면 x좌표 -1
	    else if(sw_no == 2) fx++; // 오른쪽 스위치 ON이면 x좌표 +1
	    else if(sw_no == 3) fy--; // 위쪽 스위치 ON이면 y좌표 -1
	    else fy++; // 아래쪽 스위치 ON이면 y좌표 +1
	
	    // 이동 LED 새 좌표의 녹색 LED ON이면 반복문 처음으로
	    if(dot_gval[fy][fx] != 0) continue; // 벽이면 스위치 입력 무시</pre>

❷	<pre> if(dot_rval[fy][fx] == 0){ // 새 좌표의 적색 LED가 OFF이면
	                                 // 입력 스위치 방향으로 이동
	        // 이전 이동 LED 위치 황색 -> 적색으로 LED ON
	        bicolor.drawPixel(mx, my, LED_RED);
	
	        // 이동 LED의 새 좌표 저장
	        mx = fx; // 이동 LED의 새 x좌표 저장
	        my = fy; // 이동 LED의 새 y좌표 저장
	
	        // 이동 LED의 새 좌표의 황색 LED ON
	        dot_rval[my][mx] = 1;
	        bicolor.drawPixel(mx, my, LED_YELLOW);
	        bicolor.writeDisplay();
	
	        // 이동 LED의 새 좌표 이동 LED 궤적 좌표 저장 배열에 저장
	        w_x[w_no] = mx;
	        w_y[w_no] = my;
	        w_no++; // 이동 LED 궤적 좌표 저장 갯수 +1
	
	        chk = all_led_on(); // 모든 LED ON 체크 함수 호출
	        if(chk == 1) break; // 모든 LED가 ON 상태이면 반복문 종료
	    }</pre>

❶	**<게임 진행 while 문>** - 스위치 입력 체크 함수 호출하고, 스위치 입력 없으면 반복 - 스위치 입력 있으면 이동 LED x, y 좌표 백업 - 스위치 입력에 따라 이동 LED 새 좌표 계산 - 새 좌표의 녹색 저장 배열의 값이 1(벽)이면 게임 진행 while문 처음으로
❷	**<새 좌표의 적색 저장 배열의 값이 0인 경우 : 이동 LED 이동 가능>** - 이전 이동 LED 위치의 색을 황색에서 적색으로 표시(3색 도트 매트릭스> - 이동 LED의 좌표 새 좌표로 갱신하고, 새 좌표의 색을 황색으로 표시 - 이동 LED의 새 좌표를 좌표 저장 배열에 저장 - LED가 모두 ON이 되었는지 체크하는 함수 호출하고 모두 ON되었으면 게임 진행 while문 종료, 그렇지 않으면 게임 진행 while문 처음으로

❶	<pre>else { // 새 좌표의 적색 LED ON이면 입력 스위치 방향으로 BACK 이동
	    if(w_no == 1) continue; // 황색 LED 하나만 ON이면(초기상태)
	                             // 반복문 처음으로
	    b_no = w_no - 2; // 이동 LED 바로 이전 배열 저장 번호
	
	    // 이동 LED 바로 이전의 저장 좌표와 새 좌표가 일치하는지 조사
	    // 일치하지 않으면 입력 스위치 무시
	    if(fx != w_x[b_no] || fy != w_y[b_no]) continue;
	
	    // 현재 위치의 이동 LED 적색 LED OFF
	    dot_rval[my][mx] = 0;
	    bicolor.drawPixel(mx, my, LED_OFF);
	
	    w_no--; // 좌표 저장 갯수 -1
	    mx = w_x[b_no]; // 이동 LED 좌표 이전 저장 좌표로
	    my = w_y[b_no]; // 갱신
	
	    bicolor.drawPixel(mx, my, LED_YELLOW);
	    bicolor.writeDisplay();
	  }
	}</pre>

❷	<pre> p_no = (p_no + 1) % PAT_NO; // 게임 화면 다음으로 진행
	    }
	}</pre>

❶	**<새 좌표의 적색 저장 배열의 값이 1인 경우 : 이동 LED 백 이동>** - 이동 LED의 개수가 1이면(초기상태)이면 게임 진행 while문 처음으로 - 이동 LED 바로 이전 배열 저장 번호 추출 - 이동 LED 바로 이전의 저장 좌표와 새 좌표가 일치하지 않으면 백 게임 진행 while 문 처음으로(이동 불가) **<이동 LED 백 이동 처리>** - 이동 LED 위치의 적색 저장 배열 클리어하고, 이동 LED 위치의 적색 LED OFF - 좌표 저장 개수 -1하고, 이동 LED의 좌표를 이전 저장 좌표로 갱신 - 이동 LED의 새 좌표 위치 황색 LED로 표시
❷	- 현재 게음을 클리어하면 다음 게임 화면으로 진행 - 모두 클리어하면 처음부터 다시 실행

❶	<pre>// 스위치 입력 처리 함수
	byte sw_check()
	{
	        byte j;
	
	        // 10ms 간격 두고 스위치 4개 2번 읽기
	        for(j = LEFT_SW;j <= DOWN_SW;j++) old_sw[j - LEFT_SW] = digitalRead(j);
	        delay(10);
	        for(j = LEFT_SW;j <= DOWN_SW;j++) sw[j - LEFT_SW] = digitalRead(j);</pre>

❷	<pre> // 이동 LED의 이동 범위 (1, 1)-(6, 6)에서 스위치 입력됐는지 체크
	        if(old_sw[0] == HIGH && sw[0] == LOW){ // LEFT 스위치 눌려지는 순간이면
	                if(mx > 1) return 1; // 이동 LED의 x좌표가 1보다 크면 1리턴
	        }
	        else if(old_sw[1] == HIGH && sw[1] == LOW){ // RIGHT스위치 눌려지는 순간이면
	                if(mx < 6) return 2; // 이동 LED의 x좌표가 6보다 작으면 2리턴
	        }
	        else if(old_sw[2] == HIGH && sw[2] == LOW){ // UP 스위치 눌려지는 순간이면
	                if(my > 1) return 3; // 이동 LED의 y좌표가 1보다 크면 3리턴
	        }
	        else if(old_sw[3] == HIGH && sw[3] == LOW){ // DOWN 스위치 눌려지는 순간이면
	                if(my < 6) return 4; // 이동 LED의 y좌표가 6보다 작으면 4리턴
	        }
	        return 0; // 스위치 입력이 없거나 이동 LED가 이동할 수 없으면 0리턴
	}</pre>

❶	**<스위치 입력 체크 함수>** - 10ms 간격두고 4개의 스위치 상태 2번 읽기
❷	- LEFT 스위치가 눌려지는 순간이고 이동 LED의 x좌표가 1보다 크면 1의 값 리턴 - RIGHT 스위치가 눌려지는 순간이고 이동 LED의 x좌표가 6보다 작으면 2의 값 리턴 - UP 스위치가 눌려지는 순간이고 이동 LED의 y좌표가 1보다 크면 3의 값 리턴 - DOWN 스위치가 눌려지는 순간이고 이동 LED의 y좌표가 1보다 크면 4의 값 리턴 - 위의 조건들을 만족하지 않으면 0의 값 리턴

❶	<pre>// 3색 도트 매트릭스의 LED(녹색 또는 적색)가 모두 ON 되었는지 체크하는 함수
	byte all_led_on()
	{
	        byte i, j;
	
	        for(j = 0;j < 8;j++){
	                for(i = 0;i < 8;i++){
	                        // 적색 LED와 녹색 LED가 모두 OFF인 부분이면 0값 리턴
	                        if(dot_rval[j][i] == 0 && dot_gval[j][i] == 0) return 0;
	                }
	        }
	        return 1; // 도트 매트릭스의 모든 위치에서 녹색 또는 적색 LED가 ON이면 1리턴
	}</pre>

❷	<pre>// 단색 도트 매트릭스 스테이지 번호 표시
	void stage_disp()
	{
	        byte m10, m1, m;
	        byte tmp[8];
	
	        m10 = (p_no + 1) / 10; // 플레이 스테이지 번호 10자리
	        m1 = (p_no + 1) % 10; // 플레이 스테이지 번호 1자리
	
	        // 레벨 10자리와 1자리 패턴 합성
	        for(m = 0;m < 8;m++)
	                tmp[m] = (pgm_read_byte(&num_pat[m10][m]) << 4) |
	                                pgm_read_byte(&num_pat[m1][m]);
	
	        matrix.clear(); // 도트매트릭스 클리어
	        matrix.drawBitmap(0, 0, tmp, 8, 8, LED_ON); // 표시 데이터 메모리 복사
	        matrix.writeDisplay(); // 단색 도트매트릭스 표시
	}</pre>

❶	**<all_led_on() : 모든 LED ON 체크 함수>** - 3색 도트 매트릭스의 녹색 LED(벽)와 적색 LED(이동 LED)가 모두 ON 되었는지 조사하고 하나라도 OFF 상태이면 0의 값을 리턴 - 모두 ON 상태이면 1의 값 리턴
❷	**<stage_disp() : 게임 스테이지 번호 표시 함수 체크 함수(단색 도트 매트릭스)>** - 스테이지 번호 10자리와 1자리 추출 - 10자리와 1자리 패턴 합성하여 배열 저장 - 단색 도트 매트릭스 메모리 클리어 - 저장된 합성 배열값을 메모리 저장하여 표시

```
/*************************************************
 led_light1      matrix8x8, bicolor8x8
*************************************************/
#include "Adafruit_LEDBackpack.h"

#define  PAT_NO      25                          // 게임 화면 수

const int UP_SW = 4;                             // UP 스위치 아두이노 연결핀
const int DOWN_SW = 5;                           // DOWN 스위치 아두이노 연결핀
const int LEFT_SW = 2;                           // LEFT 스위치 아두이노 연결핀
const int RIGHT_SW = 3;                          // RIGTH 스위치 아두이노 연결핀

// 도트 매트릭스 객체 생성
Adafruit_BicolorMatrix bicolor = Adafruit_BicolorMatrix();     // 3색
Adafruit_8x8matrix matrix = Adafruit_8x8matrix();              // 단색

static const byte PROGMEM
   num_pat[10][8] =                  // 단색 도트 매트릭스 0~9 숫자 표시 패턴
      {{0x07,0x05,0x05,0x05,0x05,0x05,0x05,0x07},         // 0
       {0x02,0x06,0x02,0x02,0x02,0x02,0x02,0x07},         // 1
       {0x07,0x01,0x01,0x07,0x04,0x04,0x04,0x07},         // 2
       {0x07,0x01,0x01,0x07,0x01,0x01,0x01,0x07},         // 3
       {0x01,0x02,0x04,0x05,0x05,0x07,0x01,0x01},         // 4
       {0x07,0x04,0x04,0x07,0x01,0x01,0x01,0x07},         // 5
       {0x07,0x04,0x04,0x07,0x05,0x05,0x05,0x07},         // 6
       {0x07,0x01,0x01,0x01,0x01,0x01,0x01,0x01},         // 7
       {0x07,0x05,0x05,0x07,0x05,0x05,0x05,0x07},         // 8
       {0x07,0x05,0x05,0x07,0x01,0x01,0x01,0x01}},        // 9

   basic[PAT_NO][8] =                // 게임 화면 데이터
      {{0xFF,0x81,0xA5,0x81,0x89,0xA1,0x81,0xFF},
       {0xFF,0x81,0xA1,0x83,0x81,0xA1,0x89,0xFF},
       {0xFF,0x81,0xA5,0x81,0x81,0xA5,0x81,0xFF},
       {0xFF,0x81,0xA1,0xC1,0x95,0x81,0x81,0xFF},
       {0xFF,0x81,0x81,0xC3,0xC3,0x81,0x81,0xFF},

       {0xFF,0x85,0x91,0x81,0x81,0x91,0x85,0xFF},
       {0xFF,0x81,0x91,0xC1,0x81,0x91,0x85,0xFF},
       {0xFF,0x81,0xA5,0x81,0x89,0x81,0x91,0xFF},
       {0xFF,0x81,0x81,0xB1,0x81,0x8D,0x81,0xFF},
       {0xFF,0x81,0x81,0xB1,0x83,0x89,0x81,0xFF},

       {0xFF,0x81,0x89,0x83,0x81,0xB1,0x81,0xFF},
       {0xFF,0x83,0x89,0x91,0x81,0xA1,0x81,0xFF},
       {0xFF,0x81,0x91,0xC5,0x81,0x81,0x91,0xFF},
       {0xFF,0x83,0x89,0x91,0x81,0x81,0xC1,0xFF},
       {0xFF,0x81,0x85,0x91,0x89,0xA1,0x81,0xFF},

       {0xFF,0x81,0x81,0xA5,0x89,0x83,0x81,0xFF},
```

```
        {0xFF,0x81,0xA5,0x81,0x93,0x81,0x81,0xFF},
        {0xFF,0x91,0x81,0xA1,0x85,0x81,0x89,0xFF},
        {0xFF,0x81,0xA1,0x81,0xC5,0x91,0x81,0xFF},
        {0xFF,0x91,0x81,0x83,0xC1,0x81,0x89,0xFF},

        {0xFF,0x81,0xA3,0x81,0x91,0x81,0x85,0xFF},
        {0xFF,0x81,0xA9,0x83,0x81,0xA1,0x81,0xFF},
        {0xFF,0x81,0x89,0xA1,0x81,0x93,0x81,0xFF},
        {0xFF,0x81,0x81,0x99,0xA1,0x89,0x81,0xFF},
        {0xFF,0x89,0x81,0x91,0x89,0x81,0x91,0xFF}},

start_green[8] = {0x00,0x00,0x00,0x00,0x00,0x00,0x02,0x00};   // 이동 LED 우하귀

byte  dot_rval[8][8], dot_gval[8][8];     // 녹색, 적색 표시 데이터 저장 배열
byte  w_x[36], w_y[36];                   // 이동 LED 궤적 좌표 저장 배열
byte  w_no;                               // 이동 LED 궤적 좌표 저장 갯수 변수
byte  old_sw[4], sw[4];                   // 스위치 상태 저장 변수
byte  mx, my;                             // 이동 LED 좌표
byte  p_no = 0;                           // 플레이 스테이지 번호

byte  sw_check(void);                     // 스위치 입력 처리 함수
byte  all_led_on(void);                   // 도트 매트릭스 모든 LED ON 체크 함수
void  stage_disp(void);                   // 스테이지 표시(8x8 Dot matrix)

// 초기 설정 함수
void setup()
{
    bicolor.begin(0x70);                  // 3색 도트 매트릭스 초기화
    matrix.begin(0x71);                   // 단색 도트 매트릭스 초기화

    pinMode(UP_SW, INPUT);                // UP 스위치 입력 방향 설정
    pinMode(DOWN_SW, INPUT);              // DOWN 스위치 입력 방향 설정
    pinMode(LEFT_SW, INPUT);              // LEFT 스위치 입력 방향 설정
    pinMode(RIGHT_SW, INPUT);             // RIGHT 스위치 입력 방향 설정
}

// 반복 처리 함수
void loop()
{
    byte  j, i, sw_no, chk, fx, fy, b_no, tmp;

    while(1){
        bicolor.clear();                  // 3색 도트 매트릭스 클리어
        bicolor.setBrightness(1);         // 밝기 설정
        bicolor.writeDisplay();           // 표시

        matrix.clear();                   // 단색 도트 매트릭스 클리어
        matrix.setBrightness(1);          // 밝기 설정
        matrix.writeDisplay();            // 표시
```

```
stage_disp();                   // 플레이 스테이지 번호 표시(단색 도트 매트릭스)


// p_no 게임 화면 메모리 저장
bicolor.drawBitmap(0, 0, basic[p_no], 8, 8, LED_GREEN);

// 이동 LED 우하귀(6,6)에 황색 표시 저장
bicolor.drawBitmap(0, 0, start_green, 8, 8, LED_YELLOW);

bicolor.writeDisplay();         // 플레이 화면 표시

// 8x1 게임 화면 패턴 -> 8x8 적색 LED 저장 배열 저장
for(j = 0;j < 8;j++){
        for(i = 0;i < 8;i++){
                // p_no 패턴 j행 i열 위치값 추출
                tmp = pgm_read_byte(&basic[p_no][j]);
                tmp = (tmp << i) & 0x80;

                // 추출값 녹색 LED 배열에 저장
                if(tmp != 0) dot_gval[j][i] = 1;
                else dot_gval[j][i] = 0;

                dot_rval[j][i] = 0;             // 적색 LED 클리어(이동 LED 부분 클리어)
        }
}

dot_rval[6][6] = 1;                     // 이동 LED 초기 위치(6, 6) 적색 LED ON
mx = 6;                                 // 이동 LED x좌표
my = 6;                                 // 이동 LED y좌표

 // 초기 이동 LED 좌표 저장 배열에 저장
w_x[0] = mx;                                    // 이동 LED x좌표 저장 배열에 저장
w_y[0] = my;                                    // 이동 LED y좌표 저장 배열에 저장
w_no = 1;                                       // 이동 LED 좌표 저장 갯수

while(1){
        sw_no = sw_check();                     // 스위치 입력 처리 함수 호출
        if(sw_no == 0) continue;                // 스위치 입력 없으면 반복문 처음으로

        fx = mx;                                // 현재 이동 LED x좌표 백업
        fy = my;                                // 현재 이동 LED y좌표 백업

        // 스위치 입력에 따라 이동 LED 새 좌표 계산
        if(sw_no == 1) fx--;                    // 왼쪽 스위치 ON이면 x좌표 -1
        else if(sw_no == 2) fx++;               // 오른쪽 스위치 ON이면 x좌표 +1
        else if(sw_no == 3) fy--;               // 위쪽 스위치 ON이면 y좌표 -1
        else fy++;                              // 아래쪽 스위치 ON이면 y좌표 +1

        // 이동 LED 새 좌표의 녹색 LED ON이면 반복문 처음으로
```

```
            if(dot_gval[fy][fx] != 0) continue;          // 벽이면 스위치 입력 무시

            if(dot_rval[fy][fx] == 0){                   // 새 좌표의 적색 LED가 OFF이면
                                                         // 입력 스위치 방향으로 이동

                // 이전 이동 LED 위치 황색 -> 적색으로 LED ON
                bicolor.drawPixel(mx, my, LED_RED);

                // 이동 LED의 새 좌표 저장
                mx = fx;                                 // 이동 LED의 새 x좌표 저장
                my = fy;                                 // 이동 LED의 새 y좌표 저장

                // 이동 LED의 새 좌표의 황색 LED ON
                dot_rval[my][mx] = 1;
                bicolor.drawPixel(mx, my, LED_YELLOW);
                bicolor.writeDisplay();

                // 이동 LED의 새 좌표 이동 LED 궤적 좌표 저장 배열에 저장
                w_x[w_no] = mx;
                w_y[w_no] = my;
                w_no++;                                  // 이동 LED 궤적 좌표 저장 갯수 +1

                chk = all_led_on();                      // 모든 LED ON 체크 함수 호출
                if(chk == 1) break;                      // 모든 LED가 ON 상태이면 반복문 종료
            }
            else {    // 새 좌표의 적색 LED ON이면 입력 스위치 방향으로 BACK 이동
                if(w_no == 1) continue;                  // 황색 LED 하나만 ON이면(초기상태)
                                                         // 반복문 처음으로
                b_no = w_no - 2;                         // 이동 LED 바로 이전 배열 저장 번호

                // 이동 LED 바로 이전의 저장 좌표와 새 좌표가 일치하는지 조사
                // 일치하지 않으면 입력 스위치 무시
                if(fx != w_x[b_no] || fy != w_y[b_no]) continue;

                // 현재 위치의 이동 LED 적색 LED OFF
                dot_rval[my][mx] = 0;
                bicolor.drawPixel(mx, my, LED_OFF);

                w_no--;                                  // 좌표 저장 갯수 -1
                mx = w_x[b_no];                          // 이동 LED 좌표 이전 저장 좌표로
                my = w_y[b_no];                          // 갱신

                bicolor.drawPixel(mx, my, LED_YELLOW);
                bicolor.writeDisplay();
            }
        }
        p_no = (p_no + 1) % PAT_NO;                      // 게임 화면 다음으로 진행
    }
}
```

```
// 스위치 입력 처리 함수
byte sw_check()
{
	byte  j;

	// 10ms 간격 두고 스위치 4개 2번 읽기
	for(j = LEFT_SW;j <= DOWN_SW;j++) old_sw[j - LEFT_SW] = digitalRead(j);
	delay(10);
	for(j = LEFT_SW;j <= DOWN_SW;j++) sw[j - LEFT_SW] = digitalRead(j);

	// 이동 LED의 이동 범위 (1, 1)-(6, 6)에서 스위치 입력됐는지 체크
	if(old_sw[0] == HIGH && sw[0] == LOW){     // LEFT 스위치가 눌려지는 순간이면
		if(mx > 1) return 1;                   // 이동 LED의 x좌표가 1보다 크면 1 리턴
	}
	else if(old_sw[1] == HIGH && sw[1] == LOW){ // RIGHT 스위치가 눌려지는 순간이면
		if(mx < 6) return 2;                   // 이동 LED의 x좌표가 6보다 작으면 2 리턴
	}
	else if(old_sw[2] == HIGH && sw[2] == LOW){ // UP 스위치가 눌려지는 순간이면
		if(my > 1) return 3;                   // 이동 LED의 y좌표가 1보다 크면 3 리턴
	}
	else if(old_sw[3] == HIGH && sw[3] == LOW){ // DOWN 스위치가 눌려지는 순간이면
		if(my < 6) return 4;                   // 이동 LED의 y좌표가 6보다 작으면 4 리턴
	}
	return 0;                 // 스위치 입력이 없거나 이동 LED의 이동할 수 없는 경우에는 0리턴
}

// 3색 도트 매트릭스의 LED(녹색 또는 적색)가 모두 ON 되었는지 체크하는 함수
byte all_led_on()
{
	byte i, j;

	for(j = 0;j < 8;j++){
		for(i = 0;i < 8;i++){
			// 적색 LED와 녹색 LED가 모두 OFF인 부분이면 0값 리턴
			if(dot_rval[j][i] == 0 && dot_gval[j][i] == 0) return 0;
		}
	}
	return 1;          // 도트 매트릭스의 모든 위치에서 녹색 또는 적색 LED가 ON이면 1리턴
}

// 단색 도트 매트릭스 스테이지 번호 표시
void stage_disp()
{
	byte  m10, m1, m;
	byte  tmp[8];

	m10 = (p_no + 1) / 10;                    // 플레이 스테이지 번호 10자리
	m1 = (p_no + 1) % 10;                     // 플레이 스테이지 번호 1자리
```

```
    // 레벨 10자리와 1자리 패턴 합성
    for(m = 0;m < 8;m++)
        tmp[m] = (pgm_read_byte(&num_pat[m10][m]) << 4) |
                 pgm_read_byte(&num_pat[m1][m]);

    matrix.clear();                            // 도트매트릭스 클리어
    matrix.drawBitmap(0, 0, tmp, 8, 8, LED_ON); // 표시 데이터 메모리 복사
    matrix.writeDisplay();                     // 단색 도트매트릭스 표시
}
```

[그림 10-4] 실행 결과

Memo.

Chapter

11

푸쉬푸쉬 게임

11 Chapter

푸쉬푸쉬 게임

기존의 푸쉬푸쉬 게임은 [그림 11-1]과 같은 화면에서 캐릭터를 움직여 파란 구슬을 집이 있는 곳으로 옮기는 게임이다. 캐릭터는 상하좌우로만 움직일 수 있으며 벽이나 구슬을 넘어갈 수는 없다. 캐릭터는 구슬을 한 번에 한칸씩만 밀 수 있으며, 모든 구슬을 집으로 옮기면 게임이 종료된다.

[그림 11-1] 푸쉬푸쉬 게임

이 장에서는 8x8 3색(적색, 녹색, 황색) 도트 매트릭스로 [그림 11-2]와 같이 푸쉬푸쉬 게임을 구현한다. 3색을 이용해 황색은 벽, 적색은 공, 녹색(점멸)은 집, 캐릭터는 녹색으로 각각 표현한다. 총 33개의 스테이지로 구성하며, 스테이지별로 난이도가 다르다. 캐릭터의 이동은 4개의 상하좌우 스위치를 이용해 이동시키며, Set 스위치를 누르면 다음 스테이지로 넘어갈 수 있다.

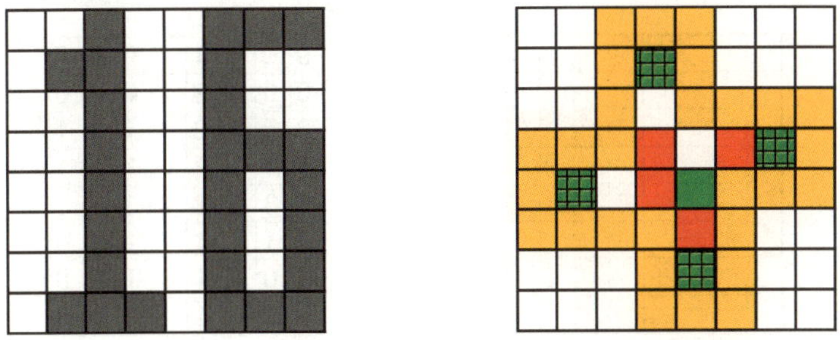

단색 도트 매트릭스　　　　　　　　3색 도트 매트릭스(게임 화면)

- 단색 도트 매트릭스 : 스테이지 번호(4x8 숫자 패턴)
- 3색 도트 매트릭스 : 벽(황색), 캐릭터(녹색), 집(녹색 점멸), 공(적색)

- D4(UP_SW) 연결 스위치 : 캐릭터 위로 이동
- D5(DOWN_SW) 연결 스위치 : 캐릭터 아래로 이동
- D2(LEFT_SW) 연결 스위치 : 캐릭터 왼쪽 이동
- D3(RIGHT_SW) 연결 스위치 : 캐릭터 오른쪽 이동
- D6(SET_SW) 연결 스위치 : 다음 스테이지로 이동

[그림 11-2] 푸쉬푸쉬 게임

3색 도트 매트릭스에는 벽, 공, 집, 캐릭터를 [표 11-1], [그림 11-3]과 같이 표시하고, 도트 매트릭스에서 각 위치의 상태를 나타내기 위해 배열에 0부터 7의 값을 저장한다. [그림 11-4]는 33개의 스테이지 게임 화면을 보여준다.

[표 11-1] 게임 화면 표시 및 배열 표현값

상태	패턴 그림	도트 매트릭스	배열 값
자유 영역	빈칸	LED OFF	0
벽		황색	1
공		적색	2
집		녹색 점멸	3
집 + 공		황색 점멸	5
캐릭터		녹색	4
캐릭터 + 집		녹색	7

게임 화면	배열 표시(now_pat[8][8])
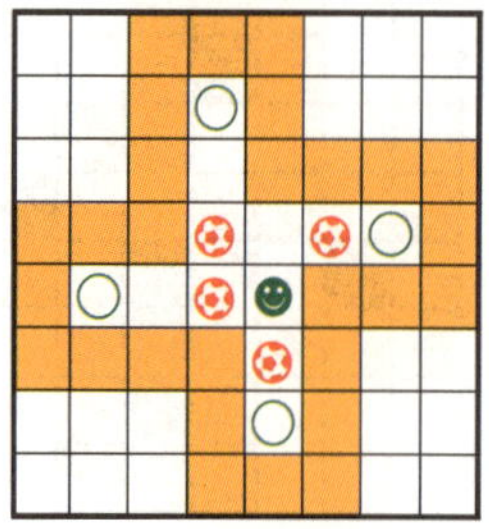	see array below

0	0	1	1	1	0	0	0
0	0	1	3	1	0	0	0
0	0	1	0	1	1	1	1
1	1	1	2	0	2	3	1
1	3	0	2	4	1	1	1
1	1	1	1	2	1	0	0
0	0	0	1	3	1	0	0
0	0	0	1	1	1	0	0

[그림 11-3] 게임 화면 및 배열 표시

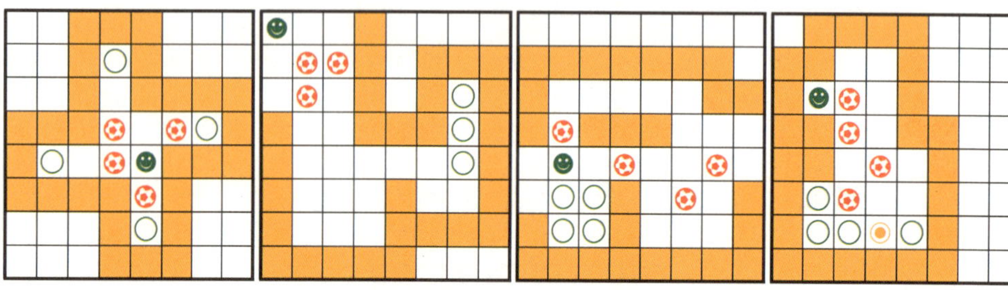

(a) 스테이지 1~4

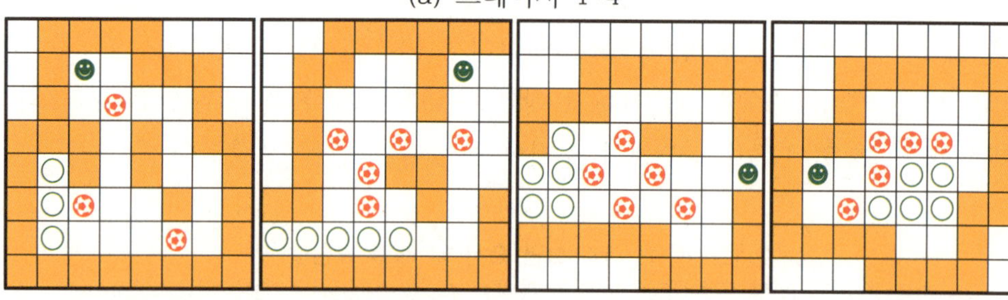

(b) 스테이지 5~8

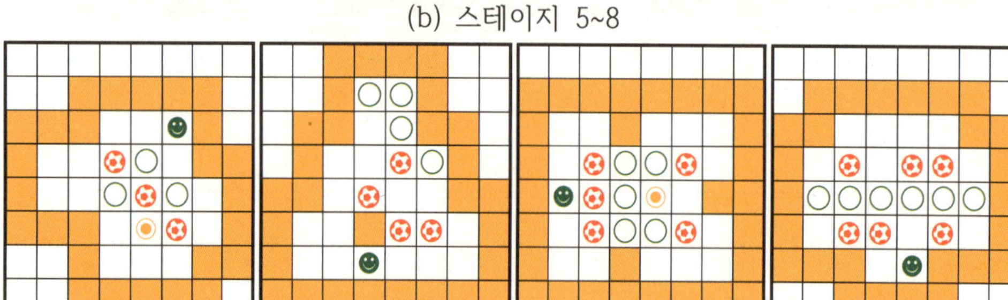

(c) 스테이지 9~12

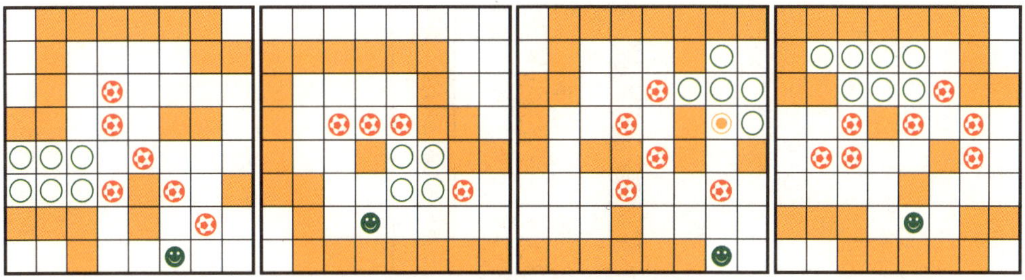

(d) 스테이지 13~16

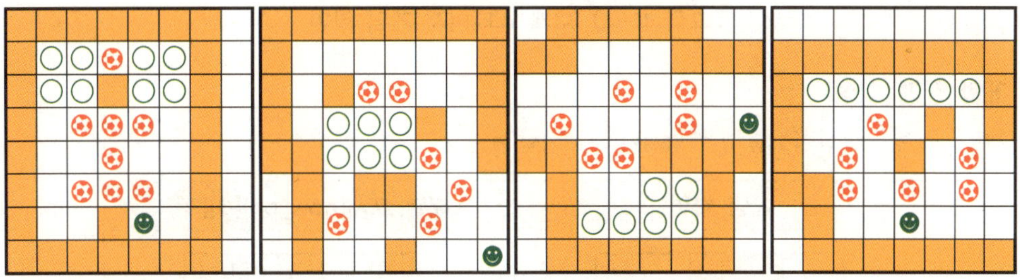

(e) 스테이지 17~20

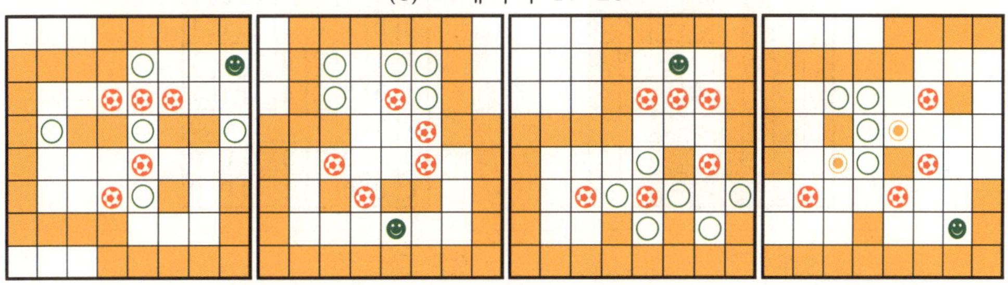

(f) 스테이지 21~24

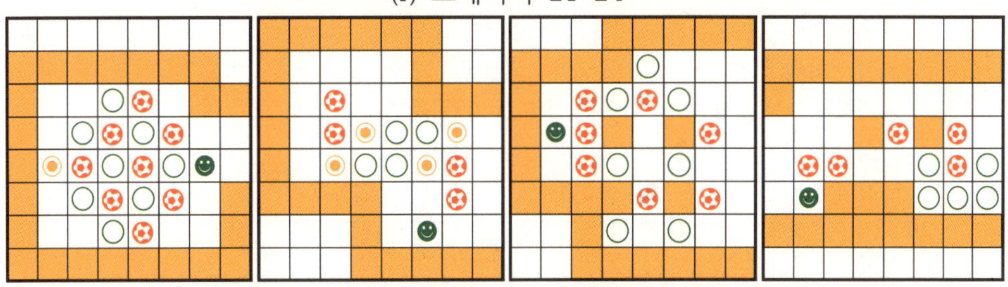

(g) 스테이지 25~28

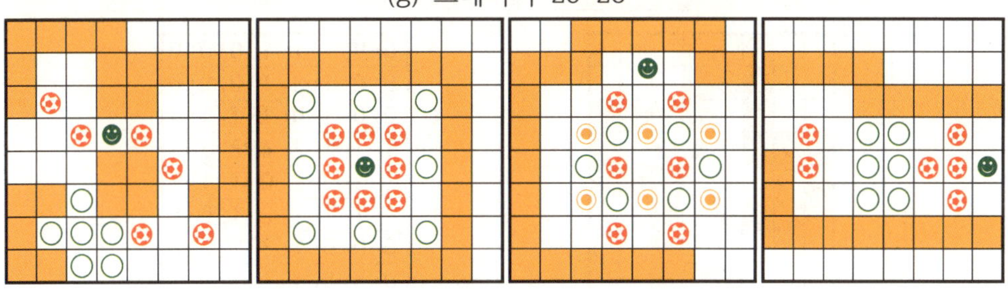

(h) 스테이지 29~32

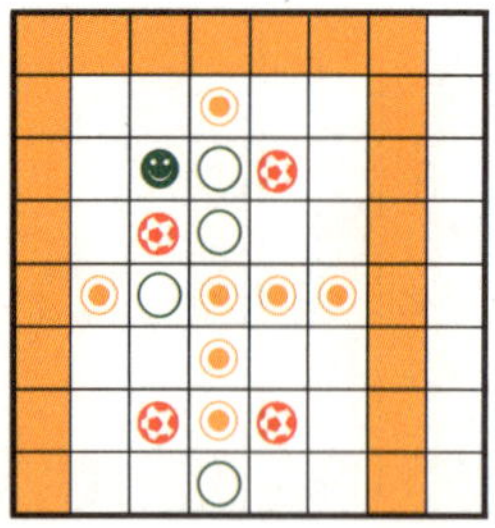

(i) 스테이지 33

[그림 11-4] 33개 스테이지 게임 화면

● 게임 진행 과정

게임 진행 과정을 설명하면 다음과 같다.

게임 화면

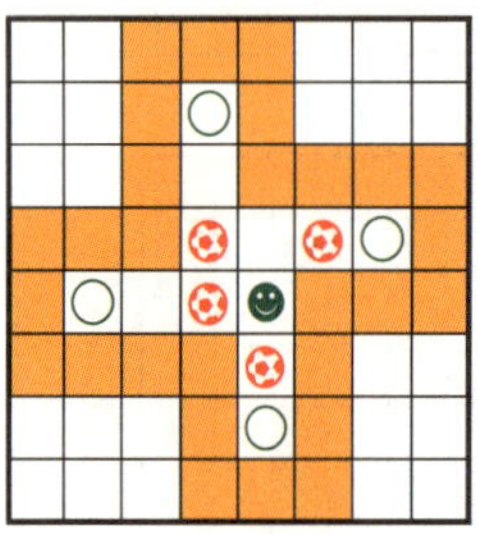

배열 표시(now_pat[8][8])

0	0	1	1	1	0	0	0
0	0	1	3	1	0	0	0
0	0	1	0	1	1	1	1
1	1	1	2	0	2	3	1
1	3	0	2	4	1	1	1
1	1	1	1	2	1	0	0
0	0	0	1	3	1	0	0
0	0	0	1	1	1	0	0

게임 화면	배열 표시(now_pat[8][8])
- 자유 영역 : □	- 자유 영역 : 0
- 벽 : 황색 ■	- 벽 : 1
- 공 : 적색	- 공 : 2
- 집 : 녹색 점멸 ○	- 집 : 3
- 캐릭터 : 녹색	- 캐릭터 : 4
- 집 + 공 : 황색 점멸	- 집 + 공 : 5
- 캐릭터 + 집 : 녹색 ●	- 캐릭터 + 집 : 7

⇩ 캐릭터 한 칸 위로 이동

게임 화면

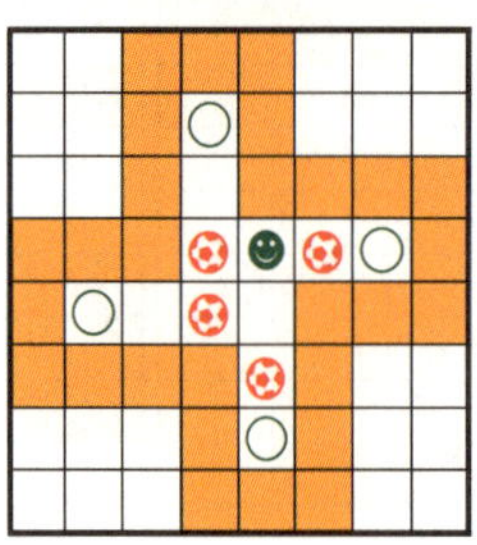

배열 표시(now_pat[8][8])

0	0	1	1	1	0	0	0
0	0	1	3	1	0	0	0
0	0	1	0	1	1	1	1
1	1	1	2	4	2	3	1
1	3	0	2	0	1	1	1
1	1	1	1	2	1	0	0
0	0	0	1	3	1	0	0
0	0	0	1	1	1	0	0

⇩ 캐릭터 한 칸 우로 이동

게임 화면	배열 표시(now_pat[8][8])

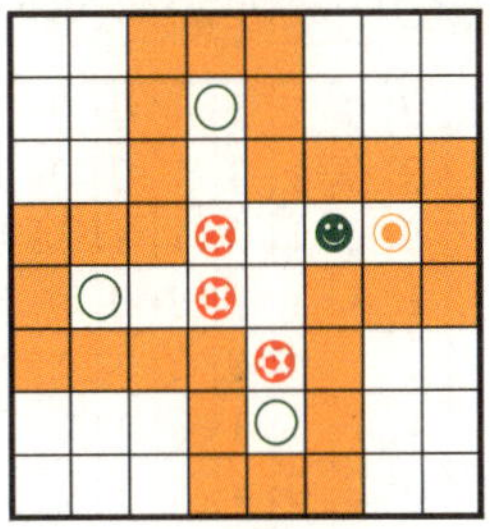

0	0	1	1	1	0	0	0
0	0	1	3	1	0	0	0
0	0	1	0	1	1	1	1
1	1	1	2	0	4	5	1
1	3	0	2	0	1	1	1
1	1	1	1	2	1	0	0
0	0	0	1	3	1	0	0
0	0	0	1	1	1	0	0

⇩ 캐릭터 한 칸 좌로 이동

게임 화면	배열 표시(now_pat[8][8])

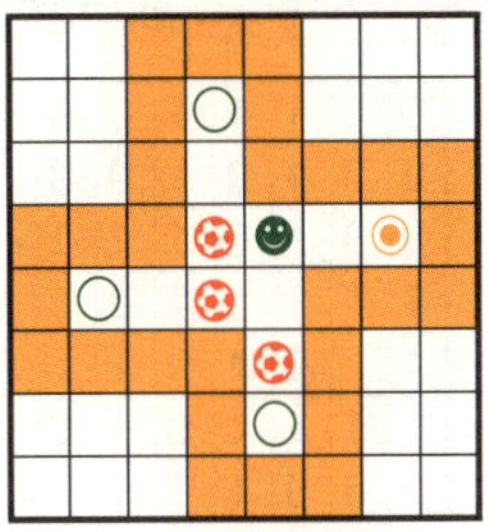

0	0	1	1	1	0	0	0
0	0	1	3	1	0	0	0
0	0	1	0	1	1	1	1
1	1	1	2	4	0	5	1
1	3	0	2	0	1	1	1
1	1	1	1	2	1	0	0
0	0	0	1	3	1	0	0
0	0	0	1	1	1	0	0

⇩ 캐릭터 두 칸 아래로 이동

게임 화면	배열 표시(now_pat[8][8])

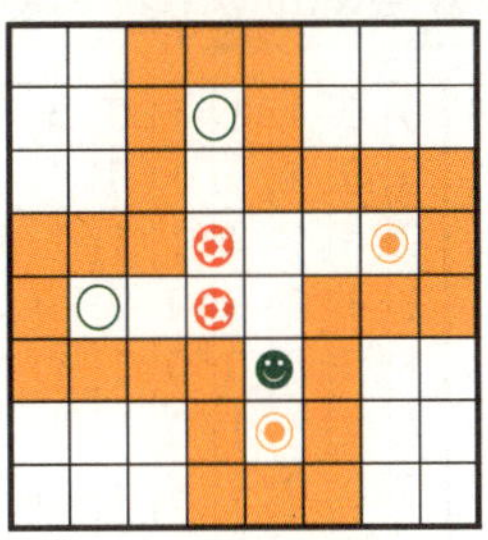

0	0	1	1	1	0	0	0
0	0	1	3	1	0	0	0
0	0	1	0	1	1	1	1
1	1	1	2	0	0	5	1
1	3	0	2	0	1	1	1
1	1	1	1	4	1	0	0
0	0	0	1	5	1	0	0
0	0	0	1	1	1	0	0

⇩ 캐릭터 한 칸 위로 이동

게임 화면	배열 표시(now_pat[8][8])

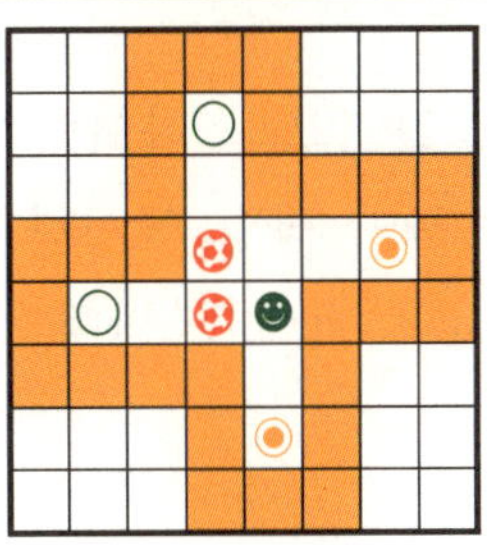

0	0	1	1	1	0	0	0
0	0	1	3	1	0	0	0
0	0	1	0	1	1	1	1
1	1	1	2	0	0	5	1
1	3	0	2	4	1	1	1
1	1	1	1	0	1	0	0
0	0	0	1	5	1	0	0
0	0	0	1	1	1	0	0

⇩ 캐릭터 두 칸 좌로 이동

게임 화면

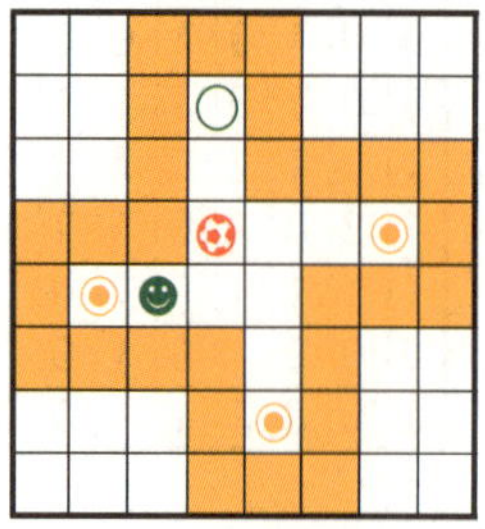

배열 표시(now_pat[8][8])

0	0	1	1	1	0	0	0
0	0	1	3	1	0	0	0
0	0	1	0	1	1	1	1
1	1	1	2	0	0	5	1
1	5	4	0	0	1	1	1
1	1	1	1	0	1	0	0
0	0	0	1	5	1	0	0
0	0	0	1	1	1	0	0

⇩ 캐릭터 한 칸 우로 이동

게임 화면

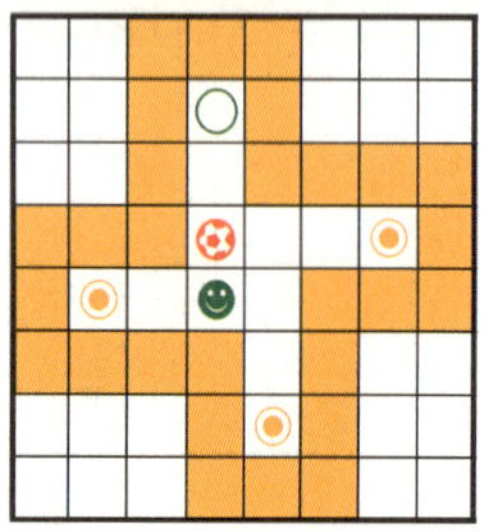

배열 표시(now_pat[8][8])

0	0	1	1	1	0	0	0
0	0	1	3	1	0	0	0
0	0	1	0	1	1	1	1
1	1	1	2	0	0	5	1
1	5	0	4	0	1	1	1
1	1	1	1	0	1	0	0
0	0	0	1	5	1	0	0
0	0	0	1	1	1	0	0

⇩ 캐릭터 두 칸 위로 이동

게임 화면

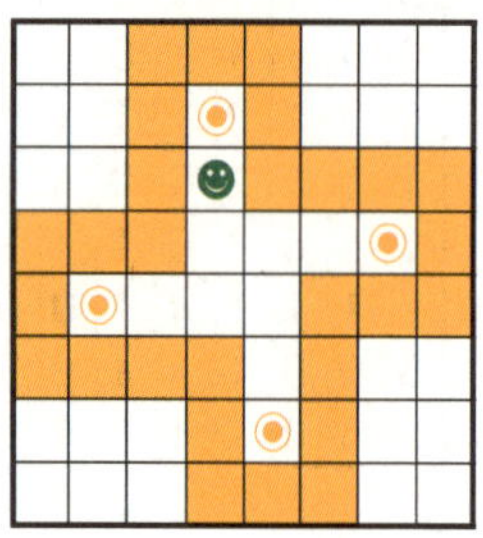

배열 표시(now_pat[8][8])

0	0	1	1	1	0	0	0
0	0	1	5	1	0	0	0
0	0	1	4	1	1	1	1
1	1	1	0	0	0	5	1
1	5	0	0	0	1	1	1
1	1	1	1	0	1	0	0
0	0	0	1	5	1	0	0
0	0	0	1	1	1	0	0

[그림 11-5] 게임 진행 과정

- **점멸 표시**

집(녹색 점멸), 집+공(황색 점멸) 칸은 0.5초 간격으로 타이머2 인터럽트를 발생시켜 [그림 11-6]과 같이 표시를 ON/OFF 하여 점멸 표시한다. 이렇게 0.5초 간격으로 표시를 ON/OFF 하면 점멸한 것처럼 보이게 되며, 나머지 부분(벽, 공, 캐릭터)은 점멸 없이 표시된다.

게임 화면	배열 표시(now_pat[8][8])
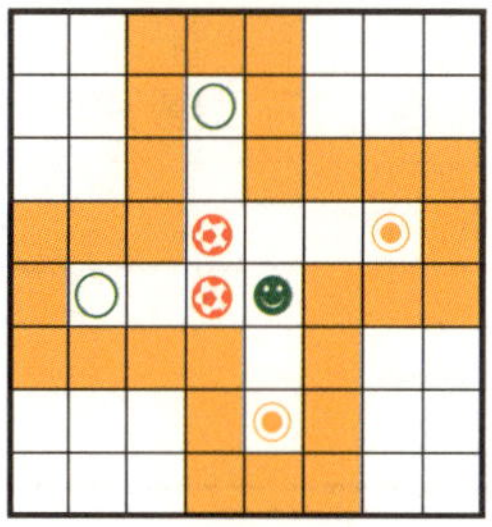	(see array below)

0	0	1	1	1	0	0	0
0	0	1	3	1	0	0	0
0	0	1	0	1	1	1	1
1	1	1	2	0	0	5	1
1	3	0	2	4	1	1	1
1	1	1	1	0	1	0	0
0	0	0	1	5	1	0	0
0	0	0	1	1	1	0	0

(a) 게임 화면 및 배열 표시

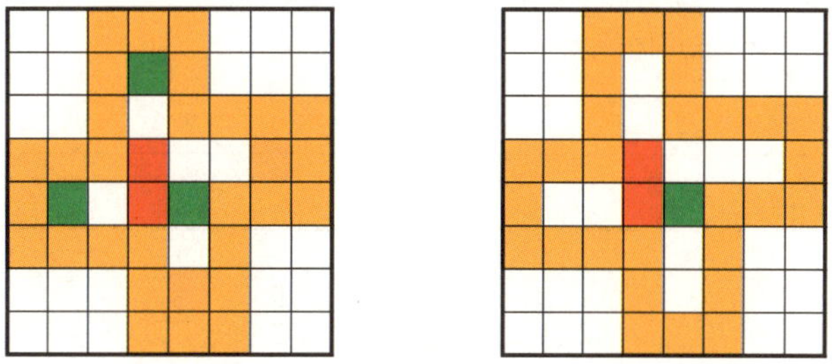

(b) 집, 집+공 표시 ON　　(c) 집, 집+공 표시 OFF

[그림 11-6] 집, 집+공 점멸 표시

- **종료 조건**

  now_pat[][]에서 2(공)의 값을 갖는 부분이 없으면 종료 상태가 된다.

- **[타이머2 인터럽트]**

  프로그램에서는 타이머2 인터럽트를 사용하며, 타이머2에 대한 라이브러리 설치는 다음과 같이 수행한다.

① http://playground.arduino.cc/Main/MsTimer2 에서 MsTimer2.zip 파일을 다운받는다.
② 다운받은 파일의 압축을 해제한 다음 만들어진 폴더를 아두이노가 설치된 폴더 내의(또는 문서 밑) Arduino/libraries 에 복사해 주면 설치가 끝난다.
③ 소스파일을 작성할 때 #include <MsTimer2.h> 를 넣어주고, MsTimer2 라이브러리에 들어있는 함수들을 이용하여 프로그램을 작성하면 된다.

MsTimer2 라이브러리에는 다음과 같은 3개의 함수가 포함되어 있다.

MsTimer2::set(unsigned long ms, void (*f)())		
기능	타이머2의 인터럽트 주기를 ms 단위로 설정하며, 설정된 시간이 경과되면 함수 f가 실행된다. 따라서, 설정된 시간마다 계속 함수 f가 실행된다.	
매개변수	ms	ms 단위의 주기 값(unsigned long)
	f	호출되는 인터럽트 함수
리턴 값	없음	

MsTimer2::start()	
기능	타이머2 인터럽트 동작 시작
매개변수	없음
리턴 값	없음

MsTimer2::stop()	
기능	타이머2 인터럽트 동작 금지
매개변수	없음
리턴 값	없음

❶	#include <MsTimer2.h> #include "Adafruit_LEDBackpack.h" #define LEVEL_NUM 33 // 게임 레벨 개수

❷	const int sw_pin[5] = {4, 5, 2, 3, 6}; // 위, 아래, 좌, 우, 다음 레벨
	// 입력 스위치 아두이노 연결핀
	const int offset[4][2] = {{0, -1}, {0, 1}, {-1, 0}, {1, 0}}; // 이동 변위(위, 아래, 좌, 우)

❸	// 단색 도트 매트릭스 0~9 숫자 표시 패턴
	static const uint8_t PROGMEM
	num_pat[10][8] =
	{{0x07,0x05,0x05,0x05,0x05,0x05,0x05,0x07}, // 0
	{0x02,0x06,0x02,0x02,0x02,0x02,0x02,0x07}, // 1
	{0x07,0x01,0x01,0x07,0x04,0x04,0x04,0x07}, // 2
	{0x07,0x01,0x01,0x07,0x01,0x01,0x01,0x07}, // 3
	{0x01,0x02,0x04,0x05,0x05,0x07,0x01,0x01}, // 4
	{0x07,0x04,0x04,0x07,0x01,0x01,0x01,0x07}, // 5
	{0x07,0x04,0x04,0x07,0x05,0x05,0x05,0x07}, // 6
	{0x07,0x01,0x01,0x01,0x01,0x01,0x01,0x01}, // 7
	{0x07,0x05,0x05,0x07,0x05,0x05,0x05,0x07}, // 8
	{0x07,0x05,0x05,0x07,0x01,0x01,0x01,0x01}}; // 9

❹	// 3색 도트 매트릭스 33개 게임 화면 데이터 static const uint8_t PROGMEM push_pat[LEVEL_NUM][8][8] = // 1: 벽, 2: 공, 3: 집, 4:캐릭터, 공 + 집 = 5 {{{0, 0, 1, 1, 1, 0, 0, 0}, // 1 {0, 0, 1, 3, 1, 0, 0, 0}, {0, 0, 1, 0, 1, 1, 1, 1}, {1, 1, 1, 2, 0, 2, 3, 1}, {1, 3, 0, 2, 4, 1, 1, 1}, {1, 1, 1, 1, 2, 1, 0, 0}, {0, 0, 0, 1, 3, 1, 0, 0}, {0, 0, 0, 1, 1, 1, 0, 0}}, ~~~~~~~~~~~~~~~~~~~~~~~~~~~~~~~~ {{1, 1, 1, 1, 1, 1, 1, 0}, // 33 {1, 0, 0, 5, 0, 0, 1, 0}, {1, 0, 4, 3, 2, 0, 1, 0}, {1, 0, 2, 3, 0, 0, 1, 0}, {1, 5, 3, 5, 5, 5, 1, 0}, {1, 0, 0, 5, 0, 0, 1, 0}, {1, 0, 2, 5, 2, 0, 1, 0}, {1, 0, 0, 3, 0, 0, 1, 0}}};

❺	// 도트 매트릭스 객체 생성
	Adafruit_8x8matrix matrix = Adafruit_8x8matrix(); // 단색
	Adafruit_BicolorMatrix bicolor = Adafruit_BicolorMatrix(); // 3색

❶	- 타이머2 사용을 위한 헤더 파일 - I2C Adafruit Dot Matrix 사용을 위한 헤더 파일
❷	- 5개 조작 스위치 아두이노 연결핀 - 스위치 조작에 따른 이동 변위(좌표 변화)
❸	- 단색 도트 매트릭스 표시를 위한 0~9 숫자 패턴 (4x8)
❹	- 33개 게임 화면 데이터(3색 도트 매트릭스)
❺	- 단일 컬러 8x8 도트 매트릭스 객체 생성 : matrix - 3컬러 8x8 도트 매트릭스 객체 생성 : bicolor

❶	byte now_pat[8][8]; // 현재 게임 화면 표시 저장 배열
	byte matrix_val[8]; // 현재 게임 레벨 표시 저장 배열

❷	volatile byte dsp_no = 0; // 점멸 부분 표시 체크 변수(0 : 표시)
	byte cx, cy; // 캐릭터 x, y 좌표
	byte dsp_time = 0; // 500ms 경과 체크 변수
	byte level_no = 0; // 게임 레벨(0~32)

❸	void pattern_setting(void); // 게임 화면 설정
	void pattern_disp(void); // 게임 화면 표시(3색 도트 매트릭스 표시)
	void level_disp(void); // 레벨 표시(단색 도트 매트릭스 표시)
	byte sw_input(void); // 스위치 입력 처리 함수

❹	// 초기 설정 함수
	void setup()
	{
	    bicolor.begin(0x70); // 단색 도트 매트릭스 초기화
	    matrix.begin(0x71); // 3색 도트 매트릭스 초기화
	
	    for(int k = 0;k < 4;k++)
	        pinMode(sw_pin[k], INPUT); // 사용 스위치 입력 방향 설정

❺	// 타이머2 인터럽트 주기 및 인터럽트 함수 설정
	    MsTimer2::set(500, flash); // 500ms 인터럽트 주기, 인터럽트 함수 flash()
	    MsTimer2::start(); // 타이머2 동작 시작
	}

❶	- 현재 게임 화면 표시 저장 배열(3색 도트 매트릭스) - 레벨 표시 저장 배열(단색 도트 매트릭스)
❷	- 점멸 부분(집, 집 + 공) 표시를 위한 체크 변수(500ms마다 0/1 토글되어 점멸 표시 - 캐릭터 위치 - 500ms 경과 체크 변수 - 현재 게임 레벨 번호
❸	**<사용자 함수 정의>** - 게임 초기 화면 설정 함수 - 게임 화면 표시(3색 도트 매트릭스) - 레벨 표시(단색 도트 매트릭스) - 5개 스위치 입력 처리 함수
❹	**<초기 설정 함수>** - 단색 도트 매트릭스 초기화 - 3색 도트 매트릭스 초기화 - 5개 사용 스위치 입력 방향 설정
❺	- 타이머2 500ms 인터럽트 주기 설정 및 인터럽트 함수 설정 - 타이머2 동작 시작 - 500ms 마다 3색 도트 매트릭스 표시

❶	<pre>// 반복 처리 함수
	void loop()
	{
	    byte x1, y1, x2, y2, sw_st;
	
	    patten_setting(); // 게임 패턴 설정
	    level_disp(); // 단색 도트 매트릭스 레벨 표시
	    pattern_disp(); // 3색 도트 매트릭스 게임 화면 표시</pre>

❷	<pre> while(1){
	        sw_st = sw_input(); // 스위치 입력 처리
	
	        // 게임 종료(공이 집에 모두 들어갔는지) 확인
	        if(end_check() == 0){ // 종료 상태이면
	            dsp_no = 0; // 점멸 표시를 위한 표시 변수 리셋
	            pattern_disp(); // 3색 도트 매트릭스 표시
	
	            delay(2000); // 2초 대기
	            break; // while 문 종료
	        }</pre>

❸	<pre> if(sw_st == 4) break; // Set 스위치 입력 있으면(다음 게임)
	        else if(sw_st < 4){ // 위, 아래, 좌, 우 스위치 입력 있으면
	            x1 = cx + offset[sw_st][0]; // 캐릭터 새 x 좌표
	            y1 = cy + offset[sw_st][1]; // 캐릭터 새 y 좌표
	
	            // 캐릭터 새 이동 위치가 도트 매트릭스 내에 있는지 체크
	            if(x1 < 0 || x1 > 7 || y1 < 0 || y1 > 7) continue;</pre>

❶	**<loop() : 반복 처리 함수>** - 게임 패턴 설정 함수 호출 : patten_setting(); - 게임 레벨 단색 도트 매트릭스 표시 함수 호출 : level_disp() - 게임 화면 3색 도트 매트릭스 표시 함수 호출 : pattern_disp();
❷	**<반복문 : 현재 게임을 클리어하거나 set 스위치가 눌려질 때까지 반복>** - 스위치 입력 함수 호출 : sw_input() - 게임 종료 확인 함수 호출 : end_check() - 종료 상태(공이 집에 모두 들어가 있는 상태)이면 점멸 변수 리셋, 최종 게임 화면 3색 도트 매트릭스 표시, 3초 대기 후 while 반복문 종료하고 다음 게임 진행
❸	- Set 스위치 입력 있으면 while 반복문 종료하고 다음 게임 진행 **<상하좌우 조작 스위치 입력 처리>** - 캐릭터 이동 후이 새 좌표(수평, 수직) 계산하고 도트 매트릭스에서 벗어나지 않는지 체크하고 벗어나면 스위치 입력 무시

❶

```
                if(now_pat[y1][x1] == 1)
                    continue;                    // 새 캐릭터 위치가 벽이면 이동 무시
                else if(now_pat[y1][x1] == 0 || now_pat[y1][x1] == 3){
                    // 새 커서 위치가 자유 영역 또는 집이 위치해 있으면
                    now_pat[cy][cx] -= 4;        // 이전 캐릭터 위치 캐릭터 제거
                    now_pat[y1][x1] += 4;        // 새 캐릭터 위치에 캐릭터 추가
                    cx = x1;                     // 캐릭터 수평 위치 갱신
                    cy = y1;                     // 캐릭터 수직 위치 갱신
                }
```

❷

```
                else if(now_pat[y1][x1] == 2 || now_pat[y1][x1] == 5){
                    // 캐릭터의 새 위치에 공이 있거나 (공 + 집)인 경우
                    // 캐릭터가 공의 위치로 이동하고,
                    // 공은 캐릭터의 이동방향으로 한 칸 이동
                    x2 = x1 + offset[sw_st][0];  // 공 이동 후 새 수평 좌표
                    y2 = y1 + offset[sw_st][1];  // 공 이동 후 새 수직 좌표

                    // 공의 새 좌표가 도트 매트릭스 밖 벗어나면 스위치 입력 무시
                    if(x2 < 0 || x2 > 7 || y2 < 0 || y2 > 7) continue;
```

❸

```
                    if(now_pat[y2][x2] == 0 || now_pat[y2][x2] == 3){
                        // 공의 새 이동좌표가 비어있거나 집이면
                        now_pat[cy][cx] -= 4; // 이전 캐릭터 위치 캐릭터 제거
                        now_pat[y2][x2] += 2; // 공 이동 후 새 좌표에 공 추가
                        now_pat[y1][x1] += 2; // 새 캐릭터 위치에 캐릭터 추가
                                              // 이미 공이(2) 있었으므로 2만 추가
                        cx = x1;              // 캐릭터 수평 위치 갱신
                        cy = y1;              // 캐릭터 수직 위치 갱신
                    }
                }
            }
            if(dsp_time == 1){               // 500ms 경과 체크 변수 셋 상태이면
                dsp_time = 0;                // 500ms 경과 체크 변수 리셋
                pattern_disp();              // 3색 도트 매트릭스 표시
            }
        }
```

❹

```
        level_no = (level_no + 1) % LEVEL_NUM;    // 게임 레벨 +1
}
```

❶	- 새 캐릭터 위치에 벽이 있으면 스위치 입력 무시 - 새 캐릭터 위치가 자유 이동영역이거나 집이 위치해 있으면 캐릭터 새 위치로 이동하고 이전의 캐릭터 위치에서는 캐릭터의 값(4)을 뺀 값을 배열의 값으로 저장하고, 새 위치에는 캐릭터의 값(4)을 더한 값을 배열의 새 값으로 저장 - 캐릭터의 위치 좌표 갱신
❷	**<새 캐릭터 위치 공 또는 (공 + 집)이 위치해 있는 경우에 대한 처리>** - 공을 캐릭터 이동 방향으로 한 칸 이동시킬 위치 좌표 계산 - 공의 새 좌표가 도트 매트릭스 밖 벗어나면 스위치 입력 무시
❸	**<공의 새 좌표가 자유 이동 영역(비어 있음)이거나 집이 있으면 공을 이동>** - 이전 캐릭터 위치에서 캐릭터의 값(4)을 뺀 값을 배열의 값으로 저장 - 공이 이동할 위치에는 공의 값(2)을 더한 값을 배열의 값으로 저장 - 캐릭터의 새 위치에는 캐릭터의 값(4)을 더한 값을 배열의 새 값으로 저장 - 캐릭터의 위치 좌표 갱신 - 공의 새 좌표가 자유 이동 영역(비어 있음)도 아니고 집도 아니면 스위치 입력 무시 - 500ms 경과 체크 변수 셋 상태이면 리셋하고, 게임 화면 3색 도트 매트릭스 표시
❹	- while문 종료시 게임 레벨 +1

❶	<pre>// 타이머2 인터럽트 함수 : 500ms 마다 자동 실행
	void flash()
	{
	    dsp_time = 1; // 500ms 경과 체크 변수 셋
	}</pre>

❷	<pre>// 집에 들어가지 않은 공의 개수 카운트 리턴
	// 모두 집에 들어가 있으면 0
	byte end_check()
	{
	    byte k, m, mm = 0;
	
	    for(k = 0;k < 8;k++){
	        for(m = 0;m < 8;m++){
	            if(now_pat[k][m] == 2) mm++; // 공이면 카운트 업
	        }
	    }
	    return(mm); // 카운트 값 리턴
	}</pre>

❸	<pre>// 게임 패턴 설정
	void patten_setting()
	{
	    byte k, m, mm;
	
	    // 현재의 레벨 게임 패턴 저장
	    for(k = 0;k < 8;k++){
	        for(m = 0;m < 8;m++){
	            now_pat[k][m] = (pgm_read_byte(&push_pat[level_no][k][m]));
	            if(now_pat[k][m] == 4){ // 캐릭터 위치이면
	                cx = m; // 수평 좌표 저장
	                cy = k; // 수직 좌표 저장
	            }
	        }
	    }
	}</pre>

❶	**<타이머2 500ms 주기 인터럽트 함수>** - 500ms 경과 체크 변수 셋 (게임 화면에서 집 부분 500ms 간격으로 점멸처리를 하기 위한 처리)
❷	**<end_check() : 게임 종료 체크 함수>** - 집에 공이 모두 들어갔는지 체크 - 배열의 값을 조사하여 공의 값(2)을 갖는 배열 요소의 개수를 카운트하여 그 값을 리턴 (2의 값을 갖는 배열 요소의 개수가 하나도 없으면 공이 모두 집에 들어간 상태를 나타냄)
❸	**<pattern_setting() : 게임 패턴 설정>** - 현재의 레벨 게임 패턴을 게임 화면 저장 배열에 읽어 저장 - 저장 배열에 저장하면서 캐릭터를 찾아내 캐릭터의 좌표 변수에 저장

❶	`// 3색 도트 매트릭스 표시`
	`void pattern_disp(void)`
	`{`
	`    byte k, m, mm;`
	
	`    bicolor.clear();                        // 메모리 클리어`
	`    bicolor.setBrightness(8);               // 중간 밝기 설정`

❷	`    for(k = 0;k < 8;k++){`
	`        for(m = 0;m < 8;m++){`
	`            switch(now_pat[k][m]){          // 배열의 값 조사`
	`                case 1:                     // 벽이면`
	`                    bicolor.drawPixel(m, k, LED_YELLOW);  // 황색 표시`
	`                    break;`
	`                case 2:                     // 공이면`
	`                    bicolor.drawPixel(m, k, LED_RED);     // 적색 표시`
	`                    break;`
	`                case 3:                     // 집이면`
	`                     // 점멸 표시 변수가 0이면 표시, 1이면 표시 안함(점멸)`
	`                    if(dsp_no == 0) bicolor.drawPixel(m, k, LED_GREEN);`
	`                    break;`
	`                case 5:                     // (집 + 공)이면`
	`                     // 점멸 표시 변수가 0이면 표시, 1이면 표시 안함(점멸)`
	`                    if(dsp_no == 0) bicolor.drawPixel(m, k, LED_YELLOW);`
	`                    break;`
	`                case 4:                     // 캐릭터 위치이거나`
	`                case 7:                     // (캐릭터 + 집)이면`
	`                    bicolor.drawPixel(m, k, LED_GREEN);   // 녹색 표시`
	`            }`
	`        }`
	`    }`

❸	`    bicolor.writeDisplay();                 // 표시`
	`    dsp_no = (dsp_no + 1) % 2;              // 표시 점멸 변수 0/1 토글`
	`}`

❶	**<pattern_disp() : 게임 화면 3색 도트 매트릭스 표시 함수>** - 화면 클리어 - 중간 밝기 설정
❷	**<8x8 도트 매트릭스 한 칸씩 표시 색 설정>** - 배열요소의 값이 벽(1)이면 황색 표시 설정 - 배열요소의 값이 공(2)이면 적색 표시 설정 - 배열요소의 값이 집(3)이면 녹색 점멸 표시 - 배열요소의 값이 (집 + 공)(5)이면 황색 점멸 표시 - 배열요소의 값이 캐릭터(4)이거나 (캐릭터 + 집)(7) 녹색 표시
❸	- 도트 매트릭스 표시 - 표시 점멸 변수 0/1 토글

❶

```
// 스위치 입력 처리
byte sw_input()
{
    byte o_sw[5], n_sw[5], k, m;

    // 10ms 간격으로 5개 스위치 2회 읽기
    for(k = 0;k < 5;k++) o_sw[k] = digitalRead(sw_pin[k]); // 첫 번째 상태
    delay(10);                                             // 10ms 대기
    for(k = 0;k < 5;k++) n_sw[k] = digitalRead(sw_pin[k]); // 두 번째 상태

    // SW 눌려지는 순간 체크
    for(k = 0;k < 5;k++)
        if(o_sw[k] == HIGH && n_sw[k] == LOW) break;

    return(k);                          // 스위치 입력 있으면 (0~4), 없으면 5 리턴
}
```

❷

```
// 단색 도트 매트릭스 레벨 표시
void level_disp()
{
    int   m10, m1, m;

    m10 = (level_no + 1) / 10;                             // 레벨 10자리
    m1 = (level_no + 1) % 10;                              // 레벨 1자리

    // 레벨 10자리와 1자리 패턴 합성
    for(m = 0;m < 8;m++)
        matrix_val[m] = (pgm_read_byte(&num_pat[m10][m]) << 4) |
                            pgm_read_byte(&num_pat[m1][m]);

    matrix.clear();                                        // 도트 매트릭스 클리어
    matrix.drawBitmap(0, 0, matrix_val, 8, 8, LED_ON);     // 표시 데이터 메모리 복사
    matrix.writeDisplay();                                 // 단색 도트매트릭스 표시
}
```

❶	**<sw_input() : 5개 조작 스위치 입력 처리 함수>** - 10ms 간격 두고 5개 스위치 2회 읽기 - 첫 번째 상태는 OFF이고 두 번째 상태는 ON인 스위치 번호 검색 - 스위치 번호 리턴(스위치가 눌려진 경우에는 0~4, 눌려지지 않은 경우에는 값 5 리턴)
❷	**<level_disp() : 게임 레벨 단색 도트 매트릭스 표시 함수>** - 레벨 10자리, 1자리 추출 - 레벨 10자리 패턴은 도트 매트릭스 왼쪽 4자리에 1자리 표시 패턴은 도트 매트릭스 오른쪽 4자리에 위치하도록 행 단위로 합성하여 저장 - 3색 도트 매트릭스 클리어 - 합성 저장한 표시 패턴을 3색 도트 매트릭스 메모리에 저장 - 3색 도트 매트릭스 표시

```
// pushpush

#include <MsTimer2.h>
#include "Adafruit_LEDBackpack.h"

#define LEVEL_NUM    33                                              // 게임 레벨 개수
const int sw_pin[5] = {4, 5, 2, 3, 6};                               // 위, 아래, 좌, 우, 다음 레벨
                                                                     // 입력 스위치 아두이노 연결핀
const int offset[4][2] = {{0, -1}, {0, 1}, {-1, 0}, {1, 0}};         //  이동 변위(위, 아래, 좌, 우)

// 단색 도트 매트릭스 0~9 숫자 표시 패턴
static const uint8_t PROGMEM
  num_pat[10][8] =
   {{0x07,0x05,0x05,0x05,0x05,0x05,0x05,0x07},    // 0
    {0x02,0x06,0x02,0x02,0x02,0x02,0x02,0x07},    // 1
    {0x07,0x01,0x01,0x07,0x04,0x04,0x04,0x07},    // 2
    {0x07,0x01,0x01,0x07,0x01,0x01,0x01,0x07},    // 3
    {0x01,0x02,0x04,0x05,0x05,0x07,0x01,0x01},    // 4
    {0x07,0x04,0x04,0x07,0x01,0x01,0x01,0x07},    // 5
    {0x07,0x04,0x04,0x07,0x05,0x05,0x05,0x07},    // 6
    {0x07,0x01,0x01,0x01,0x01,0x01,0x01,0x01},    // 7
    {0x07,0x05,0x05,0x07,0x05,0x05,0x05,0x07},    // 8
    {0x07,0x05,0x05,0x07,0x01,0x01,0x01,0x01}};   // 9

// 3색 도트 매트릭스 33개 게임 화면 데이터
static const uint8_t PROGMEM
      push_pat[LEVEL_NUM][8][8] =                 // 1: 벽, 2: 공, 3: 집, 4:캐릭터, 공 + 집 = 5
            {{{0, 0, 1, 1, 1, 0, 0, 0},           // 1
              {0, 0, 1, 3, 1, 0, 0, 0},
              {0, 0, 1, 0, 1, 1, 1, 1},
              {1, 1, 1, 2, 0, 2, 3, 1},
              {1, 3, 0, 2, 4, 1, 1, 1},
              {1, 1, 1, 1, 2, 1, 0, 0},
              {0, 0, 0, 1, 3, 1, 0, 0},
              {0, 0, 0, 1, 1, 1, 0, 0}},

             {{4, 0, 0, 1, 0, 0, 0, 0},           // 2
              {0, 2, 2, 1, 0, 1, 1, 1},
              {0, 2, 0, 1, 0, 1, 3, 1},
              {1, 1, 0, 1, 1, 1, 3, 1},
              {1, 1, 0, 0, 0, 0, 3, 1},
              {1, 0, 0, 0, 1, 0, 0, 1},
              {1, 0, 0, 0, 1, 1, 1, 1},
              {1, 1, 1, 1, 1, 0, 0, 0}},

             {{0, 0, 0, 0, 0, 0, 0, 0},           // 3
              {1, 1, 1, 1, 1, 1, 1, 0},
              {1, 0, 0, 0, 0, 0, 1, 1},
              {1, 2, 1, 1, 1, 0, 0, 0},
```

```
 {0, 4, 0, 2, 0, 0, 2, 0},
 {0, 3, 3, 1, 0, 2, 0, 1},
 {1, 3, 3, 1, 0, 0, 0, 1},
 {1, 1, 1, 1, 1, 1, 1, 1}},

{{0, 1, 1, 1, 1, 0, 0, 0},               // 4
 {1, 1, 0, 0, 1, 0, 0, 0},
 {1, 4, 2, 0, 1, 0, 0, 0},
 {1, 1, 2, 0, 1, 1, 0, 0},
 {1, 1, 0, 2, 0, 1, 0, 0},
 {1, 3, 2, 0, 0, 1, 0, 0},
 {1, 3, 3, 5, 3, 1, 0, 0},
 {1, 1, 1, 1, 1, 1, 0, 0}},

{{0, 1, 1, 1, 1, 0, 0, 0},               // 5
 {0, 1, 4, 0, 1, 1, 1, 0},
 {0, 1, 0, 2, 0, 0, 1, 0},
 {1, 1, 1, 0, 1, 0, 1, 1},
 {1, 3, 1, 0, 1, 0, 0, 1},
 {1, 3, 2, 0, 0, 1, 0, 1},
 {1, 3, 0, 0, 0, 2, 0, 1},
 {1, 1, 1, 1, 1, 1, 1, 1}},

{{0, 0, 1, 1, 1, 1, 1, 1},               // 6
 {0, 1, 1, 0, 0, 1, 4, 0},
 {0, 1, 0, 0, 0, 1, 0, 0},
 {0, 1, 2, 0, 2, 0, 2, 0},
 {0, 1, 0, 2, 1, 1, 0, 0},
 {1, 1, 0, 2, 0, 1, 0, 1},
 {3, 3, 3, 3, 3, 0, 0, 1},
 {1, 1, 1, 1, 1, 1, 1, 1}},

{{0, 0, 0, 0, 0, 0, 0, 0},               // 7
 {0, 0, 1, 1, 1, 1, 1, 1},
 {1, 1, 1, 0, 0, 0, 0, 1},
 {1, 3, 0, 2, 1, 1, 0, 1},
 {3, 3, 2, 0, 2, 0, 0, 4},
 {3, 3, 0, 2, 0, 2, 0, 1},
 {1, 1, 1, 1, 1, 0, 0, 1},
 {0, 0, 0, 0, 1, 1, 1, 1}},

{{0, 0, 0, 0, 0, 0, 0, 0},               // 8
 {0, 0, 1, 1, 1, 1, 1, 1},
 {0, 0, 1, 0, 0, 0, 0, 1},
 {1, 1, 1, 2, 2, 2, 0, 1},
 {1, 4, 0, 2, 3, 3, 0, 1},
 {1, 0, 2, 3, 3, 3, 1, 1},
 {1, 1, 1, 1, 0, 0, 1, 0},
 {0, 0, 0, 1, 1, 1, 1, 0}},
```

```
{{0, 0, 0, 0, 0, 0, 0, 0},          // 9
 {0, 0, 1, 1, 1, 1, 1, 0},
 {1, 1, 1, 0, 0, 4, 1, 0},
 {1, 0, 0, 2, 3, 0, 1, 1},
 {1, 0, 0, 3, 2, 3, 0, 1},
 {1, 1, 1, 0, 5, 2, 0, 1},
 {0, 0, 1, 0, 0, 0, 1, 1},
 {0, 0, 1, 1, 1, 1, 1, 0}},

{{0, 0, 1, 1, 1, 1, 0, 0},          // 10
 {0, 0, 1, 3, 3, 1, 0, 0},
 {0, 1, 1, 0, 3, 1, 1, 0},
 {0, 1, 0, 0, 2, 3, 1, 0},
 {1, 1, 0, 2, 0, 0, 1, 1},
 {1, 0, 0, 1, 2, 2, 0, 1},
 {1, 0, 0, 4, 0, 0, 0, 1},
 {1, 1, 1, 1, 1, 1, 1, 1}},

{{0, 0, 0, 0, 0, 0, 0, 0},          // 11
 {1, 1, 1, 1, 1, 1, 1, 1},
 {1, 0, 0, 1, 0, 0, 0, 1},
 {1, 0, 2, 3, 3, 2, 0, 1},
 {1, 4, 2, 3, 5, 0, 1, 1},
 {1, 0, 2, 3, 3, 2, 0, 1},
 {1, 0, 0, 1, 0, 0, 0, 1},
 {1, 1, 1, 1, 1, 1, 1, 1}},

{{0, 0, 0, 0, 0, 0, 0, 0},          // 12
 {0, 1, 1, 1, 1, 1, 1, 0},
 {1, 1, 0, 0, 0, 0, 1, 1},
 {1, 0, 2, 0, 2, 2, 0, 1},
 {1, 3, 3, 3, 3, 3, 3, 1},
 {1, 0, 2, 2, 0, 2, 0, 1},
 {1, 1, 1, 0, 4, 1, 1, 1},
 {0, 0, 1, 1, 1, 1, 0, 0}},

{{0, 1, 1, 1, 1, 1, 1, 0},          // 13
 {0, 1, 0, 0, 0, 0, 1, 1},
 {0, 1, 0, 2, 0, 0, 0, 0},
 {1, 1, 0, 2, 0, 1, 1, 0},
 {3, 3, 3, 0, 2, 0, 0, 0},
 {3, 3, 3, 2, 1, 2, 0, 1},
 {1, 1, 1, 0, 1, 0, 2, 0},
 {0, 0, 1, 0, 0, 4, 0, 0}},

{{0, 0, 0, 0, 0, 0, 0, 0},          // 14
 {1, 1, 1, 1, 1, 1, 0, 0},
 {1, 0, 0, 0, 0, 1, 0, 0},
```

```
     {1, 0, 2, 2, 2, 1, 1, 0},
     {1, 0, 0, 1, 3, 3, 1, 1},
     {1, 1, 0, 0, 3, 3, 2, 0},
     {0, 1, 0, 4, 0, 0, 0, 0},
     {0, 1, 1, 1, 1, 1, 1, 1}},

    {{0, 1, 1, 1, 1, 1, 1, 1},          // 15
     {0, 1, 0, 0, 0, 1, 3, 0},
     {1, 1, 0, 0, 2, 3, 3, 3},
     {1, 0, 0, 2, 0, 1, 5, 3},
     {1, 0, 1, 1, 2, 1, 0, 1},
     {0, 0, 0, 2, 0, 0, 2, 0},
     {0, 0, 0, 1, 0, 0, 0, 0},
     {1, 1, 1, 1, 1, 1, 4, 0}},

    {{1, 1, 1, 1, 1, 1, 1, 0},          // 16
     {1, 3, 3, 3, 3, 0, 1, 0},
     {1, 1, 3, 3, 3, 2, 1, 1},
     {0, 0, 2, 1, 2, 0, 2, 0},
     {0, 2, 2, 0, 0, 1, 2, 0},
     {0, 0, 0, 0, 1, 0, 0, 0},
     {1, 1, 1, 0, 4, 0, 1, 1},
     {0, 0, 1, 1, 1, 1, 1, 0}},

    {{1, 1, 1, 1, 1, 1, 1, 0},          // 17
     {1, 3, 3, 2, 3, 3, 1, 0},
     {1, 3, 3, 1, 3, 3, 1, 0},
     {1, 0, 2, 2, 2, 0, 1, 0},
     {1, 0, 0, 2, 0, 0, 1, 0},
     {1, 0, 2, 2, 2, 0, 1, 0},
     {1, 0, 0, 1, 4, 0, 1, 0},
     {1, 1, 1, 1, 1, 1, 1, 0}},

    {{1, 1, 1, 1, 1, 1, 1, 1},          // 18
     {1, 0, 0, 0, 0, 0, 0, 1},
     {1, 0, 1, 2, 2, 0, 0, 1},
     {1, 0, 3, 3, 3, 1, 0, 1},
     {1, 1, 3, 3, 3, 2, 0, 1},
     {0, 1, 0, 1, 1, 0, 2, 0},
     {0, 1, 2, 0, 0, 2, 0, 0},
     {0, 1, 0, 0, 1, 0, 0, 4}},

    {{0, 1, 1, 1, 1, 1, 0, 0},          // 19
     {1, 1, 0, 0, 0, 1, 1, 1},
     {0, 0, 0, 2, 0, 2, 0, 0},
     {0, 2, 0, 0, 0, 2, 0, 4},
     {1, 1, 2, 2, 1, 1, 1, 1},
     {0, 1, 0, 0, 3, 3, 1, 0},
     {0, 1, 3, 3, 3, 3, 1, 0},
```

```
 {0, 1, 1, 1, 1, 1, 1, 0}},

{{0, 0, 0, 0, 0, 0, 0, 0},                // 20
 {1, 1, 1, 1, 1, 1, 1, 1},
 {1, 3, 3, 3, 3, 3, 3, 1},
 {1, 0, 0, 2, 0, 1, 0, 1},
 {1, 0, 2, 0, 1, 0, 2, 0},
 {1, 1, 2, 0, 2, 0, 2, 0},
 {0, 1, 0, 0, 4, 0, 0, 0},
 {0, 1, 1, 1, 1, 1, 1, 1}},

{{0, 0, 0, 1, 1, 1, 1, 1},                // 21
 {1, 1, 1, 1, 3, 0, 0, 4},
 {1, 0, 0, 2, 2, 2, 0, 0},
 {1, 3, 1, 1, 3, 1, 1, 3},
 {1, 0, 0, 0, 2, 0, 0, 0},
 {1, 0, 0, 2, 3, 1, 0, 1},
 {1, 1, 1, 1, 0, 0, 0, 1},
 {0, 0, 0, 1, 1, 1, 1, 1}},

{{0, 1, 1, 1, 1, 1, 1, 0},                // 22
 {0, 1, 3, 0, 3, 3, 1, 0},
 {0, 1, 3, 0, 2, 3, 1, 0},
 {1, 1, 1, 0, 0, 2, 1, 1},
 {1, 0, 2, 0, 0, 2, 0, 1},
 {1, 0, 1, 2, 1, 1, 0, 1},
 {1, 0, 0, 0, 4, 0, 0, 1},
 {1, 1, 1, 1, 1, 1, 1, 1}},

{{0, 0, 0, 1, 1, 1, 1, 1},                // 23
 {0, 0, 0, 1, 0, 4, 0, 1},
 {0, 0, 0, 1, 2, 2, 2, 1},
 {1, 1, 1, 1, 0, 0, 0, 1},
 {1, 0, 0, 0, 3, 1, 2, 1},
 {1, 0, 2, 3, 2, 3, 0, 3},
 {1, 0, 0, 1, 3, 1, 3, 1},
 {1, 1, 1, 1, 1, 1, 1, 1}},

{{0, 0, 0, 0, 1, 1, 1, 1},                // 24
 {1, 1, 1, 1, 1, 0, 0, 0},
 {1, 0, 3, 3, 0, 2, 1, 0},
 {1, 0, 1, 3, 5, 0, 0, 0},
 {1, 0, 5, 3, 1, 2, 0, 0},
 {0, 2, 0, 0, 2, 0, 0, 1},
 {0, 0, 0, 1, 0, 0, 4, 1},
 {1, 1, 1, 1, 1, 1, 1, 1}},

{{0, 0, 0, 0, 0, 0, 0, 0},                // 25
 {1, 1, 1, 1, 1, 1, 1, 0},
```

```
 {1, 0, 0, 3, 2, 0, 1, 1},
 {1, 0, 3, 2, 3, 2, 0, 0},
 {1, 5, 2, 3, 2, 3, 4, 0},
 {1, 0, 3, 2, 3, 2, 0, 1},
 {1, 0, 0, 3, 2, 0, 0, 1},
 {1, 1, 1, 1, 1, 1, 1, 1}},

{{1, 1, 1, 1, 1, 1, 0, 0},            // 26
 {1, 0, 0, 0, 0, 1, 0, 0},
 {1, 0, 2, 0, 0, 1, 1, 1},
 {1, 0, 2, 5, 3, 3, 5, 0},
 {1, 0, 5, 3, 3, 5, 2, 0},
 {1, 1, 1, 1, 0, 0, 2, 0},
 {0, 0, 0, 1, 0, 4, 0, 0},
 {0, 0, 0, 1, 1, 1, 1, 1}},

{{0, 0, 0, 1, 1, 1, 1, 1},            // 27
 {1, 1, 1, 1, 3, 0, 0, 1},
 {1, 0, 2, 3, 2, 3, 0, 0},
 {1, 4, 2, 1, 0, 1, 2, 0},
 {1, 0, 2, 3, 0, 3, 0, 0},
 {1, 1, 1, 1, 2, 1, 2, 0},
 {0, 0, 1, 3, 0, 3, 0, 0},
 {0, 0, 1, 1, 1, 1, 1, 1}},

{{0, 0, 0, 0, 0, 0, 0, 0},            // 28
 {1, 1, 1, 1, 1, 1, 1, 1},
 {1, 0, 0, 0, 0, 0, 0, 0},
 {0, 0, 0, 1, 2, 1, 2, 0},
 {0, 2, 2, 0, 0, 3, 2, 3},
 {0, 4, 1, 1, 1, 3, 3, 3},
 {1, 1, 1, 1, 1, 1, 1, 1},
 {0, 0, 0, 0, 0, 0, 0, 0}},

{{1, 1, 1, 1, 0, 0, 0, 0},            // 29
 {1, 0, 0, 1, 1, 1, 1, 1},
 {1, 2, 0, 1, 1, 0, 0, 1},
 {0, 0, 2, 4, 2, 0, 0, 1},
 {0, 0, 0, 1, 1, 2, 0, 1},
 {1, 1, 3, 1, 1, 0, 1, 1},
 {1, 3, 3, 3, 2, 0, 2, 0},
 {1, 1, 3, 3, 0, 0, 0, 0}},

{{0, 0, 0, 0, 0, 0, 0, 0},            // 30
 {1, 1, 1, 1, 1, 1, 1, 0},
 {1, 3, 0, 3, 0, 3, 1, 0},
 {1, 0, 2, 2, 2, 0, 1, 0},
 {1, 3, 2, 4, 2, 3, 1, 0},
 {1, 0, 2, 2, 2, 0, 1, 0},
```

```
            {1, 3, 0, 3, 0, 3, 1, 0},
            {1, 1, 1, 1, 1, 1, 1, 0}},

           {{0, 0, 1, 1, 1, 1, 1, 0},              // 31
            {1, 1, 1, 0, 4, 0, 1, 1},
            {1, 0, 0, 2, 0, 2, 0, 0},
            {1, 0, 5, 3, 5, 3, 5, 0},
            {1, 0, 3, 2, 0, 2, 3, 0},
            {1, 0, 5, 3, 5, 3, 5, 0},
            {1, 0, 0, 2, 0, 2, 0, 0},
            {1, 1, 1, 1, 1, 1, 0, 0}},

           {{0, 0, 0, 0, 0, 0, 0, 0},              // 32
            {1, 1, 1, 1, 0, 0, 0, 0},
            {0, 0, 0, 1, 1, 1, 1, 1},
            {0, 2, 0, 3, 3, 0, 2, 0},
            {1, 2, 0, 3, 3, 2, 2, 4},
            {1, 0, 0, 3, 3, 0, 2, 0},
            {1, 1, 1, 1, 1, 1, 1, 1},
            {0, 0, 0, 0, 0, 0, 0, 0}},

           {{1, 1, 1, 1, 1, 1, 1, 0},              // 33
            {1, 0, 0, 5, 0, 0, 1, 0},
            {1, 0, 4, 3, 2, 0, 1, 0},
            {1, 0, 2, 3, 0, 0, 1, 0},
            {1, 5, 3, 5, 5, 5, 1, 0},
            {1, 0, 0, 5, 0, 0, 1, 0},
            {1, 0, 2, 5, 2, 0, 1, 0},
            {1, 0, 0, 3, 0, 0, 1, 0}}};

// 도트 매트릭스 객체 생성
Adafruit_8x8matrix matrix = Adafruit_8x8matrix();            // 단색
Adafruit_BicolorMatrix bicolor = Adafruit_BicolorMatrix();   // 3색

byte  now_pat[8][8];               // 현재 게임 화면 표시 저장 배열
byte  matrix_val[8];               // 현재 게임 레벨 표시 저장 배열
volatile byte  dsp_no = 0;         // 점멸 부분 표시 체크 변수(0 : 표시)
byte  cx, cy;                      // 캐릭터 x, y 좌표
byte  dsp_time = 0;                // 500ms 경과 체크 변수
byte  level_no = 0;                // 게임 레벨(0~32)

void pattern_setting(void);        // 게임 화면 설정
void pattern_disp(void);           // 게임 화면 표시(3색 도트 매트릭스 표시)
void level_disp(void);             // 레벨 표시(단색 도트 매트릭스 표시)
byte sw_input(void);               // 스위치 입력 처리 함수

// 초기 설정 함수
void setup()
{
```

```
	bicolor.begin(0x70);			// 단색 도트 매트릭스 초기화
	matrix.begin(0x71);			// 3색 도트 매트릭스 초기화

	for(int k = 0;k < 4;k++)
		pinMode(sw_pin[k], INPUT);	// 사용 스위치 입력 방향 설정

	// 타이머2 인터럽트 주기 및 인터럽트 함수 설정
	MsTimer2::set(500, flash);		// 500ms 인터럽트 주기, 인터럽트 함수 flash()
	MsTimer2::start();			// 타이머2 동작 시작
}

// 반복 처리 함수
void loop()
{
	int x1, y1, x2, y2;
	byte sw_st;

	patten_setting();				// 게임 패턴 설정
	level_disp();				// 단색 도트 매트릭스 레벨 표시
	pattern_disp();				// 3색 도트 매트릭스 게임 화면 표시

	while(1){
		sw_st = sw_input();			// 스위치 입력 처리

		// 게임 종료(공이 집에 모두 들어갔는지) 확인
		if(end_check() == 0){		// 종료 상태이면
			dsp_no = 0;			// 점멸 표시를 위한 표시 변수 리셋
			pattern_disp();		// 3색 도트 매트릭스 표시
			delay(2000);		// 2초 대기
			break;			// while 문 종료
		}

		if(sw_st == 4) break;		// Set 스위치 입력 있으면(다음 게임)
		else if(sw_st < 4){		// 위, 아래, 좌, 우 스위치 입력 있으면
			x1 = cx + offset[sw_st][0];	// 캐릭터 새 x 좌표
			y1 = cy + offset[sw_st][1];	// 캐릭터 새 y 좌표

			 // 캐릭터 새 이동 위치가 도트 매트릭스 내에 있는지 체크
			if(x1 < 0 || x1 > 7 || y1 < 0 || y1 > 7) continue;

			if(now_pat[y1][x1] == 1) continue;	// 새 캐릭터 위치가 벽이면 이동 무시
			else if(now_pat[y1][x1] == 0 || now_pat[y1][x1] == 3){
				 // 새 커서 위치가 자유 영역 또는 집이 위치해 있으면
				now_pat[cy][cx] -= 4;	// 이전 캐릭터 위치 캐릭터 제거
				now_pat[y1][x1] += 4;	// 새 캐릭터 위치에 캐릭터 추가
				cx = x1;		// 캐릭터 수평 위치 갱신
				cy = y1;		// 캐릭터 수직 위치 갱신
			}
			else if(now_pat[y1][x1] == 2 || now_pat[y1][x1] == 5){
```

```
                    // 캐릭터의 새 위치에 공이 있거나 (공 + 집)인 경우
                    // 캐릭터가 공의 위치로 이동하고,
                    // 공은 캐릭터의 이동방향으로 한 칸 이동
                    x2 = x1 + offset[sw_st][0];           // 공 이동 후 새 수평 좌표
                    y2 = y1 + offset[sw_st][1];           // 공 이동 후 새 수직 좌표

                    // 공의 새 좌표가 도트 매트릭스 밖으로 벗어나면 스위치 입력 무시
                    if(x2 < 0 || x2 > 7 || y2 < 0 || y2 > 7) continue;

                    if(now_pat[y2][x2] == 0 || now_pat[y2][x2] == 3){
                         // 공의 새 이동좌표가 비어있거나 집이면
                         now_pat[cy][cx] -= 4;          // 이전 캐릭터 위치 캐릭터 제거
                         now_pat[y2][x2] += 2;          // 공 이동 후 새 좌표에 공 추가
                         now_pat[y1][x1] += 2;          // 새 캐릭터 위치에 캐릭터 추가
                                                        // 이미 공이(2) 있었으므로 2만 추가
                         cx = x1;                       // 캐릭터 수평 위치 갱신
                         cy = y1;                       // 캐릭터 수직 위치 갱신
                    }
               }
          }

          if(dsp_time == 1){                            // 500ms 경과 체크 변수 셋 상태이면
               dsp_time = 0;                            // 500ms 경과 체크 변수 리셋
               pattern_disp();                          // 3색 도트 매트릭스 표시
          }
     }
     level_no = (level_no + 1) % LEVEL_NUM;             // 게임 레벨 +1
}

// 타이머2 인터럽트 함수 : 500ms 마다 자동 실행
void flash()
{
     dsp_time = 1;                                      // 500ms 경과 체크 변수 셋
}

// 집에 들어가지 않은 공의 개수 카운트 리턴
// 모두 집에 들어가 있으면 0
byte end_check()
{
     byte k, m, mm = 0;

     for(k = 0;k < 8;k++){
          for(m = 0;m < 8;m++){
               if(now_pat[k][m] == 2) mm++;             // 공이면 카운트 업
          }
     }
     return(mm);                                        // 카운트 값 리턴
}
```

```
// 게임 패턴 설정
void patten_setting()
{
      byte k, m, mm;

      // 현재의 레벨 게임 패턴 저장
      for(k = 0;k < 8;k++){
            for(m = 0;m < 8;m++){
                  now_pat[k][m] = (pgm_read_byte(&push_pat[level_no][k][m]));
                  if(now_pat[k][m] == 4){                    // 캐릭터 위치이면
                        cx = m;                              // 수평 좌표 저장
                        cy = k;                              // 수직 좌표 저장
                  }
            }
      }
}

// 3색 도트 매트릭스 표시
void pattern_disp(void)
{
      byte k, m, mm;

      bicolor.clear();                                       // 메모리 클리어
      bicolor.setBrightness(8);                              // 중간 밝기 설정

      for(k = 0;k < 8;k++){
            for(m = 0;m < 8;m++){
                  switch(now_pat[k][m]){                     // 배열의 값 조사
                        case 1:                              // 벽이면
                              bicolor.drawPixel(m, k, LED_YELLOW);  // 황색 표시
                              break;
                        case 2:                              // 공이면
                              bicolor.drawPixel(m, k, LED_RED);     // 적색 표시
                              break;
                        case 3:                              // 집이면
                              // 점멸 표시 변수가 0이면 표시, 1이면 표시 안함(점멸)
                              if(dsp_no == 0) bicolor.drawPixel(m, k, LED_GREEN);
                              break;
                        case 5:                              // (집 + 공)이면
                              // 점멸 표시 변수가 0이면 표시, 1이면 표시 안함(점멸)
                              if(dsp_no == 0) bicolor.drawPixel(m, k, LED_YELLOW);
                              break;
                        case 4:                              // 캐릭터 위치이거나
                        case 7:                              // (캐릭터 + 집)이면
                              bicolor.drawPixel(m, k, LED_GREEN);   // 녹색 표시
                  }
            }
      }
      bicolor.writeDisplay();                          // 표시
```

```
    dsp_no = (dsp_no + 1) % 2;                    // 표시 점멸 변수 0/1 토글
}

// 스위치 입력 처리
byte sw_input()
{
    byte o_sw[5], n_sw[5], k, m;

    // 10ms 간격으로 5개 스위치 2회 읽기
    for(k = 0;k < 5;k++) o_sw[k] = digitalRead(sw_pin[k]);     // 첫 번째 상태
    delay(10);                                                  // 10ms 대기
    for(k = 0;k < 5;k++) n_sw[k] = digitalRead(sw_pin[k]);     // 두 번째 상태

    // SW 눌려지는 순간 체크
    for(k = 0;k < 5;k++)
        if(o_sw[k] == HIGH && n_sw[k] == LOW) break;

    return(k);                                    // 스위치 입력 있으면 (0~4), 없으면 5 리턴
}

// 단색 도트 매트릭스 레벨 표시
void level_disp()
{
    int   m10, m1, m;

    m10 = (level_no + 1) / 10;                                  // 레벨 10자리
    m1 = (level_no + 1) % 10;                                   // 레벨 1자리

    // 레벨 10자리와 1자리 패턴 합성
    for(m = 0;m < 8;m++)
        matrix_val[m] = (pgm_read_byte(&num_pat[m10][m]) << 4) |
                                  pgm_read_byte(&num_pat[m1][m]);

    matrix.clear();                                             // 도트 매트릭스 클리어
    matrix.drawBitmap(0, 0, matrix_val, 8, 8, LED_ON);          // 표시 데이터 메모리 복사
    matrix.writeDisplay();                                      // 단색 도트매트릭스 표시
}
```

(a) 집 4개 표시됨

(b) 집 4개 표시 안됨

(c) 공 2개 집에 넣음(집 표시)

(d) 공 2개 집에 넣음(집 표시 안됨)

[그림 11-8] 실행 결과(집 점멸 상태)

아두이노 게임특집 마스터 3

저자소개

신동욱

–한양대학교 전자공학과 학사, 공학석사
–일본 와세다 대학 이공학부 응용물리학과 공학박사
–한국기술교육대학교 전기전자통신공학부 교수

저서

- 쉬운 예제와 Kit로 배우는 8051 기초와 응용 / Ohm사
- 쉬운 예제와 Kit로 배우는 ATmega8515 기초와 응용 / Ohm사
- PIC 마이컴 보드로 배우는 PIC16F874A/877A / Ohm사
- 기초전기실습 / Ohm사
- 기초전자실습 / Ohm사
- 알기쉽게 배우는 AVR ATmega128 / Ohm사
- 알기쉽게 배우는 AVR ATmega128 응용 / Ohm사
- 졸업작품 만들기 III, VI, VIII / Ohm사
- ATmega128 기초 입문 / Ohm사
- ATmega128 기초와 응용 I, II / Ohm사
- 아두이노 마스터 1 / Ohm사
- 아두이노 마스터 2 / Ohm사